Inglés A2

INGLÉS A2

INGLÉS A2

ISBN: 978-84-9839-551-8

Depósito legal: VG 394-2015

Autora: Taide Fleitas Navarro

Formato: 21 x 29,7 cm

Páginas: 232

Impreso en España

Ideaspropias Editorial ha incorporado en la elaboración de este material didáctico citas y referencias de obras divulgadas y ha cumplido todos los requisitos establecidos por la Ley de Propiedad Intelectual. Por los posibles errores y omisiones, se excusa previamente y está dispuesta a introducir las correcciones pertinentes en próximas ediciones y reimpresiones.

Inglés A2

Inglés A2

Índice

7.

1. Contenidos léxico-semánticos

Contenidos

Objetivos

- Reconocer el léxico inglés fundamental relacionado con diversos temas de la vida cotidiana.
- Identificar los verbos con partícula más comunes en lengua inglesa.
- Distinguir parejas de falsos amigos utilizadas de manera habitual.
- Aprender el proceso de formación de palabras en inglés mediante la unión de afijos.

Reflexión inicial

Poseer un léxico rico, tanto en la lengua materna como en inglés, es una de las claves para que el proceso comunicativo sea exitoso.

1.1. Introducción

Este viaje hacia el dominio de la lengua inglesa se inicia centrándose sobre todo en el vocabulario básico que se necesitará para desenvolverse en situaciones comunicativas habituales.

Los contenidos léxico-semánticos que engloban esta primera unidad didáctica parten de lo más general a lo más específico y se dividen en diversos epígrafes, en los que se tratará el vocabulario fundamental y las estructuras oracionales más comunes en situaciones habituales (presentarse, hablar sobre la vivienda, sobre las rutinas y la vida diaria, el tiempo libre, las aficiones, los viajes, etc.).

De forma transversal, se estudiarán algunos puntos gramaticales y se hará hincapié en todos los aspectos lingüísticos y socioculturales que se consideren pertinentes en cada apartado. Al respecto, cabe recalcar que los términos más propios del inglés británico irán marcados entre paréntesis con las siglas **BrE** (**British English**, inglés británico), mientras que los que pertenecen al inglés americano irán acompañados de las siglas **AmE** (**American English**, inglés americano).

Tras explicar el vocabulario básico se tratará otro aspecto relativo al ámbito léxico-semántico de la lengua inglesa: los verbos con partícula. Estas formas son muy comunes en inglés y es preciso ir estudiándolas poco a poco para lograr un correcto dominio del idioma.

A continuación se describirán los falsos amigos, esto es, palabras que pueden llevar a error en su traducción al español por el gran parecido que se da entre su forma escrita en una y otra lengua.

Por último, se explicará el proceso de formación de palabras en inglés mediante afijos.

1.2. Ampliación de vocabulario

Es imprescindible conocer el vocabulario básico para mantener una conversación fluida en inglés o para comunicarse por escrito, por ejemplo, en cartas o correos electrónicos.

> **Vocabulario**
>
> **Traducción literal:** es aquella que se realiza palabra por palabra, sin tener en cuenta el significado global de la frase u oración ni los aspectos sociales o culturales que van implícitos en todo idioma.

A lo largo de los siguientes apartados se van a aportar múltiples ejemplos sobre el léxico fundamental para situaciones habituales, como presentarse, hablar acerca de la vivienda y las rutinas o el tiempo libre, así como una serie de estructuras estándar que facilitarán esta comunicación.

1.2.1. Identificación personal

Existen una serie de datos generales, como el nombre, la edad o la procedencia, que son bastante recurrentes y aportan información personal y general a la hora de identificarse o de presentarse ante terceros. Así, a continuación se explicará cómo preguntar y de qué manera dar información acerca de cada uno de estos aspectos.

La forma más común y directa de preguntar el nombre, **name**, y de responder en inglés es la siguiente.

What is/What's your name?: ¿Cuál es tu nombre?

My name is Pedro: Mi nombre es Pedro.

Es necesario puntualizar que una traducción más natural al español sería «¿Cómo te llamas? Me llamo Pedro».

Como se puede apreciar, las estructuras o maneras de formular la pregunta y responderla pueden variar, aunque el trasfondo o sentido es el mismo: dar el nombre de la persona que se está comunicando en inglés. Mientras que en español es más común emplear el verbo reflexivo («llamarse»), tanto en la pregunta («¿Cómo te llamas?») como en la respuesta («Me llamo...»), en inglés se hace mediante el uso del posesivo («¿Cuál es tu nombre? Mi nombre es...»).

No obstante, en inglés también existen otras estructuras posibles.

I am/I'm Pedro: Yo soy Pedro.

I am/I'm named Pedro: Me llamo Pedro.

I am/I'm called Pedro: Me llamo Pedro.

Cuando se hace referencia a terceras personas, el sujeto debe concordar con el verbo y con el pronombre de los que se acompaña. Es lo que ocurre en los siguientes ejemplos, **examples**.

What is his name?: ¿Cómo se llama él?

What is her name?: ¿Cómo se llama ella?

His name is John: Se llama John.

Her name is Susan: Se llama Susan.

My baby's called Jack: Mi bebé se llama Jack.

My friend's name is Rachel: Mi amiga se llama Rachel.

My parents' names are Roger and Sarah: Mis padres se llaman Roger y Sarah.

Mientras en español el sujeto de las frases es la persona («Mi amiga Rachel» o «Mis padres», por ejemplo) seguido de un verbo reflexivo (llamarse), en inglés el sujeto sería el nombre de mi amiga o los nombres de mis padres.

En este punto también conviene resaltar la particularidad que presenta el inglés a la hora de identificarse por teléfono. Mientras en español se dice «Soy Pepe» o «Soy María», en inglés, cuando se trata de conversaciones telefónicas, se debe evitar decir: ***I'm Pepe** or ***I'm María**; en su lugar se diría: **This is Pepe** o **This is María**.

En lo que respecta a la edad, **age,** hay que evitar especialmente la traducción literal de un idioma a otro, ya que los verbos utilizados en inglés y en español para expresar esta información no tienen nada que ver. Mientras en español se formula la frase con el verbo tener («Tengo... años»), en inglés se hace con el verbo to be (ser, estar).

Aunque pueda sonar extraño o poco natural en español, un inglés a la hora de preguntar y expresar la edad, literalmente está diciendo «¿Cómo eres de viejo? Soy... años de viejo». En español nunca se diría algo así, sino que su expresión análoga en este idioma simplemente sería «¿Qué edad tienes?» o «¿Cuántos años tienes?», y la respuesta «Tengo... años».

How old are you?: ¿Qué edad tienes?/¿Cuántos años tienes?

I am 30 years old: Tengo treinta años.

¿Sabías que...?

En el mundo existen muchas maneras de saludarse y diferentes convenciones cuando se presenta una persona a otros conocidos. En el caso de los países anglosajones, lo más habitual es dar la mano, tanto a hombres como a mujeres, y con menos fuerza que en España. Los besos en la mejilla se reservan para las relaciones de amistad ya entabladas.

Por lo tanto, la estructura que se emplea en inglés para expresar la edad varía sustancialmente de la española y sigue siempre el siguiente patrón: sujeto + verbo **to be** en presente + los años de edad + **years old**.

I am 25 years old: Tengo 25 años.

He is 18 years old: Él tiene 18 años.

She is 23 years old: Ella tiene 23 años.

My baby is one year old: Mi bebé tiene un año.

Consulta

Puedes escuchar una conversación con algunas de las expresiones estudiadas hasta ahora en el siguiente enlace: http://bit.ly/1C9UAIT.

La expresión **years old** aparece aquí al final de la frase. Sin embargo, existe otro tipo de estructura en la que dicha expresión cumple la función de adjetivo. En este caso se adelanta y se separa mediante guiones, mientras que la palabra **years** pierde la **-s** del plural. Esto ocurre precisamente porque el adjetivo en inglés es invariable, tanto en número como en género.

A 20-year-old boy: Un chico de 20 años.

A nine-year-old dog: Un perro de nueve años.

To four-year-old: Hasta cuatro años.

Al igual que ocurre con el nombre, si se quiere preguntar y expresar la edad de terceras personas se debe hacer concordar sujeto y verbo.

How old is he? He is 20 years old: ¿Cuántos años tiene? Él tiene 20 años.

How old are your parents? They are 60 years old: ¿Cuántos años tienen tus padres? Ellos tienen 60 años.

How old is your girlfriend? She is 34 years old: ¿Cuántos años tiene tu novia? Ella tiene 34 años.

También es importante saber aportar información sobre la nacionalidad, **nationality**. A la hora de expresarla se sigue usando el verbo **to be**, aunque se puede distinguir entre dos estructuras fundamentales.

Para preguntar, empleamos el pronombre interrogativo **Where** (Dónde), como en la oración **Where are you from?** (¿De dónde eres?). También se puede preguntar **Where do you come from?**. Su traducción literal es «¿De dónde vienes?», pero referido también a la procedencia o nacionalidad. Para responder se pueden usar dos estructuras.

¿Sabías que...?

En inglés, los gentilicios no distinguen entre femenino y masculino. Por ejemplo:

She is French: Ella es francesa.
He is French: Él es francés.

La primera consiste en sujeto + verbo **to be** en presente + **from** + el nombre del lugar (ciudad o país).

I am from Spain: Soy de España.

I am from Madrid: Soy de Madrid.

También se puede expresar directamente la nacionalidad sin usar la preposición **from**. La estructura sería la siguiente: sujeto + verbo **to be** + nacionalidad.

I am Spanish: Soy español.

I am English: Soy inglés.

Fíjate en que los gentilicios en inglés se escriben en mayúscula: inglés, **English**, español, **Spanish**, británico, **British**, francés, **French**.

Además, se puede concretar más aportando información acerca de la dirección, **address**. Se puede decir también dónde se vive, cuya estructura sería: sujeto + verbo **live** en infinitivo sin **to** + **in** + ciudad o país.

I live in Madrid: Vivo en Madrid.

I live in Oxford: Vivo en Oxford.

La pregunta correspondiente para obtener dicha información sería **Where do you live?** (¿Dónde vives?). Si, además del país, se quiere concretar la ciudad o parte en la que se vive, se diría **Where in Spain do you live?** (¿En qué parte de España vives?). En este sentido, al tener en cuenta que se puede residir en un lugar diferente al de procedencia, también se encontrarán otros tipos de estructuras.

I am from London but I live in Oxford: Soy de Londres pero vivo en Oxford.

I am from Las Palmas and I live in Las Palmas: Soy de Las Palmas y vivo en Las Palmas.

Se utiliza la preposición **but** (pero) para introducir un contraste, mientras que la conjunción **and** (y) se emplea para sumar ideas similares o de la misma categoría; en este caso, cuando el lugar de procedencia (en el que se ha nacido) y el de residencia coinciden.

Otro vocabulario que se maneja con asiduidad es el relativo a profesiones, **occupations/jobs**. Al igual que en español, en inglés hay varias formas para preguntar por la profesión.

What do you do?: ¿Qué haces?/¿A qué te dedicas?

What do you do for a living?: ¿A qué te dedicas?

What is your profession?: ¿Cuál es tu profesión?

Where do you work?: ¿Dónde trabajas?

En este caso, otra expresión que puede venir a la mente y que se debe evitar es ***What is your job?** A pesar de que es correcta gramaticalmente, no lo es tanto desde un punto de vista sociolingüístico, puesto que no suena muy natural en inglés.

A continuación se incluyen algunas posibles respuestas, **possible answers**, a esta cuestión.

I am a teacher: Soy profesor.

I am a waiter: Soy camarero.

I am an architect: Soy arquitecto.

I am a student: Soy estudiante.

I work as a teacher: Trabajo como profesor.

I work as a doctor: Trabajo como médico.

I work as a secretary: Trabajo como secretario.

She works as a nurse: Ella trabaja como enfermera.

En inglés, para decir a qué se dedica una persona o la profesión que desempeña se cuenta con dos posibles estructuras. La primera de ellas se forma con el verbo **to be**: **I am/I'm** + **a/an** + profesión. La segunda estructura utiliza el verbo **to work** junto con la partícula **as** (**to work as** [trabajar de, trabajar como]): **I work as** + **a/an** + profesión.

Importante

Existen algunas profesiones en inglés en las que la palabra varía en función del sexo de la persona, como por ejemplo, en **waiter/waitress** (camarero/camarera). La mayoría, sin embargo, se puede usar para los dos sexos y, por ejemplo, **teacher** puede hacer referencia a un profesor o a una profesora.

En este punto es importante resaltar la diferencia en la utilización del artículo indeterminado. Mientras que en español no se requiere, sino que directamente se diría «Soy profesor», «Soy estudiante» o «Trabajo como peluquero», en inglés, antes de la profesión, se ha de añadir un artículo indeterminado, **a/an** (un/una). Por lo tanto, si se tradujera de una forma literal, se estaría diciendo «Soy un peluquero», «Trabajo como una ingeniera» o «Soy un estudiante», por ejemplo. No obstante, esta traducción no sería correcta por no ser natural, de modo que tampoco apropiada en español.

¿Sabías que...?

El artículo determinado en inglés es **the** (el/la/los/las). Se usa tanto para singular como para plural y de manera invariable para masculino y femenino.

The book: El libro.
The books: Los libros.
The woman: La mujer.
The women: Las mujeres.

El artículo indeterminado en inglés, tal como se puede observar en los ejemplos anteriores, se corresponde con a/an. La única diferencia entre ambas opciones es que se emplea **a** cuando la palabra a la que precede empieza por consonante, por ejemplo: un doctor, **a doctor**, o un profesor, **a teacher**; mientras que se usa an cuando la siguiente palabra empieza por vocal, por razones exclusivamente fonéticas: un arquitecto, **an architect**, o un ingeniero, **an engineer**.

No obstante, a la hora de especificar el lugar de trabajo se debe distinguir entre las preposiciones **at**, **in** o **for**, pues las tres se utilizan junto al verbo **to work** (**to work at/to work in/to work for**) con distintos matices.

En general, cuando se nombra el lugar de trabajo sin que implique necesariamente un significado de «en su interior» o «dentro de», se utilizará la preposición at: en el aeropuerto, **at the airport**, en un hospital, **at a hospital**, o en un bufete, **at a law firm**.

I work at the aiport: Trabajo en el aeropuerto.

She works at a hospital: Ella trabaja en un hospital.

We work at a law firm: Trabajamos en un despacho de abogados.

In summer, we work at the beach: En verano, trabajamos en la playa.

Aún así, cuando el lugar de trabajo se refiera al interior de un edificio, oficina o, simplemente, la ciudad, usamos la preposición **in**.

Consulta

Puedes aprender más vocabulario de las principales profesiones en inglés en el siguiente enlace: http://bit.ly/1v3o9IA.

I work as a secretary in an office: Trabajo como secretaria en una oficina.

He works in Barcelona: Él trabaja en Barcelona.

My aunt Raquel works in a bank: Mi tía Raquel trabaja en un banco.

Sin embargo, como excepción, se dice **To work at home** (Trabajar en casa). Lo mismo ocurre con el verbo estudiar, **to study**. Se utilizará la preposición **in** cuando, por ejemplo, se haga referencia a la ciudad donde se estudia: **I study in Madrid** (Estudio en Madrid), pero se dirá **I study at school** (Estudio en la escuela/en el colegio).

I study at an academy: Estudio en una academia.

My sister studies at university: Mi hermana estudia en la universidad.

We study at the language school: Estudiamos en la Escuela de Idiomas.

En este caso también se puede especificar el nombre del centro.

I study at Harvard University: Estudio en la Universidad de Harvard.

Si lo que se pretende es indicar el nombre de la empresa, institución o persona para la que se trabaja, se utilizará la preposición **for** (para). Sobre todo cuando se trata de empresas, instituciones o firmas grandes y conocidas se puede decir directamente: **I work for** + nombre de la empresa o institución para la que trabajamos.

I work for Android™: Trabajo para Android.

She works for Coca-Cola®: Trabaja para Coca-Cola.

I work for the president: Trabajo para el presidente.

I work for the Ministry of Transport: Trabajo para el Ministerio de Transporte.

Las siguientes expresiones pueden emplearse después de que otra persona haya comentado su profesión o trabajo. Son bastante frecuentes en la interacción oral y denotan interés y empatía por parte del interlocutor.

Oh, really?: ¡Oh!, ¿de verdad?/¿en serio?

How interesting!: ¡Qué interesante!

How exciting!: ¡Qué emocionante!

That must be exciting!: ¡Debe ser emocionante!

That sounds great/interesting: Suena genial/interesante.

Por otra parte, también se puede aportar información relativa a idiomas, **languages**. Los idiomas que habla una persona pueden ser otro dato relevante en una presentación personal. Para adquirir dicha información, se podrá recurrir a alguna de las siguientes preguntas.

How many languages do you speak?: ¿Cuántos idiomas hablas?

What languages do you speak?: ¿Qué idiomas hablas?

Las siguientes oraciones son posibles respuestas a las preguntas anteriores.

I speak three languages: **Spanish, English and French**: Hablo tres idiomas: español, inglés y francés.

I only speak English and a little German: Solo hablo inglés y un poco de alemán.

I only speak Spanish, but I am learning English: Solo hablo español, aunque estoy aprendiendo inglés.

> **Importante**
>
> Los nombres de los idiomas (inglés, español, etc.) se escriben con mayúscula en inglés (**English**, **Spanish**, **French**, etc.).

Para expresar habilidades, **abilities**, en inglés se emplea el verbo modal **can**, que puede significar «poder» o «saber hacer algo». En este punto relativo a las capacidades personales, se traduciría al español como «saber».

I can play the guitar: Sé tocar la guitarra.

Por lo tanto, la estructura que se utilizaría en este tipo de frases sería: sujeto (por ejemplo, **I**) + **can** + verbo principal en infinitivo sin **to**.

I can drive: Sé conducir.

I can skate: Sé patinar.

I can play chess: Sé jugar al ajedrez.

I can speak English: Sé hablar inglés.

En frases negativas se usa la negación de **can**, que es **can't** o **cannot**.

I can't drive: No sé conducir.

I can't swim: No sé nadar.

I can't speak English: No sé hablar inglés.

Las siguientes expresiones útiles, **useful expressions**, también van asociadas a las presentaciones:

- **Pleased to meet you** (Encantado de conocerte/conocerle o Es un placer conocerle) es de uso formal.

- **Nice to meet you** se traduce igual que la anterior, aunque es algo más informal.

- **A pleasure to meet you** (Un placer conocerle).

- **Nice to see you** podría traducirse como «Me alegro de verte», mientras que las dos expresiones anteriores se emplean la primera vez que se conoce a alguien, esta se utilizaría cuando se vuelve a ver a alguien a quien ya se conocía.

- **We get to meet you at last** (Por fin nos conocemos).

- **How do you do?** se utiliza, al contrario que la anterior, con personas a las que se conoce por primera vez. Puede considerarse una alternativa más formal a **Nice too meet you** o a **Pleased to meet you**. A este saludo se responde exactamente con la misma expresión.

  Carol: How do you do?
  Susan: How do you do?

La forma de responder a **Nice to meet you** debe ser **Nice to meet you**, **too** o su forma abreviada: **You**, **too**. Es un error frecuente por parte de los aprendices de inglés responder con **Me too**. Esto ocurre porque se confunde el sujeto con el objeto de la acción. Mientras en español decimos «Encantado de conocerle», con el sujeto implícito «yo», en inglés la estructura es impersonal, de ahí que no sea lógico responder con **Me too** (Yo también).

Sin embargo, al saludo **I'm glad to see you** (Me alegra verte) sí se podría responder con **Me too**, puesto que se entiende que ese complemento de primera persona (**me**) está sustituyendo al sujeto implícito (**I**).

Carol: Nice to meet you.
Susan: Nice to meet you, too.

Carol: Nice to meet you.
Susan: You, too.

Carol: I'm glad to see you.
Susan: Me too.

Carol: Nice to meet you.
Susan: *Me too.

Consulta

Puedes aprender más vocabulario para mantener una conversación simple en la que te presentas en el siguiente enlace: http://bit.ly/1DIBRm5.

El último caso, marcado con un asterisco por su incorrección, aunque se entiende, no tiene mucho sentido, puesto que no hay un sujeto en primera persona anterior al que referirse.

En situaciones formales, algunas formas de presentarse podrían ser las siguientes:

Let/allow me introduce myself: Permítame/Permíteme/Permitidme que me presente.

I would like to introduce myself: Me gustaría presentarme.

En concreto, la primera fórmula (**Let/Allow me introduce myself**) se usa en contextos formales. En el caso de que se quiera presentar a una tercera persona de manera formal se diría **Let/Allow me to introduce you to...** (Permítame que le presente a...).

También se podría hacer la presentación a terceros de una forma menos formal.

This is my friend/my colleague Juan: Este es mi amigo/mi colega Juan.

Do you know Sara?: ¿Conoces a Sara?

Muchas de las expresiones anteriores sirven tanto en la interacción oral, en el cara a cara, como en la expresión escrita, como por ejemplo, en la redacción de cartas o correos electrónicos. No obstante, otras expresiones como **How do you do?** o **Nice to see you** solo tendrían cabida en la comunicación oral.

En la despedida son frecuentes las expresiones **It was nice meeting you** y **I enjoyed meeting you**. Ambas podrían traducirse como «Ha sido un placer conocerte», a lo que conviene responder «También ha sido un placer para mí», **It was a pleasure for me, too**, «A mí también me ha gustado conocerte», **I enjoyed meeting you, too**.

A continuación se presenta un ejemplo de diálogo entre dos personas que acaban de conocerse.

Original	Traducción
Raquel: Hi, my name is Raquel. What's your name?	Raquel: Hola, me llamo Raquel. ¿Cómo te llamas?
Peter: Nice to meet you, Raquel. My name is Peter.	Peter: Encantado de conocerte, Raquel. Me llamo Peter.
Raquel: Nice to meet you, too. Where do you come from, Peter?	Raquel: Encantada de conocerte, también. ¿De dónde vienes, Peter?
Peter: I'm from Bristol. And you? Where are you from?	Peter: Soy de Bristol. ¿Y tú? ¿De dónde eres?
Raquel: I'm Spanish.	Raquel: Soy española.
Peter: Really? That's great. Where in Spain do you live?	Peter: ¿De verdad? Qué bien. ¿En qué parte de España vives?
Raquel: Oh, I'm from Madrid, but I live in London now.	Raquel: Oh, soy de Madrid, pero ahora vivo en Londres.
Peter: Oh, really? And what languages do you speak?	Peter: Oh, ¿de verdad? ¿Y qué idiomas hablas?
Raquel: I speak my native language, Spanish, and English. What about you?	Raquel: Hablo mi lengua materna, español, e inglés. ¿Y tú?
Peter: Your English is quite fluent. I speak English, French and a little Chinese.	Peter: Tu inglés es bastante fluido. Yo hablo inglés, francés y un poco de chino.
Raquel: Chinese! How interesting! And what do you do?	Raquel: ¡Chino! ¡Qué interesante! ¿Y a qué te dedicas?
Peter: I'm an English teacher, and you?	Peter: Soy profesor de inglés, ¿y tú?
Raquel: I work as a manager for a Spanish company in London.	Raquel: Trabajo de directora para una empresa española en Londres.
Peter: That must be exciting! You look so young. How old are you?	Peter: Debe de ser emocionante. Pareces tan joven. ¿Qué edad tienes?
Raquel: I'm 25 years old.	Raquel: Tengo 25 años.

Un ejemplo de presentación de terceras personas, en un contexto informal, podría ser el que se presenta a continuación.

Original	Traducción
Ben: Hi, Peter! It's good to see you.	Ben: ¡Hola, Peter! Me alegro de verte.
Peter: Hi, Ben! How are you doing?	Peter: ¡Hola, Ben! ¿Cómo andas?
Ben: Not bad... Do you know my sister?	Ben: No me va mal... ¿Conoces a mi hermana?
Peter: Oh no, really? We got to meet you at last.	Peter: Oh no, ¿en serio? Por fin nos conocemos.
Ben: Helen, this is my friend Peter; Peter, this is Helen. She works for the EU (European Union).	Ben: Helen, este es mi amigo Peter; Peter, ella es Helen. Trabaja para la UE (Unión Europea).
Peter: Oh, that must be exciting. And what do you do?	Peter: Oh, debe de ser emocionante. ¿Y a qué te dedicas?
Helen: I work as a translator.	Helen: Trabajo como traductora.
Peter: How interesting! And how many languages do you speak?	Peter: ¡Qué interesante! ¿Y cuántos idiomas hablas?
Helen: I speak three languages: English, French and a little Spanish. And you, what do you do for a living?	Helen: Hablo tres idiomas: inglés, francés y un poco de español. Y tú, ¿a qué te dedicas?
Peter: I study at the Faculty of Law.	Peter: Estudio en la Facultad de Derecho.
Helen: That's great. It was nice meeting you, Peter.	Helen: Eso es genial. Ha sido un placer conocerte, Peter.
Peter: It was a pleasure for me, too. Hope to see you again.	Peter: Para mí también. Espero volver a verte.

Otro ejemplo de presentación personal más formal podría ser el siguiente.

Original	Traducción
Ladies and gentlemen, let me introduce myself. My name is Karen Smith and I work for this company as a Marketing Manager. I would like to introduce you to my team: this is Sarah, my Personal Assistant, and Bob, the Sales Manager.	Señoras y señores, permitidme que me presente. Mi nombre es Karen Smith y trabajo para esta empresa como directora de *marketing*. Me gustaría presentarles a mi equipo: ella es Sarah, mi ayudante, y Bob, el jefe de ventas.

1.2.2. Vivienda y hogar

En este apartado se seguirá ampliando vocabulario, esta vez relacionado con la vivienda, el hogar y su entorno.

Para comenzar hay que distinguir las diferentes viviendas, **dwellings**. En inglés, la diferencia entre **house** y **home** es similar a la que existe en español entre «casa» y «hogar».

Por un lado, puede decirse que, en teoría, **house** hace más referencia al edificio en sí, mientras que **home** hace alusión al sentido de hogar. Sin embargo, en la práctica, al igual que ocurre en español (donde se dice tanto «trabajar en casa» como «volver a casa»), ambos términos tienden a solaparse. Tanto es así que en inglés se dirá **to work at home** (trabajar en casa) y **to stay at home** (quedarse en casa).

Por otro lado, en inglés también es posible referirse a la vivienda como propiedad, **property**. En la siguiente tabla se han incluido los distintos tipos de vivienda que se pueden encontrar en inglés.

Terrace

Detached

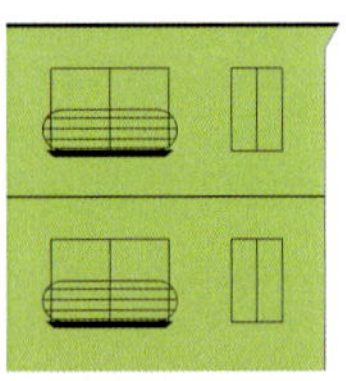
Apartment

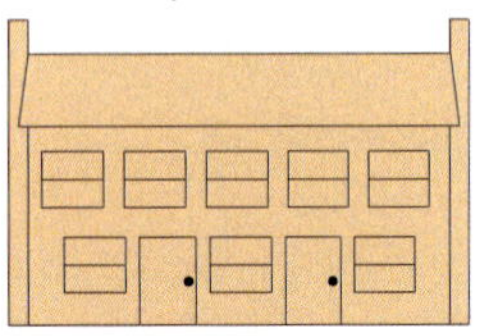
Semi-detached

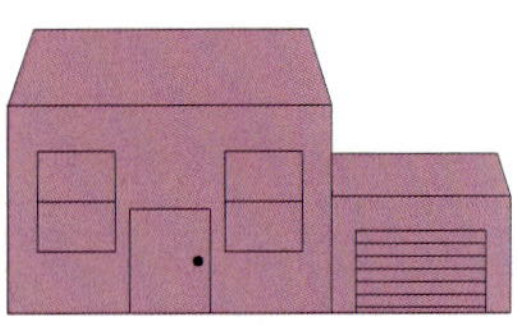
Bungalow

Original	Traducción
Apartment (AmE)	Apartamento
Apartment building (AmE)	Bloque de pisos
Barracks	Cuartel militar
Brick house	Casa de ladrillo
Building	Edificio
Bungalow	Bungaló
Chalet	Chalé, villa
Condominium	Condominio
Cottage	Casa de campo, cabaña
Country house	Casa de campo
Detached house	Chalé (casa independiente con jardín propio)
Dormitory	Dormitorio en residencia universitaria
Duplex (AmE)	Dúplex (tipo de casa adosada por sus dos lados)
Farmhouse	Granja
Flat (BrE)	Piso
House	Casa, en general
Hut	Refugio, choza, cabaña
Mansion	Mansión
Nursing home	Asilo
Penthouse	Ático
Semi-detached house (BrE)	Dúplex (adosado por un lado)
Shanty	Chabola
Skyscraper	Rascacielos
Tenement block (AmE)	Bloque de viviendas
Tent	Tienda de campaña
Terraced house	Casa adosada (por ambos lados)

Además, en cuanto al diseño, también se puede distinguir entre moderno, **modern**, y viejo, **old**.

En inglés, hay que diferenciar entre piso como tipo de vivienda, **flat**, y piso o planta, **floor**, en la que se divide un edificio. Además, debe tenerse en cuenta que la distribución en plantas o pisos dentro de un edificio, ya se trate de una vivienda o de un establecimiento, no es igual en BrE que en AmE.

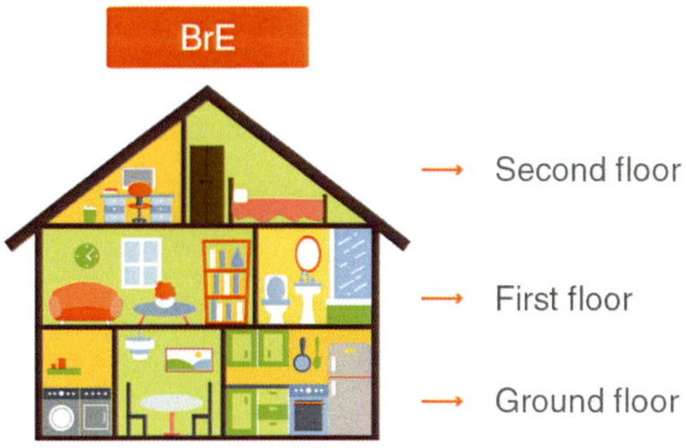

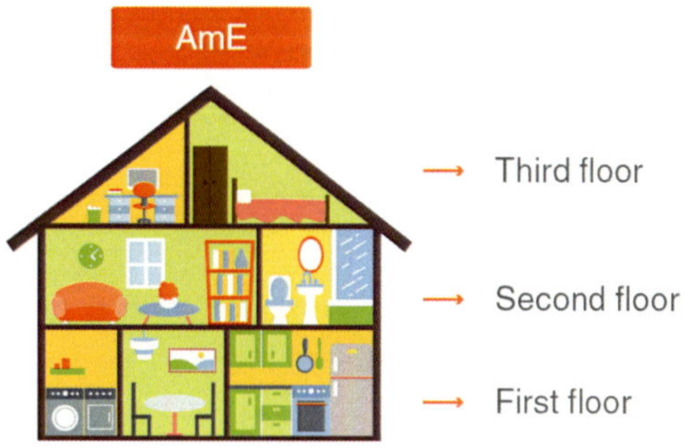

Como se puede apreciar, la principal diferencia se halla en que la planta baja de un edificio, es decir, la que se encuentra a ras del suelo, se conoce como **ground floor** en BrE y **first floor** en AmE. A partir de ahí, la siguiente planta sería **first floor** en inglés británico o **second floor** en el americano, y así sucesivamente.

Todo se reduce a dos formas diferentes de interpretar lo que es la primera planta de un edificio. Mientras que para los británicos esta es la que se encuentra después de la planta baja, es decir, que habría que subir, por escaleras o ascensor, hasta el **first floor**, los americanos conciben la planta baja de un edificio, la que se encuentra según se entra en él, como la primera planta.

Los siguientes términos y expresiones están más relacionados con la compraventa, **buying and selling**, y el alquiler, **renting**, de viviendas.

Furnished: Amueblado.

Landlord: Propietario.

Mortgage: Hipoteca.

Rent/Hire: Alquiler, renta

Tenant: Inquilino.

To buy a house: Comprar una casa.

To rent a house/a flat: Alquilar una casa/un piso.

Unfurnished: Sin amueblar.

En lo que respecta a las partes de la casa, **parts of the house**, hay que distinguir diferentes tipos, tal y como muestra la imagen, pero todas son llamadas habitaciones, **rooms**.

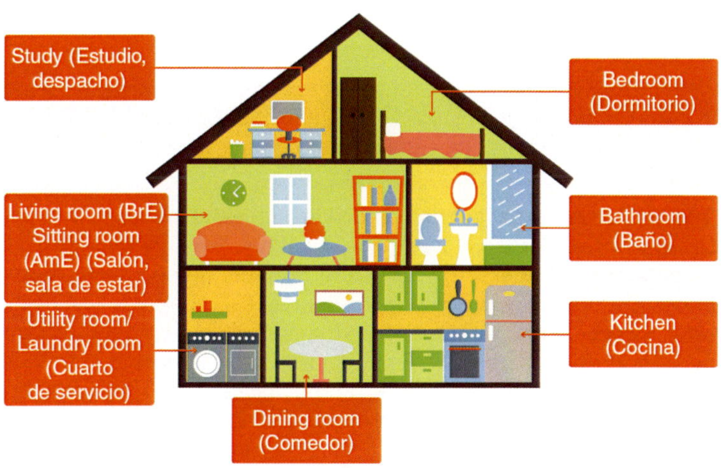

¿Sabías que...?

En muchos ascensores de Norteamérica, la planta baja está indicada con el número uno porque allí la denominan **first floor**.

Importante

El término **bathroom**, formado por las palabras **bath** (bañera) y **room** (habitación), hace referencia al cuarto de baño que se encuentra en una casa particular. En establecimientos es más correcto emplear **toilets** o **lavatories**, términos que se ajustan más al concepto de aseos o servicios públicos en los que no hay bañera.

Además, dentro y fuera de una vivienda podemos encontrar otras partes o elementos.

Inside the house (En el interior de la casa)	Outside the house (Por fuera de la casa)
Attic (Desván)	Antenna (Antena)
Bannisters (Barandilla)	Back yard (Patio trasero)
Basement (Sótano)	Balcony (Balcón)
Box/Junk room (Cuarto trastero)	Chimney (Chimenea)
Ceiling (Techo [en el interior])	Deck (Balcón, terraza)
Corridor (Pasillo)	Door (Puerta)
Door handle (Picaporte)	Doorbell (Timbre)
Doormat (Felpudo)	Driveway (Entrada para vehículos)
Floor (Piso, suelo)	Floor (Piso, planta)
Front (Fachada)	Floor tile (Baldosa)
Hall (Entrada, vestíbulo)	Front yard (Patio frontal)
Heating (Calefacción [de un edificio])	Garage (Garaje)
Key (Llave)	Garden (Jardín)
Light bulb (Bombilla)	Lock (Cerradura)
(Light) switch (Interruptor [de la luz])	Mailbox (Buzón)
Plug (Clavija, enchufe)	Peephole (Mirilla de la puerta)
Skylight (Claraboya, tragaluz)	Pool (Piscina)
Socket (AmE) (Toma de corriente, enchufe)	Porch (Porche, pórtico)
Staircase (Escalera)	Roof (Tejado, techo)
Stairs (Escaleras)	Shutter (Contraventana)
Steps (Escalones)	Terrace (Terraza)
Wall (Pared)	Window (Ventana)

Para indicar «en el piso de arriba» se dirá **upstairs**, mientras que «en el piso de abajo» será **downstairs**.

Go upstairs: Ve al piso de arriba.

My room is downstairs: Mi habitación está en el piso de abajo.

Ejemplo

A continuación se citan tres oraciones en las que están presentes algunos de los conceptos mencionados.

The key is in the lock: La llave está en la cerradura.

The cat is on the roof: El gato está en el tejado.

The door is closed: La puerta está cerrada.

Para referirnos a los muebles, existen los términos **furniture** o **household articles**. **Furniture** es incontable, por lo que se tendría que decir **a piece of furniture** (un mueble) para refererirse a un solo elemento del mobiliario.

My new house only has a few pieces of furniture: Mi casa nueva solo tiene unos cuantos muebles.

This piece of furniture is very nice: Este mueble es muy bonito.

A continuación se tratará el principal vocabulario relacionado con el tipo de mobiliario que se puede encontrar en cada habitación o parte de la casa.

En la cocina, **kitchen**, se pueden encontrar variedad de electrodomésticos, electrical appliances: placa vitrocerámica, **cooktop** (AmE)/**stove** (BrE), cocina o fogón, **cooker**, cocina eléctrica, **electric cooker**, horno, **oven**, lavavajillas, **dishwasher**, y extractor, **extractor fan**. Además, es importante distinguir entre congelador, **freezer**, y **fridge**, que es la forma abreviada de nevera, **refrigerator**. Otros pequeños electrodomésticos muy comunes en la cocina son: licuadora, **blender**, freidora, **fryer**, parrilla, **grill**, horno microondas, **microwave oven**, batidora, **mixer**, cocedor de arroz, **rice cooker**, sandwichera, **sandwich maker**, y tostadora, **toaster**.

Aparte de los electrodomésticos, también se puede encontrar mobiliario o elementos como los siguientes:

Original	Traducción
Chair	Silla
Countertop	Encimera
Cupboard	Armario
Drain	Desagüe
Drainpipe	Tubo de desagüe
Dustbin	Cubo de la basura.
Pantry	Despensa (tanto para el tipo de armario como para la habitación)
Shelf	Estantería
Sink	Fregadero
Stool	Taburete
Table	Mesa
Tap	Grifo
Waste paper basket	Basura, papelera

Dishware

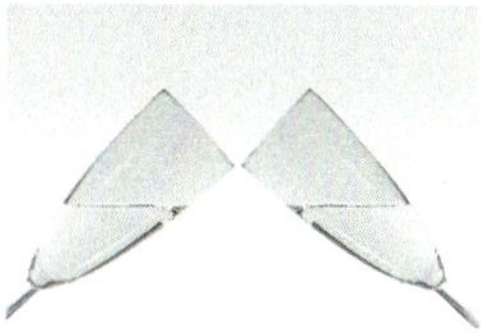
Drinkware or glassware

Cutlery

En inglés, existe el término genérico **tableware** para referirse a la vajilla. Sin embargo, como en español, dentro de esta es posible distinguir entre la vajilla propiamente dicha, **dishware**, que hace referencia al conjunto de platos, tazas, etc.; la cristalería, **drinkware** o **glassware**, que es el conjunto de vasos, copas, jarras, etc.); y la cubertería, **cutlery**.

La vajilla también recibe el nombre de **crockery** o **dishes**. Cuando es de cerámica se denomina **pottery**. El término **flatware** en AmE puede hacer referencia a la vajilla en general o la cubertería, mientras que en BrE hace alusión a los platos planos.

A continuación se aportan algunos ejemplos de vocabulario relativo a la vajilla.

Bowl: Bol, tazón, cuenco.

Coffee cup saucer: Platillo (que va con la taza del café).

Cup: Taza.

Dessert plate: Bandeja para postres.

Dinner plate: Plato llano.

Mug: Tazón.

Plate: Plato.

Porringer: Escudilla, plato hondo.

Sugar bowl: Azucarero.

Conviene hacer alusión a la diferencia entre los términos **plate** y **dish**. Aunque ambos se traducen como «plato» en español, no comparten exactamente el mismo significado. En general, **plate** hace referencia al utensilio en el que se sirve la comida, que suele ser llano y no se usa para líquidos, mientras que **dish** se refiere a la comida en sí. En inglés, pues, se diría **dessert plate** o **dinner plate**, por ejemplo.

Dishes, en plural, se refiere a todo el conjunto de la vajilla, como se ha explicado anteriormente. Por lo tanto, es un término más genérico que incluiría otros tipos de plato. También se usa **dish** cuando se habla de platos típicos de una zona específica. Por ejemplo: *fish and chips, sushi* o paella.

Dentro de la categoría de **drinkware** o **glassware** se distinguen, a su vez, los siguientes términos: vaso/vasos, **glass/glasses**, copa, **goblet**, copa de vino, **wine glass**, o jarra, o **jug**.

¿Sabías que...?

Los horarios para comer y los hábitos alimenticios en los países anglosajones son muy distintos a los de España. Por norma general, ellos realizan todas las comidas del día antes que los españoles. Puedes leer un interesante artículo sobre estos hábitos y los beneficios que conllevan en el siguiente enlace: http://bit.ly/1F16bd8.

En cuanto a la cubertería cabe destacar la cuchara, **spoon**, pues dentro de esta categoría se distingue entre cuchara sopera, **soup spoon**, cucharita, **dessertspoon**, y cucharón, **ladle**. También son fundamentales el tenedor, **fork**, y el cuchillo, **knife**. Entre los cuchillos destacan el cuchillo carnicero, **steak knife**, y el cuchillo para el queso, **cheese knife**. Otros elementos de la cubertería son los palillos para comida oriental, **chopsticks**, y los utensilios para servir la ensalada, **salad servers**.

Para el concepto de «batería», entendido como el conjunto de ollas y sartenes, se puede utilizar la expresión inglesa **set of kitchen pots and pans**. En esta categoría, se incluyen, entre otros, los siguientes términos: olla, **pot**, cazuela, **cooking pot**, sartén, **frying pan**, y cacerola, **saucepan**.

Aparte de los mencionados en las categorías anteriores, en una cocina se pueden encontrar también los siguientes utensilios de cocina, **kitchen utensils**.

Original	Traducción
Baking tray	Bandeja de horno
Cake tin	Molde para bizcochos
Can opener (AmE)/Tin opener (BrE)	Abrelatas
Chopping board	Tabla de picar
Coffee maker	Cafetera
Colander	Escurridor
Corkscrew	Sacacorchos
Grater	Rallador
Kettle	Hervidor
Kitchen cloth	Paño de cocina
Kitchen gloves	Guantes de cocina
Napkin	Servilleta
Placemat	Salvamantel
Rolling pin	Rodillo de amasar
Scales	Pesa
Spatula	Espátula
Tablecloth	Mantel
Tiles	Azulejos
Toothpicks	Palillos, mondadientes

Consulta

En el siguiente enlace podrás encontrar una amplia lista de vocabulario relacionado con la casa, sus partes y utensilios habituales, además de escuchar cómo se pronuncian estas palabras: http://bit.ly/1IkEGdu.

En el baño también es posible encontrar diferentes muebles y elementos, como por ejemplo, el váter, **toilet**. A continuación se incluye el vocabulario sobre muebles y otros objetos comunes del cuarto de baño.

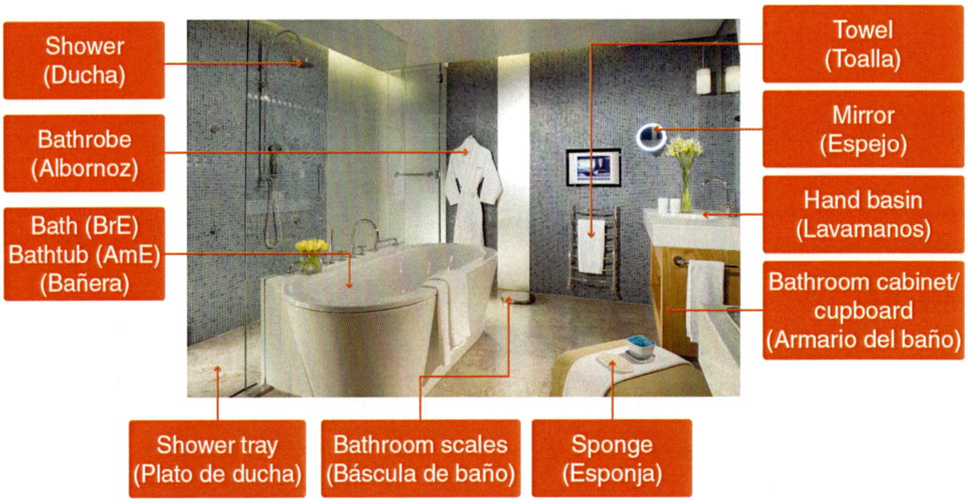

Otros elementos habituales en el cuarto de baño son: alfombrilla del baño, **bath mat**, cepillo de dientes, **toothbrush**, pasta de dientes, **toothpaste**, peine, **comb**, y toallita de la cara **flannel**. Para la higiene corporal destacan: gel [normalmente de manos], **liquid soap**, champú, **shampoo**, gel de ducha, **shower gel**, y jabón **soap**.

También es habitual encontrar algunos electrodomésticos pequeños en el cuarto de baño, como el secador de pelo, **hairdryer**. Además, al ser el lugar donde se asean las personas, se suele acumular colada, **laundry**, por lo que es posible encontrarse en esta dependencia de la casa la cesta de la ropa sucia, **laundry basket**, y la lavadora, **washing machine**.

El término **shower** se refiere tanto a la instalación o aparato como al cuarto de duchas que se puede encontrar en un recinto. Para distinguir el grifo de agua fría del de agua caliente, simplemente se dirá: **cold tap** y **hot tap** (fría y caliente).

A continuación, se presentan algunos verbos relacionados con acciones que tienen lugar en el cuarto de baño.

To have a bath: Bañarse.

To have a shower: Ducharse.

To wash: Lavar.

To brush your teeth: Lavarse los dientes.

To comb: Peinarse.

To brush: Cepillarse.

Fíjate en que los verbos **to brush** y **to comb** son pronominales en español. En inglés, dichos verbos se conjugan añadiendo el posesivo que se corresponda con el sujeto.

I brush my teeth: Me lavo los dientes.

I comb my hair: Me peino.

Los verbos **to have a bath** y **to have a shower** cuentan con dos formas equivalentes en español: una pronominal o reflexiva (bañarse, ducharse) y otra transitiva (tomar un baño, tomar una ducha). Estos verbos en inglés, al contrario que en los casos anteriores, no se acompañan del posesivo.

I'm having a bath: Estoy tomando un baño.

I'm going to have a shower: Voy a tomar una ducha.

¿Sabías que...?

En inglés distinguen entre **tooth** (diente, en singular) y **teeth** (dientes, en plural), pero es curioso que el instrumento con el que se los lavan es el **toothbrush** (cepillo de diente, literalmente).

Consulta

Puedes consultar otros verbos habituales en las rutinas diarias en el siguiente enlace: http://bit.ly/1OrxyjR.

En la sala de estar se pueden encontrar los siguientes muebles y complementos.

Original	Traducción
Armchair (AmE)	Sofá, sillón
Ashtray	Cenicero
Bookcase	Biblioteca (mueble)
Carpet/Rug	Alfombra
Centerpiece (AmE)/ Centrepiece (BrE)	Centro de mesa
Clock	Reloj de pared
Coffee table	Mesa de centro
Couch/Sofa	Sofá
Curtains/Drapes	Cortinas
Cushion	Cojín
Fish bowl	Acuario
Lamp	Lámpara
Ornament	Adorno
Painting	Cuadro
Picture	Foto, cuadro
Plant	Planta
Recliner	Sillón reclinable
Rocking chair	Mecedora
Sideboard	Aparador
Sofa-bed	Sofá cama
Table	Mesa
Vase	Florero
Wallpaper	Papel pintado

La sala de estar es el lugar habitual para el entretenimiento. De este modo, cabe destacar el siguiente vocabulario: reproductor de Blu-ray™, **Blu-ray™ player**, reproductor de CD, **CD player**, reproductor de DVD, **DVD player**, consola de videojuegos, **game/games console**, televisión, **televisión**, o TV/tele **TV/telly**.

Para que la comodidad en esta dependencia de la casa sea máxima, existen diversos sistemas para regular la temperatura de la habitación. Entre el vocabulario relacionado con este tema, destaca: aire acondicionado, **air conditioner**, ventilador, de techo, **ceiling fan**, estufa eléctrica, **electric fire**, chimenea, **fireplace**, leña, **firewood**, estufa de gas, **gas fire**, calefacción **heating**, y radiador, **radiator**.

A continuación, se analizarán las diferencias entre algunos pares de términos de los anteriormente citados.

Por ejemplo, tanto **rug** como **carpet** pueden traducirse como «alfombra», aunque **carpet** normalmente va de pared a pared y **rug**, no.

Asimismo, hay que diferenciar también el término **fireplace**, referido a la chimenea que se encuentra en el interior del hogar (normalmente en la sala de estar), de **chimney**, que es la parte exterior que se sitúa en el tejado y permite que el humo producido se expulse.

En inglés también existen dos términos totalmente diferentes para la palabra «reloj», dependiendo de si se trata de un reloj de pulsera, **watch**, o, como es el caso, de un reloj de pared, **clock**.

¿Sabías que...?

En Reino Unido es muy habitual que las casas cuenten con moqueta, porque también es costumbre andar descalzo por casa. Puedes informarte más sobre este hecho y otras curiosidades sobre los hogares británicos en el siguiente enlace: http://bit.ly/1BlzBpy.

Conviene recalcar que el término **bookcase** hace referencia a la biblioteca como parte del mobiliario que se puede encontrar en la sala de estar o en el estudio de una casa. La biblioteca como recinto o establecimiento, en inglés, recibe el nombre de **library**, que no se debe confundir con librería, **bookshop**.

Si se continua avanzando por las diferentes habitaciones de la casa, se llega a la habitación, **bedroom**. Este término se refiere a una habitación en el sentido de dormitorio; para referirse a las habitaciones como partes en las que se divide una vivienda se utiliza el término **rooms**. Ahora se aportará vocabulario para algunos de los muebles y objetos más comunes que se pueden encontrar dentro del dormitorio, **inside the bedroom**.

Importante

El tipo de términos que, por su parecido con alguna palabra española, puede dar a entender un significado totalmente distinto del que realmente tiene, reciben el nombre de **false friend** (falso amigo).

En cuanto a los muebles destacan los siguientes: cama, **bed**, pie de cama, **footboard**, cabecera de la cama, **headboard**, cómoda, **chest of drawer**, tocador, **dressing table**, y ropero o armario, **closet** (AmE) o **wardrobe** (BrE). Dentro de este último es habitual encontrar perchas, **hanger/coat hanger**. Las mesillas de noche se denominan de diferentes maneras: **bedside cabinet** (AmE)/**bedside table** (BrE) y **nightstand** (AmE)/**night table** (BrE). Esta última suele ser un poco más pequeña que la bedside.

Mientras que **cupboard** hace referencia al armario como un tipo de mueble en general (de los que se encuentran, por ejemplo, en la cocina), **wardrobe** hace alusión al que se utiliza para guardar la ropa, es decir, al ropero; al igual que **closet** (AmE).

Consulta

El siguiente enlace incluye una lista con algunos false friends comunes: http://bit.ly/1zGU4dq.

Entre la principal ropa de cama, bedding, se encuentra: colcha, **bedspread**, manta, **blanket**, edredón, **comforter** (AmE)/**eiderdown** (BrE), edredón nórdico, **duvet**, colchón, **mattress**, y sábana, **sheet**. En concreto, la sábana que cubre la almohada, **pillow**, se denomina **pillowcase**.

Otros dos elementos habituales en el dormitorio son el despertador, **alarm-clock**, y las persianas, **blinds**, que permiten mantener la habitación a oscuras.

A continuación, se aportan los términos que existen inglés para designar los distintos tipos de cama.

Single bed: Cama individual.

Double bed: Cama de matrimonio.

Bunk bed: Litera.

Twin beds: Camas gemelas

Trundle bed (AmE)/**Truckle bed** (BrE): Cama nido.

Double bed

Twin beds

En el estudio se pueden encontrar algunos objetos como los que se destacan a continuación.

En el escritorio, **desk**, también se aprecian un sujetapapeles, **paper clip**, un lápiz, **pencil**, y una goma, **eraser** (AmE)/**rubber** (BrE).

No solo el material escolar está presente en esta zona de la casa; habitualmente el despacho es el lugar reservado para los componentes informáticos o las telecomunicaciones. En este ámbito es necesario conocer el siguiente vocabulario: ordenador, **computer**, fax, **fax**, teclado, **keyboard**, ordenador portátil, **laptop**, y pantalla, **screen**. Para poder imprimir documentos es necesario contar con una impresora, printer, que puede ser láser, **laser printer**, aunque en la mayoría de los casos las más comunes son las que funcionan con tinta, **ink**. Hoy en día, la mayoría de estos dispositivos son multifunción y permiten imprimir, fotocopiar y escanear con una única máquina; aun así, son muchos los usuarios de escáner, **scanner**.

Otras palabras habituales de este campo son las siguientes.

Original	Traducción
Briefcase	Maletín, portadocumentos
Carta	Letter
Desk lamp	Flexo
Document	Documento
Folder/File	Carpeta, archivador
Glue/Adhesive	Pegamento
Mechanical pencil (AmE)/ Propelling pencil (BrE)	Portaminas
Pencil/Pen box	Estuche de lápices
Shelf/Shelves	Estantería/Estanterías
Staple	Grapa
Wastepaper bin	Papelera

En el jardín es habitual encontrar césped, lawn, y flores, flowers. Los dueños mantienen los jardines gracias a multitud de herramientas: rastrillo, **rake**, pala,

shovel, cortacésped, **lawn mower**, y regadera, **watering can**. Todas ellas suelen guardarse en el cobertizo, **garden shed**. Para cerrar el jardín se suele colocar una cerca, **fence**, que cuenta con una puerta, **fence gate**. También es posible resguardarse de las miradas de los vecinos utilizando un seto, **hedge**. Si el jardín es muy amplio puede contar incluso con veredas o caminos, **paths**.

Es necesario saber que el término **housekeeping** hace referencia a las labores domésticas. Los principales utensilios que se suelen emplear para ello son los siguientes.

Broom: Escoba.

Brush: Cepillo.

Bucket: Cubo.

Clothesline/Washing line: Tendedero.

Dustpan: Recogedor.

Iron: Plancha.

Ironing board: Tabla de panchar.

Mop: Fregona.

Hoover/Vacuum cleaner: Aspiradora.

La siguiente lista presenta los principales verbos relacionados con las labores domésticas, incluidos algunos de los que ya se han estudiado relacionados con las partes de la casa.

Original	Traducción
To brush	Barrer
To clean the bathroom	Limpiar el baño
To do the cleaning	Hacer la limpieza
To do the shopping	Hacer la compra
To do the washing	Hacer la colada
To dry	Secar
To dust	Quitar el polvo
To fold	Doblar
To go shopping	Ir a la compra
To hang up the clothes	Tender la ropa
To hang	Colgar
To hoover the floor	Pasar la aspiradora
To vacuum	Pasar la aspiradora
To iron	Planchar
To make the bed	Hacer la cama
To scrub	Fregar, cepillar, restregar
To sweep	Barrer
To take out the rubbish	Sacar la basura
To tidy up	Recoger
To walk the dog/To take the dog for a walk	Sacar al perro a pasear
To wash	Lavar

Después del vocabulario relacionado con la vivienda, es necesario detenerse un momento para tratar las reparaciones del hogar, **home repairs**. Algunos verbos que se pueden utilizar a la hora de hablar de ellas son: reparar, **to repair**, arreglar, **to fix**, y sustituir, **to replace**.

Antes de iniciar cualquier reparación o arreglo hay que ser capaz de expresar cuál es el problema o destrozo.

The washing machine is broken: La lavadora está rota.

There's something wrong with the computer: El ordenador tiene algún problema o Algo va mal con el ordenador.

Importante

El verbo **to break** es irregular: **break** (romper, infinitivo), **broke** (rompí, rompiste, rompió, etc., pasado), **broken** (roto, participio pasado). Es recomendable estudiar la lista de verbos irregulares.

También existen, al igual que en español, variedad de verbos asociados a «romper» (rajarse, partirse, desprenderse, etc.) y otros muchos que expresan otro tipo de problemas o destrozos: atascar u ostruir, **to clog**, atascado, **clogge**, rajarse o agrietarse, **to crack**, rajado o agrietrado, **cracked**, estropearse, **to damage**, estropeado, **damaged**, fallar, **to fall**, fallando, **falling**, gotear, **to leak**, que pierde agua, **leaking**, aflojarse, **to loose**, flojo, **loose**, desprenderse, **to peel**, desprendiendo, **peeling**, desgastarse, **to wear** o **wear out**, desgastado, **worn**.

The washing machine is broken: La lavadora está rota.

The water is clogged/A clogged water: El agua está atascada/Un atasco de agua.

The window is cracked/A cracked window: La ventana está rajada/Una ventana rajada.

The floor tiles are damaged/Damaged floor tiles: Las baldosas están estropeadas/ Baldosas estropeadas.

The door is falling/A falling door: La puerta está fallando/Una puerta que falla.

The pipe is leaking/A leaking pipe: La tubería está goteando/Una tubería que pierde agua, que gotea.

The roof tiles are loose/Loose roof tiles: Las tejas están flojas/Tejas flojas.

The wallpaper is peeling/Peeling wallpaper: El papel de la pared se está desprendiendo/ Papel de pared desprendido.

The sheets are worn out/Worn out sheets: Las sábanas están desgastadas/Sábanas desgastadas.

Aparte del vocabulario anterior, también conviene conocer otros términos relacionados con las reparaciones y arreglos del hogar, como el nombre de algunas herramientas, **tools**, así como verbos y expresiones usualmente asociados a ellas. Algunas de las herramientas más comunes son la sierra, **hand saw**, y el destornillador, **screwdriver**, que se guardan en la caja de herramientas, **tool box**, donde también es habitual encontrar los tornillos, **screws**. Entre otros, conviene sustituir piezas gastadas o rotas, como por ejemplo, bisagras, **hinges**. En ocasiones habrá que trabajar a oscuras, por lo que se necesitará una linterna, **flashlight/light** (AmE) o **torch** (BrE), o a una altura a la que no se llegue a menos que se use una escalera de mano, **ladder**.

Para coser, **to sew**, prendas rotas se puede utilizar la máquina de coser, **sewing machine**, y habrá que escoger un hilo, **thread**, adecuado a la pieza.

En cuanto a las profesiones relacionadas con las reparaciones del hogar, cabe destacar las siguientes.

Original	Traducción
Brick mason (AmE)/Bricklayer (BrE)	Albañil
Electrician	Electricista
Exterminator	Técnico plaguicida
Handyman	Manitas
Plumber	Fontanero
Repairman	Técnico, reparador, mecánico
Welder	Soldador

Entorno y procedencia 1.2.3.

La información acerca del entorno en el que se vive también es un tema de conversación habitual. Para decir que se vive en la ciudad podemos decir **to live in the city** o **to live in the town**, mientras que vivir en el campo sería **to live in the countryside**.

Algunos términos que designan los distintos tipos de emplazamiento en inglés y que es posible emplear al hablar de la casa y del sitio donde se vive son los siguientes: ciudad, **city** o **town**, pueblo, **village**, barrio, **neighbourhood** (BrE)/ **neighborhood** (AmE), región, región, y país, country.

Tal como se ha explicado en el apartado 1.2.1., una pregunta con la que se obtendría dicha información podría ser **Where in (city's name) do you live?** (¿En qué parte de [nombre de la ciudad] vives?). También se puede recurrir a alguna de las siguientes preguntas.

Do you live in a city, town o village?: ¿Vives en una ciudad o un pueblo?

Do you live in the city or in the countryside?: ¿Vives en la ciudad o en el campo?

Do you like living in the city?: ¿Te gusta vivir en la ciudad?

Do you like living in the countryside?: ¿Te gusta vivir en el campo?

El término **region** en inglés, al igual que en español «región o zona», se emplea tanto para referirse a la región administrativa como a una zona o área determinada. Cabe recordar también que los gentilicios asociados al país o zona en la que se vive en inglés deben escribirse con mayúscula. A continuación se recoge el nombre de algunos países y continentes más relevantes y sus respectivos gentilicios.

Original	Traducción
America-American	América-americano
Europe-European	Europa-europeo
Asia-Asian	Asia-asiático
Belgium-Belgian	Bélgica-belga
Britain-British/Briton	Gran Bretaña-británico
Canada-Canadian	Canadá-canadiense
Chile-Chilean	Chile-chileno
China-Chinese	China-chino
Denmark-Dane	Dinamarca-danés
Germany-German	Alemania-alemán
Greece-Greek	Grecia-griego
Italy-Italian	Italia-italiano
Norway-Norwegian	Noruega-noruego
Poland-Pole	Polonia-polaco
Spain-Spaniard/Spanish	España-español
Sweden-Swedish	Suecia-sueco

Por lo general, el gentilicio plural se forma añadiendo **-s** al final.

The Belgians: Los belgas.

The Canadians: Los canadienses.

The Chileans: Los chilenos.

The Germans: Los alemanes.

> **Importante**
>
> El término **Spaniard**, junto con **Spanish**, puede designar a una persona natural de España. Sin embargo, el plural solo admite la forma **Spanish**.

Existen algunas excepciones.

The Chinese: Los chinos.

The Spanish: Los españoles.

The Swedish: Los suecos.

También existen países que forman el gentilicio añadiendo **man** o **woman** al final, pero solo en su forma singular.

England-Englishman/Englishwoman: Inglaterra-inglés/inglesa.

France-Frenchman/Frenchwoman: Francia-francés/francesa.

Holland-Dutchman/Dutchwoman: Holanda-holandés/holandesa.

Ireland-Irishman/Irishwoman: Irlanda-irlandés/irlandesa.

La forma plural sería la siguiente.

The Englishmen: Los ingleses.

The French: Los franceses.

The Dutch: Los holandeses.

The Irish: Los irlandeses.

Por lo tanto, a la hora de hablar del tipo de emplazamiento en el que se vive se puede expresar de diferentes formas.

I live in a big city: Vivo en una ciudad grande.

We live in Moya, a small village in the north of Gran Canaria: Vivimos en Moya, un pueblo pequeño al norte de Gran Canaria.

They live in the countryside: Ellos viven en el campo.

I live in Holland, but I'm Swedish: Vivo en Holanda, pero soy sueco.

A continuación, se analizará la diferencia que existe entre los dos términos que se refieren al concepto de ciudad en inglés: **town** y **city**. Debido a que en español se cuenta con una sola palabra para ambos términos, muchos hispanohablantes, aun conociendo su significado, no acaban de tener claro en qué contextos emplear una u otra.

En teoría, y como mucha gente tiende a pensar, la diferencia radicaría en la densidad de la población, **population,** o en la extensión, considerándose **town** a las regiones más pequeñas o menos pobladas y **city** a las más grandes o con mayor número de habitantes, **inhabitants**. Dicha distinción sería similar a la que en español se hace entre ciudad y pueblo.

No obstante, en la práctica, no es del todo así, pues a menudo es posible encontrarse con ciudades pequeñas o con baja población a las que se les considera **city** y otras, en cambio, que aun albergando un mayor número de habitantes, se conocen como **town**. Es el caso de Bournemouth o Salisbury. A la primera, pese a sobrepasar en habitantes a la segunda, se la denomina **town**, mientras que la segunda sí está considerada como **city**.

Por lo tanto, podría decirse que incluso para los anglosajones la diferencia parece no estar tan clara. Si bien existen algunas teorías o interpretaciones, lo cierto es que no se puede concluir que ninguna de ellas sea totalmente acertada. En la realidad existen varios ejemplos, tanto de **city** como de **town**, que confirman las excepciones.

Por un lado, se tiende a pensar que el factor determinante es el estatus o la relevancia de la que goce una ciudad. Por otra parte, hay quien piensa que la diferencia radica en la presencia o ausencia de catedral, **cathedral**. Si bien es cierto que durante la Edad Media **city** se refería al tipo de emplazamiento que contaba con una catedral frente a **town**, que no tenía ninguna, hoy en día esta teoría también puede rebatirse con algunos ejemplos. Sin salir de Reino Unido se pueden encontrar **cities** que carecen de catedral, como la ciudad de Cambridge o, a la inversa, **towns** que sí tienen este tipo de construcciones.

¿Sabías que...?

Actualmente, en Reino Unido la figura del monarca es la única que puede otorgar a una ciudad la consideración de **city**.

Hay que decir que la capital de Reino Unido, Londres, está considerada como **town**, **The town of London** (La ciudad de Londres), que no debe confundirse con **London City**, que es solo una parte dentro de la **town**.

Así, podría concluirse lo siguiente.

En teoría	En la práctica
City: ciudades grandes o con un elevado número de habitantes. **Town**: ciudades pequeñas o con menor número de habitantes que las cities.	**City**: ciudades más conocidas o importantes, independientemente de su extensión o densidad. **Town**: ciudades menos conocidas o importantes.
En la Edad Media	**En la actualidad**
City: ciudad con catedral. **Town**: ciudad sin catedral.	Encontramos **cities** sin catedral, como Cambridge. Corresponde al monarca denominar a cada tipo de emplazamiento. No hay una definición estándar.

Habida cuenta de lo anterior, puede que ahora mismo se plantee la siguiente cuestión: ¿Cómo se sabe cuándo se debe utilizar cada término?

En la práctica, si no se está seguro del tipo de ciudad de la que se está hablando, lo más recomendable es regirse por el grado de relevancia. Es decir, se usará el término **city** cuando se trate de una ciudad conocida o grande y **town** si, por ejemplo, no se ha oído hablar de ella o se cree que es pequeña o poco conocida.

Bath is a town

Salisbury is a city

A continuación, se estudiará el vocabulario relacionado con la ciudad.

Para comenzar, es necesario destacar el siguiente vocabulario general: **street**, **traffic**, **shops** y **transport** (calle, tráfico, tiendas y transporte).

Una cuestión peliaguda del inglés es qué preposición se debe usar para la expresión **in the street/on the street/at the street** (en la calle). Mientras que en español está claro, solo se usa la preposición «en», en inglés hay dos posibilidades: **in the street** u **on the street**. Aunque de forma general podría decirse que los americanos son más proclives al uso de **on** y los británicos emplean más **in**, hay casos en los que sí se aprecia un cambio de significado entre ambos usos.

Según lo anterior, cuando se refiere a la ubicación en general de un objeto o una acción, los británicos utilizarían **on**.

The children are playing in the street: Los niños están jugando en la calle.

We are walking in the street: Estamos caminando por la calle.

In the street where I live there are many shops: En la ciudad en la que vivo hay muchas tiendas.

Para los americanos, **in** implicaría estar en medio de la calle, en la parte donde pasan los coches, no en la calle en general.

The children are playing on the street: Los niños están jugando en la calle.

On the street where I live: En la calle donde vivo.

Al hablar de direcciones, los británicos alternan las dos preposiciones.

I live in High Road/I live on High Road: Vivo en High Road.

My house is on High Road: Mi casa está en High Road.

Además, cuando se especifica el número de la calle, debemos usar otra preposición, **at**, empleada para puntos más concretos.

I live at 23 High Road: Vivo en el 23 de High Road.

La expresión **to be on the street** (estar en la calle) suele tener una connotación negativa, pues significa no tener casa una expresión sinónima de **homeless** (sin hogar). Si, en cambio, se pretende hacer referencia a estar en la calle como el lugar donde alguien se encuentra momentáneamente, habría que usar la preposición **in** y la expresión **to be in the street**. En estos casos, podría decirse que mientras **in** se emplea en sentido literal, **on** tiene un sentido más figurado (sin hogar).

Hay que tener en cuenta que hay otras excepciones entre el uso de **in**/**on the street** que dependen de otros factores, como el contexto o el verbo al que acompañen.

La siguiente lista de vocabulario pretende recopilar los términos generalmente relacionados con los elementos más comunes que se pueden encontrar en la calle.

Original	Traducción
Avenue	Avenida
Bridge	Puente
Corner	Esquina
Crossroads	Cruce
Fountain	Fuente
Highway	Autopista
Lane	Callejón
Mail box	Buzón
Park	Parque
Passage	Canal
Pedestrian/Passer-by	Transeúnte, peatón
Pavement/Sidewalk	Acera
Phone booth	Cabina telefónica
Slums	Barrio bajo
Square	Plaza
Statue	Estatua
Streetlamps	Farolas
Trashcan	Papelera
Tunnel	Túnel

Consulta

Podrás practicar el uso de las preposiciones **in**, **on** y **at** en el ejercicio del siguiente enlace: http://bit.ly/1F10fRu.

Cuando se circula con el coche, **car**, por la carretera, **road**, es necesario tener mucho cuidado, especialmente cuando el vehículo se aproxima a los pasos de peatones, **crosswalk**, aunque no estén regulados por semáforos, **traffic light**. En ocasiones será posible acceder a una circunvalación, **ring road**, que permite evitar atascos, **traffic jam**. En todo caso, si el conductor, **driver**, se pierde, puede preguntar a algún policía, **policeman**. Cuando hay que detenerse se puede aparcar en un aparcamiento, **car park** (BrE)/**parking lot** (AmE).

Entre las principales partes de la ciudad, **parts of the city**, hay que citar: zona azul de aparcamiento, **blue zone**, zona comercial, **commercial zone**, barrio o distrito, **district**, zona residencial, **residential area**, centro de la ciudad, **downtown**, calle principal, **main street**, y afueras, **outskirts/suburbs**.

En la ciudad se pueden encontrar los siguientes establecimientos y edificios, **establishments and buildings**.

Original	Traducción
Bank	Banco
Botanical garden	Jardín botánico
Bookstall	Quiosco
Boulevard	Bulevar
City hall/Town hall	Ayuntamiento
Consulate	Consulado
Court/Tribunal	Juzgado
Petrol (BrE)/Gas station (AmE)	Gasolinera
Hairdresser's	Peluquería
Hospital	Hospital
Information office	Oficina de información
Laundromat	Lavandería
Market	Mercado
Newspaper stand	Quiosco
Nursing home	Asilo
Old people's home	Asilo
Police station	Comisaría
Port	Puerto
Post office	Oficina de correos
Prison	Cárcel
Tobbaconist shop	Tabaquería, estanco
Tourist office	Oficina de turismo
Travel agency	Agencia de viajes

Relacionados con la religión, en la ciudad destacan los siguientes lugares: iglesia, **church**, catedral, **cathedral**, cementerio, **cemetery**, sinagoga, **synagogue**, y mezquita, **mosque**.

Para alojarse, cabe citar: pensión u hostal, **boarding house** o **guesthouse**, albergue, **hostel**, hotel, **hotel**.

En el ámbito del tiempo libre y del ocio es necesario conocer el siguiente vocabulario: bar, **bar**, cine, **cinema** (BrE)/**movie theater** (AmE), circo, **circus**, club nocturno, **night club**, parque infantil, **playground**, restaurante, **restaurant**, estadio, **stadium**, teatro, **theatre**, y zoológico, **zoo**.

¿Sabías que...?

En inglés se emplea el término francés **cul-de-sac** para referirse a callejón sin salida.

Como es necesario cultivar el cuerpo y la mente, también es importante distinguir entre colegio o escuela, **school**, instituto, **high school**, y universidad, **university**, además de otros establecimientos, como biblioteca, **library**, museo, **museum**, o galería de arte, **art gallery**. Para hacer ejercicio se puede ir a un gimnasio, **gym/gymnasium**, también conocido como **fitness centre** (BrE)/ **fitness center** (AmE).

Entre las principales tiendas, **shops**, destacan: panadería, **bakery**, carnicería, **butcher's shop**, supermercado, **supermarket**, tienda de ultramarinos, **grocer's shop**, tienda, **store**, y farmacia o droguería, **drugstore**.

Dentro de los tipos de tienda, **shops** o **stores**, se distinguen además las siguientes categorías:

- **Convenience store**: supermercado pequeño que se suele encontrar, por ejemplo, dentro de las gasolineras.
- **Discount store**: tipo de tienda que suele ofertar productos a precios más bajos de lo común.
- **Thrift store**: tienda de segunda mano.
- **Outlet mall/Outlet centre** (BrE)/**Outlet center** (AmE): *outlet,* en este tipo de tiendas los fabricantes suelen vender los productos directamente a los consumidores, también a precios más bajos que en otras tiendas.
- **Department stores**: grandes almacenes. Suelen dividirse en secciones o departamentos, **departments**, de ahí su nombre.
- **Shopping mall/Shopping centre** (BrE)/**Shopping center** (AmE): centro comercial.

Consulta

En el siguiente enlace puedes encontrar más vocabulario acerca del comercio, así como algunas frases útiles para ir de compras: http://bit.ly/1KMvYWN.

En cuanto al horario de los establecimientos, a menudo se encuentran en la puerta mensajes como los que se muestran a continuación.

This shop is closed/open: Esta tienda está cerrada/abierta.

We are open: Estamos abiertos.

We are closed: Estamos cerrados.

We open from... to...: Abrimos desde las... hasta las...

We open from Monday to Friday, from 9 to 20 h: Abrimos de lunes a viernes, de 9 a 20 h.

We open everyday except for...: Abrimos todos los días excepto...

We close/are closed on Monday: Cerramos los lunes.

Además, en inglés, ir de compras se dice to go shopping, como en el ejemplo **We go shopping on Saturday** (Vamos a la compra los sábados) y **public place** es el término que se utiliza para referirse a un lugar público.

1.2.4. Actividades diarias en casa

Este apartado se va a centrar en ampliar el vocabulario relacionado con la vida diaria y las rutinas que se llevan a cabo en el hogar. El léxico que se tratará está clasificado en función de la zona de la casa en la que se producen diferentes acciones: en la cocina, en el baño, en el dormitorio, en la sala de estar y en la zona exterior de la casa.

En cuanto a las acciones que suceden en la cocina, el verbo principal que existe en inglés para comer es to eat, verbo irregular (**eat**, **ate**, **eaten**). Además, dependiendo de la parte del día o del tipo de comida, se puede especificar de la siguiente manera.

Meal (Comida)	Verb (Verbo)
Breakfast (Desayuno)	To have breakfast (Desayunar)
Lunch (Almuerzo)	To have lunch (Almorzar)
Dinner (Cena)	To have dinner (Cenar)

A continuación se relacionan otra serie de verbos que se refieren a acciones que podrían tener lugar en la cocina.

To clear the table: Recoger la mesa.

To cook: Cocinar.

To cook lunch/To get lunch ready: Cocinar el almuerzo/Preparar el almuerzo.

To do the dishes/To do the washing up: Fregar los platos (informal).

To eat: Comer.

To drink: Beber.

To listen to the radio: Escuchar la radio.

To make dinner: Hacer la comida/la cena.

To read the paper: Leer el periódico.

To set/To lay the table: Poner la mesa.

To drink tea/coffee: Tomar té/café.

Hay que prestar atención al término **dinner**, ya que en BrE y AmE significa «cena», pero en el primero también puede referirse al almuerzo. Se sabrá si se trata de una u otra acepción por el contexto: **What's for dinner tonight?** (¿Qué hay de cenar esta noche?).

A continuación, se presentan algunos verbos relacionados con acciones que tienen lugar en el cuarto de baño.

To brush one's hair: Cepillarse el pelo.

To brush one's teeth: Cepillarse los dientes.

To clean one's shoes: Limpiarse los zapatos.

To clean one's teeth: Limpiarse los dientes.

To comb one's hair: Peinarse el pelo.

To dry one's hair: Secarse el pelo.

To dry one's hands: Secarse las manos.

To go to the bathroom: Ir al baño.

To have a bath: Bañarse.

To have a shave: Afeitarse.

To have a shower: Ducharse.

To put in one's contact lenses: Ponerse las lentillas.

To put on makeup: Maquillarse (literalmente: ponerse maquillaje).

To wash one's face: Lavarse la cara.

To wash one's hair: Lavarse el pelo.

Vocabulario

El término **daily** significa «a diario» o «diariamente». No debe confundirse con **dairy** (lechería, lácteo), por lo que esta palabra puede interpretarse como un **false friend**.

Fíjate en que los verbos **to brush** y **to comb** son pronominales en español. En inglés, dichos verbos se conjugan añadiendo el posesivo que se corresponda con el sujeto.

I brush my teeth: Me lavo los dientes.

I comb my hair: Me peino.

Consulta

Puedes consultar otros verbos habituales en las rutinas diarias en el siguiente enlace: http://bit.ly/1OrxyjR.

Los verbos **to have a bath** y **to have a shower** cuentan con dos formas equivalentes en español: una pronominal o reflexiva (bañarse, ducharse) y otra transitiva (tomar un baño, tomar una ducha). Estos verbos en inglés, al contrario que en los casos anteriores, no se acompañan del posesivo.

I'm having a bath: Estoy tomando un baño.

I'm going to have a shower: Voy a tomar una ducha.

Importante

Recuerda que para hablar de rutinas y hechos generales se utiliza el presente simple. Puedes practicarlo a través del ejercicio que te propone el siguiente enlace: http://bit.ly/1CTUI4X.

Otras de las acciones que comúnmente se realizan tienen lugar en la habitación

To dream: Soñar.

To fall asleep: Quedarse dormido.

To get dressed/undressed: Vestirse/Desvestirse o quitarse la ropa.

To get ready: Prepararse.

To get up: Levantarse.

To go to bed: Ir a la cama.

To make the bed: Hacer la cama.

To read a book: Leer un libro.

To read a magazine: Leer una revista.

To set the alarm clock: Poner el despertador.

To sleep: Dormir.

To tidy (up) one's room: Recoger su habitación.

To wake up: Despertarse.

En la sala de estar podemos hacer, entre otras cosas, lo siguiente: telefonear o llamar por teléfono, **to phone**, llamar a un amigo, **to phone a friend**, descansar, **to rest/to have a rest**, encender la radio/televisión, **to switch on the radio/***TV*, o ver la tele, **to watch TV/telly**.

Hay algunas acciones que se pueden llevar a cabo en la sala de estar o en el estudio o despacho, como por ejemplo, estudiar. Otras están relacionadas con el hecho de que es en esta habitación de la casa donde se puede usar el ordenador, **to use the computer**, para jugar, para enviar correos electrónicos, **to send an email**, o para chatear, **to chat**.

Además, en el jardín o en el balcón también se pueden realizar las siguientes acciones.

To feed the dog/the cat: Darle de comer al perro/al gato.

To go for a walk/to promenade: Pasear.

To mow the lawn: Cortar el césped.

To plant a tree: Plantar un árbol.

To sunbathe/lay out: Tomar el sol.

To swim: Nadar.

To water the flowers/plants: Regar las flores/plantas.

La siguiente lista presenta los principales verbos relacionados con las labores domésticas, incluidos algunos de los que ya se han estudiado relacionados con las partes de la casa.

To brush: Barrer.

To clean the bathroom: Limpiar el baño.

To do the cleaning: Hacer la limpieza.

To do the shopping: Hacer la compra.

To do the washing: Hacer la colada.

To dry: Secar.

To dust: Quitar el polvo.

To fold: Doblar.

To go shopping: Ir a la compra.

To hang up the clothes: Tender la ropa.

To hang: Colgar.

To hoover the floor/To vacuum: Pasar la aspiradora.

To iron: Planchar.

To make the bed: Hacer la cama.

To scrub: Fregar, cepillar, restregar.

To sweep: Barrer.

To take out the rubbish: Sacar la basura.

To tidy up: Recoger.

To walk the dog/To take the dog for a walk: Sacar al perro a pasear.

To wash: Lavar.

A la hora de hablar de la rutina, el tiempo verbal que se utiliza en inglés es el presente simple. Por norma general, al estudiar el presente simple también se aprenden los adverbios de frecuencia y las expresiones de tiempo con las que suele aparecer.

Consulta

En la unidad didáctica 2 puedes consultar cuáles son los adverbios de frecuencia y su uso y posición en la oración, para así elaborar un discurso adecuado al hablar de las rutinas y actividades diarias.

Observa el siguiente texto sobre un joven que habla acerca de las tareas que suele realizar en casa. En él se incluyen estructuras comunes en este tipo de narraciones: el uso del presente simple y los adverbios de frecuencia.

Original	Traducción
I usually help in the house. I make my own bed and tidy my room every day. My room is usually quite neat and tidy. I love cooking but I only prepare dinner at weekends. On weekdays, I set and clear the table almost every day. I often do the dishes after lunch. I put the rubbish out in the morning. I also take the dog out for a walk once a day, usually in the evening. I sometimes go shopping with my parents in the afternoon. I hardly ever iron my own shirts, I hate it! I never clean the bathroom or do the washing, but I water the plants and dust the furniture from time to time.	Yo suelo ayudar en casa. Hago mi cama y recojo mi habitación todos los días. Mi habitación suele estar bastante limpia y recogida. Me encanta cocinar pero solo preparo la cena los fines de semana. Entre semana, pongo y recojo la mesa casi todos los días. A menudo, lavo los platos después del almuerzo. Saco la basura por las mañanas. También saco al perro una vez al día, normalmente por la tarde. A veces voy a hacer la compra con mis padres por la tarde. Casi nunca plancho mis camisetas, ¡lo odio! Nunca limpio el baño ni hago la colada, pero riego las plantas y limpio el polvo de vez en cuando.

Otra forma de hablar de la vida rutinaria en general es especificar por orden cronológico lo que se suele hacer cada día. Es necesario recordar que la preposición que se utiliza en inglés para indicar la hora, en estos caso, es **at**.

Original	Traducción
Hi! My name is Sarah and I work as a nurse at Kennington Hospital, in London. I **wake up before** the alarm almost every day. On weekdays, I **get up** at 7 and go to the kitchen. In the kitchen, I **have breakfast** and listen to the radio. Then, I **go to the bathroom**. In the bathroom, I **brush my teeth**, my hair, I also put my contact lenses in and put a little makeup on. Then, I **get dressed**. I also take the dog out for a walk in the morning. I usually leave home at 7.45. I start work at 8. I **have lunch** at the hospital. I finish work at 16 o'clock in the afternoon. After work, I sometimes go to the gym. In the evening, I read or watch TV. I **have a shower** at 9 and **have dinner** at 9.30 every day. On workdays, I **go to bed** at midnight.	¡Hola! Me llamo Sara y soy enfermera en el Hospital de Kennington, en Londres. Me **despierto** antes de que suene el despertador casi todos los días. Entre semana, **me levanto** a las 7 y voy a la cocina. En la cocina, **desayuno** y escucho la radio. Después, **voy al baño**. En el baño, **me cepillo los dientes** y el pelo y también me pongo las lentillas y un poco de maquillaje. Después, **me visto**. También suelo sacar al perro por las mañanas. Suelo salir de casa a las 7.45. Empiezo a trabajar a las 8. **Almuerzo** en el hospital. Termino de trabajar a las cuatro de la tarde. Después del trabajo, a veces voy al gimnasio. Por la noche, leo o veo la tele. **Me ducho** a las 9 y ceno a las 9.30 todos los días. Entre semana, **me acuesto** a medianoche.

Si se quiere preguntar a alguien con qué frecuencia realiza una determinada acción en el hogar, se tendrá que utilizar la siguiente estructura en presente simple: **How often** + **do** + **you** + verbo en infinitivo sin **to** + complemento?

Esta expresión sería equivalente a preguntar en español: «¿Con qué frecuencia haces algo?» o «¿Cada cuánto tiempo haces algo?»

How often do you brush the house?: ¿Con qué frecuencia barres la casa?

How often do you clean the bathroom?: ¿Con qué frecuencia limpias el baño?

How often do you go shopping?: ¿Cada cuánto vas a comprar?

How often do you walk the dog?: ¿Con qué frecuencia sacas al perro?

How often do you hoover the floor?: ¿Cada cuánto pasas la aspiradora?

Ejemplo

Las siguientes preguntas incluyen la estructura **How often** + **do** + **you** +verbo en infinitivo sin **to** + complemento?

How often do you tidy up your room?: ¿Cada cuánto recoges tu habitación?

How often do you dust the furniture?: ¿Cada cuánto limpias el polvo?

How often do you water the plants?: ¿Cada cuánto riegas las plantas?

How often do you wash your hair?: ¿Cada cuánto te lavas el pelo?

En estos casos, también se pueden hacer preguntas con **ever** (alguna vez), como ocurre en las siguientes oraciones interrogativas.

Do you ever help in the house?: ¿Alguna vez ayudas en casa?/¿Sueles ayudar en casa?

Do you ever clean the bathroom?: ¿Alguna vez limpias el baño?/¿Sueles limpiar el baño?

Do you ever go shopping?: ¿Alguna vez haces la compra?/¿Sueles hacer la compra?

También es posible preguntar de la siguiente manera.

Who sets the table?: ¿Quién pone la mesa?

Who does the washing?: ¿Quién hace la colada?

Who put the rubbish out?: ¿Quién saca la basura?

1.2.5. Profesiones y trabajo

Las personas pasan gran parte de su tiempo en el puesto de trabajo, por lo que es importante conocer léxico variado sobre las actividades que se realizan en él. El vocabulario relacionado con el mundo laboral aparece en diálogos habituales, como por ejemplo en conversaciones entre amigos, por lo que en este apartado se tratarán en profundidad desde diferentes puntos de vista. Se empezará por repasar los principales trabajos y profesiones, **jobs and occupations**, en inglés.

Conviene saber que los términos que hacen alusión al concepto de «profesión» en general pueden ser: **occupation**, **job**, **work** o **employment**, ya que **profession** normalmente hace referencia a las profesiones que requieren cierta formación o estudios.

La siguiente lista muestra la forma de decir las principales profesiones en inglés.

Original	Traducción
Actor/Actress	Actor/Actriz
Archaelogist	Arqueólogo
Architect	Arquitecto
Artist	Artista
Administrative assistant	Administrativo
Astronaut	Astronauta
Biologist	Biólogo
Bricklayer	Albañil
Bus driver	Conductor de autobús
Businessman	Empresario
Butcher	Carnicero
Cabinetmaker	Ebanista
Carpenter	Carpintero
Cashier	Cajero
Chemist/Pharmacist	Farmacéutico
Civil servant/Public servant	Funcionario
Computer technician/Computer expert	Informático
Cook	Cocinero
Dentist	Dentista
Doctor	Médico
Dressmaker	Modisto
Dustman (BrE)/Garbage collector (AmE)	Basurero
Economist	Economista
Electrician	Electricista
Engineer	Ingeniero

Original	Traducción
Farmer	Granjero
Fireman	Bombero
Fruiterer	Frutero
Gardener	Jardinero
Graphic designer	Diseñador gráfico
Flight attendant/Air hostess (BrE)	Azafata
Florist	Florista
Journalist	Periodista
Lorry driver (BrE)/Truck driver (AmE)	Camionero
Musician	Músico
Nurse	Enfermero
Photographer	Fotógrafo
Receptionist	Recepcionista
Secretary	Secretario
Singer	Cantante
Social worker	Trabajador social
Soldier	Soldado
Surgeon	Cirujano
Taxi driver/Cabbie/Cab driver (AmE)	Taxista
Teacher	Maestro, profesor
Tobbaco dealer/Tobacconist	Tabaquero
Tourist guide	Guía turístico
Translator	Traductor
Waiter/Waitress	Camarero/Camarera
Writer	Escritor

Fíjate en que algunos nombres de profesiones varían dependiendo de si se trata de BrE o el AmE. Además, excepto en el caso de las profesiones que terminan en **-man**/**-woman**, el resto no hace distinción de género, es decir, que se emplea el mismo término para el femenino que para el masculino. Una vez más, el contexto será lo que nos ayude a dilucidar el significado.

I work as a biologist: Soy biólogo/bióloga.

Dentro de cada empresa, además, existen distintos puestos de trabajo y roles. En general, a la figura del jefe las personas se dirigen con el término de **boss**, aunque dependiendo del contexto se encuentran también los términos **employer**, **headmaster**/**headmistress** y **manager**/**managing director** (empleador, director/directora de colegio o instituciones directivas y gerente/director ejecutivo).

Dentro de cualquier empresa, además, se pueden encontrar distintos departamentos y oficinas.

Accounts Department: Departamento de Contabilidad.

Branch: Sucursal.

Headquarters: Sede central.

Human Resources: Recursos Humanos.

Management: Dirección.

Marketing: Marketing, comercialización.

Production Department: Departamento de Producción.

Cuando se habla de un trabajador en general, en el sentido de asalariado, se dice **worker**. En cambio para referirnos a alguien que está en paro o desempleado, tenemos varios términos: **unemployed**, **out of work** o, el más informal, **jobless**.

Para referirse a la figura de empleado o trabajador, employee, se proponen los siguientes términos: trabajador en activo, **active worker**, eventual, en prácticas, **temporary worker/contract worker**, autónomo, **inter**, **self-employed person**, trabajador en precario, **unstable worker**, **apprentice**, y becario, **trainee**

Además, en función del puesto de trabajo que se desempeñe, se requerirá un trabajador cualificado, **qualified worker**, o un trabajador poco cualificado, **poor qualified worker**. El conjunto del personal, es decir, la plantilla, se denomina **staff**, y cada compañero de trabajo es un **workmate**. El equipo de trabajo se denomina **team work**.

Otras expresiones útiles relacionadas con el paro o la situación de desempleo son las siguientes.

Register for unemployment/To go on the dole: Apuntarse al paro.

Low/High unemployement rate: Nivel de paro bajo/alto.

Unemployment line/Dole queue: La cola del paro.

Make redundant: Mandar al paro.

Send (someone) on the dole (BrE): Mandar a alguien al paro, despedir (informal).

Unemployement rate: Tasa de paro.

¿Sabías que...?

Mientras que en España se piensa en el salario de manera mensual, en Reino Unido lo habitual es cobrar por semanas. En el siguiente enlace tienes más información sobre algunas cuestiones laborales: http://bit.ly/1DRWgGR.

La jornada laboral, **workday**, puede de media jornada, **part-time**, o de jornada completa o continua, **full work day**. Una persona puede tener un trabajo fijo, **permanent job**, o uno temporal, **casual or temporary job**. Además, puede tratarse de un empleo flexible, **fexible-time**, o contar con un horario o calendario, **timetable or hour**, más estable.

También se puede tratar de un trabajo por turnos, **shift work**. Dentro de los turnos de trabajo se distingue: diurno, **day shift**, de tarde, **evening shift**, y de noche, **night shift** o **graveyard shift** (AmE).

Estas informaciones suelen incluirse en el contrato, **contract**, con una empresa, **company**, además de otros datos, como las condiciones para la realización de horas extra, **overtime**; las tareas, **duties**; el lugar de trabajo, **workplace** (que puede ser una oficina o despacho, **office**, o una fábrica, **factory**); y otras condiciones laborales, **working conditions**.

Otras palabras relacionadas con el trabajo, en concreto con el tiempo de descanso, son: descanso, **break**, día libre, **day off**, y vacaciones, **holidays** (BrE)/ **vacation** (AmE).

Para el salario en inglés hay tres términos: **pay**, **salary** o **wage**. Además, conviene conocer otros términos relacionados.

Original	Traducción
A day's wages	Jornal
Basic wage	Sueldo base
Benefits	Beneficios
Bonus	Bonificación, prima, gratificación
Fringe benefits	Beneficios adicionales
Incentive pay	Incentivo
Maternity benefits	Beneficios por maternidad
Meeting	Reunión
Minutes	Actas
Minimum/Nominal wages	Salario mínimo
Pay slip	Recibo del sueldo
Payday	Día de cobro
Payroll	Nómina o plantilla
Perks	Paga (informal)
Raise (AmE)/Rise (BrE)	Aumento
Salary expectations	Pretensiones salariales
Salary	Salario, sueldo
Wages	Sueldo

Normalmente **wages** se refiere al tipo de salario que se cobra semanalmente.

Relacionados con la entrevista de trabajo, **interview**, el candidato o aspirante, **applicant**, suele presentar una solicitud, **application form**, con un currículum vítae, **CV** (BrE)/**resume** (AmE), en el que especifica sus estudios, **studies**; títulos, **qualifications**; habilidades, destrezas o cualidades, **skills** o **abilities**; y, en ocasiones, referencias, **references**. También es habitual adjuntar una carta de presentación, **introductory letter**.

Para conseguir una entrevista, **to get an interview**, hay que esperar a que la empresa llame al candidato. Esto ocurre cuando surge una oferta de trabajo, **job offer**, adecuada al perfil de la candidatura. El entrevistador, **interviewer**, le comunicará al entrevistado, **interviewee**, diferentes aspectos del puesto, **post** o **position**. Entre ellos, son muy importantes los relativos a las funciones, **duties**, y a las responsabilidades, **responsabilities**, que se requieren para cubrir el puesto vacante, **vacancy**. En algunos casos, incluso pueden solicitar una carta de referencia, **letter of reference**, que habrá que remitir al departamento de personal, **personnel department**.

Los verbos relacionados con el mundo laboral, en general, son los siguientes.

Do overtime: Hacer horas extras.

To apply for a job: Solicitar un trabajo.

¿Sabías que...?

La palabra **minutes**, si bien puede significar «minutos» cuando se habla de la hora, en el contexto profesional se traduciría por «acta».

Consulta

Puedes consultar otro vocabulario relacionado con el mundo del trabajo en el siguiente enlace: http://bit.ly/1zxvTOv.

¿Sabías que...?

En la búsqueda de trabajo en los países anglosajones es muy importante saber adaptar el currículo a la estructura propia de cada zona. Por ejemplo, en Reino Unido es recomendable incluir los números de teléfono de algún responsable que pueda dar referencias sobre cómo ha trabajado el candidato en su empresa en el pasado.

To be in charge of: Estar a cargo de.

To be sacked: Estar despedido.

To be unemployed: Estar desempleado.

To earn: Cobrar.

To fire/To dismiss (formal): Despedir.

To get a job: Conseguir un trabajo.

To get promoted: Conseguir un ascenso.

To give (somebody) the sack: Echar (a alguien).

To hand in one's notice: Presentar la renuncia.

To have an interview: Tener una entrevista.

To hire/To contract: Contratar.

To leave/To quit: Renunciar.

To look for a job: Buscar trabajo.

To lose a job: Perder un trabajo.

To reject: Rechazar.

To request a job: Solicitar un trabajo.

To resign: Dimitir.

To retire: Jubilarse.

To work in shifts: Trabajar por turnos.

To work: Trabajar.

Ejemplo

Dentro del mundo laboral algunas de las expresiones que más se repiten son las siguientes.

How much money do you earn per month?: ¿Cuánto cobras al mes?

I want to apply for the post of journalist: Quiero solicitar el puesto de periodista.

Aparte de los verbos anteriores, existen otros comunes y relacionados con las distintas funciones que se pueden desempeñar dentro de una oficina: apuntar o tomar notas, **to take notes**, hablar de negocios, **to talk business**, telefonear, **to phone**, fotocopiar, **to photocopy**, archivar, **to file**, teclear, **to type**, hacer un informe, **to make a report**, o tener una reunión, **to have a meeting**.

Otras de las acciones que se realizan a diario también tienen que ver con el momento de ir a trabajar o de regresar a casa.

To leave home: Salir de casa.

To start work/To start working: Empezar a trabajar.

To finish work/To finish working: Terminar de trabajar.

To go home/To get home: Llegar a casa.

To go home from work: Llegar a casa del trabajo.

To go to work: Ir al trabajo.

To arrive in the office: Llegar a la oficina.

To return home: Volver a casa.

Fíjate en que en inglés es tan correcto decir **to start/to finish work** (empezar/terminar de trabajar) como **to start working/to finish working**. Esto es así porque en el primer caso, **work** está actuando como nombre o sustantivo, no como verbo. Literalmente, sería como decir «empezar o terminar el trabajo».

What time do you start work?: ¿A qué hora empiezas a trabajar?

What time do you start working?: ¿A qué hora empiezas a trabajar?

What time do you finish work?: ¿A qué hora terminas de trabajar?

What time do you finish working?: ¿A qué hora terminas de trabajar?

¿Sabías que...?

Cuando se usa **about** y **around** (aproximadamente o sobre y alrededor de) delante de la hora, se está diciendo que la hora no tiene por qué ser exacta, sino aproximada.

Tiempo libre y ocio 1.2.6.

La temática de este apartado es el tiempo libre y el ocio en general, de modo que, por un lado, se estudiará el vocabulario básico relacionado con las diferentes actividades (artísticas, intelectuales, deportivas) y, por otro, se aportarán las estructuras con las que se puede hablar de las aficiones y de todo lo que gusta hacer en el tiempo libre

Las aficiones o pasatiempos, cuyo término en inglés, **hobby** (**hobbies** en plural), ya está acuñado en español, forman parten de un vocabulario básico para mantener una conversación en inglés. A la hora de preguntar por las aficiones puede que la primera idea sea: **What are your hobbies?** o **What hobbies do you have?** Si bien ambas opciones son correctas gramaticalmente y aceptables, en el sentido de que el mensaje se entendería, ninguna de las dos es muy natural en inglés. Es más común escuchar otras frases que se refieren a lo mismo, como las que se presentan a continuación.

What do you do in your free time?: ¿Qué haces en tu tiempo libre?

What do you do for fun?: ¿Qué haces para divertirte?

What do you like doing in your spare time?: ¿Qué te gusta hacer en tu tiempo libre?

¿Sabías que...?

Una de las actividades del tiempo libre favoritas de los ingleses es el teatro. La ciudad de Londres tiene más de cien. Puedes leer un pequeño artículo sobre qué hacen en sus momentos de ocio en el siguiente enlace: http://bit.ly/1KPi9Fk.

Consulta

Puedes ampliar tu vocabulario sobre las actividades de tiempo libre y ocio en el siguiente enlace: http://bit.ly/1EsdGZs.

En inglés existen dos expresiones para referirse al tiempo libre: **free time** o **spare time**. El término **leisure**, por su parte, hace referencia al ocio, con lo que **leisure activities** sería «actividades de ocio» o «tiempo libre».

Para responder a las preguntas anteriores, generalmente se utiliza la expresión **I like...** (Me gusta...) seguida de la afición o aquello que guste hacer. Sin embargo, se cuenta con diferentes opciones según el énfasis que le queramos dar a la frase: **I quite like...**, **I really like...** o **I love...** (Me gusta bastante..., Me gusta mucho... o Me encanta...).

I like swimming: Me gusta nadar.

I quite like cooking: Me gusta bastante cocinar.

I quite like writing: Me gusta escribir.

I really like dancing: Me gusta mucho bailar.

I like singing very much: Me gusta mucho cantar.

I really like that film: Me gusta mucho esa película.

I love basket: Me encanta el baloncesto.

También se pueden expresar las aficiones o intereses con el verbo **to enjoy**. Aunque este verbo también significa «disfrutar», en estos contextos sería equivalente a «me gusta».

I enjoy listening to classical music: Me gusta escuchar música clásica.

I enjoy travelling: Me gusta viajar.

I enjoy watching TV: Me gusta ver la televisión.

Otra expresión que se suele utilizar en estos casos es **I'm interested in...** (Me interesa...).

I'm interested in literature: Me interesa la literatura.

I'm really interested in history: Me interesa mucho la historia.

Asimismo, la expresión **to be keen on** podría traducirse al español como «ser aficionado a algo».

I'm keen on reading: Soy aficionado a la lectura.

I'm keen on painting: Soy aficionado a la pintura.

La expresión **to be fond of** también se emplea para expresar que algo nos encanta.

I'm fond of ice-cream: Me encantan los helados.

I'm fond of dogs: Me encantan los perros.

Otras expresiones que indican que algo nos gusta mucho serían las siguientes.

I adore the beach: Adoro la playa.

You are crazy about computer games: Estás loco por los videojuegos.

She's mad about dance music: Le vuelve loca la música *dance*.

Las expresiones **to be crazy about** o **to be mad about** son sinónimas, ambas significan «volverle a uno loco algo».

Por otra parte, también es posible expresar las aficiones con **a lot** (mucho).

I read a lot: Leo mucho.

I swim a lot: Nado mucho.

I sing a lot: Canto mucho.

I play a lot: Juego mucho.

De la misma forma, se puede expresar lo que no gusta hacer negando el verbo **like** mediante la partícula **don't.**

I don't like football: No me gusta el fútbol.

I don't like clubbing very much: No me gusta mucho salir de marcha.

O bien, negar el verbo **to be** en las siguientes expresiones.

I'm not interested in cooking: No me interesa mucho la cocina.

I'm not keen in sports: No soy aficionado al deporte.

I'm not keen in films: No soy muy cinéfilo.

I'm not particularly sporty: No soy muy deportista.

Además se pueden emplear las siguientes expresiones.

I hate shopping: Odio ir de compras.

I hate cooking: Odio cocinar.

I can't stand heavy: Odio la música *heavy.*

I can't stand jogging: Odio hacer *footing.*

I don't like studying very much: No me gusta mucho estudiar.

I'm not very fond of cooking: No me gusta mucho cocinar.

I don't like animals at all: No me gustan nada los animales.

She can't stand action movies: Ella no soporta las películas de acción.

I detest traffic: Detesto el tráfico.

He can't bear being late: No soporta llegar tarde.

French isn't really his thing: No se le da muy bien el francés.

> **Consulta**
>
> Puedes leer una explicación más amplia sobre la expresión de las aficiones e intereses en el siguiente enlace: http://bit.ly/1HxKyCo.

Los verbos que se utilizan para expresar gustos o aversiones, como **like**, **dislike**, **love**, **hate** o **enjoy**, generalmente van seguidos del verbo principal en gerundio, es decir, en **-ing**. No obstante, el verbo **like** puede ir seguido del verbo en infinitivo, aunque varía ligeramente el significado:

- **I like playing tennis** (Me gusta jugar al tenis): en este caso, cuando se emplea el gerundio, significa que el sujeto disfruta de la acción realizada.

- **I like to play tennis on Saturdays** (Me gusta jugar al tenis los sábados): en este caso, el uso del infinitivo implica que el sujeto acostumbra a hacer una determinada acción porque considera que esta le aporta algún beneficio.

El resto de verbos también admiten ambas opciones, sin que ello suponga un cambio de significado.

I love lying in the sun/I love to lie in the sun: Me encanta tomar el sol.

Además, en inglés existe una expresión idiomática relacionada con la expresión de gustos o intereses. Si se dice **It's not my cup ot tea** o **It's not really my cup of tea** (No es mi fuerte/No es lo mío/No es de mi estilo/No me gusta mucho), se está exponiendo que algo no gusta o no interesa.

Football is not my cup of tea/I don't like football: El fútbol no es lo mío/No me gusta el fútbol.

Opera is not really my cup of tea/I don't like opera very much: La ópera no es de mi estilo/No me gusta mucho la ópera.

En la siguiente tabla se recogen algunas aficiones comunes, **general/common hobbies,** y actividades de tiempo libre, **free time activities**, clasificadas por categorías.

Original	Traducción
Clubbing	Salir de marcha
Collecting something	Coleccionar algo
Cooking	Cocina
Going out with friends	Salir con amigos
Hanging out with friends	Salir con amigos (informal)
Going to concerts	Ir a conciertos
Going to parties	Ir a fiestas
Going to the beach	Ir a la playa
Going to the gym	Ir al gimnasio
Listening to music	Escuchar música
Playing an instrument	Tocar un instrumento
Practising sports	Practicar deportes
Reading books	Leer libros
Relaxing	Relajarse
To chat	Charlar
To go shopping	Ir de compras
To learn a language	Aprender un idioma
To travel	Viajar

El verbo **to play** puede tener dos significados, y ambos se emplean al hablar de aficiones. Por un lado, cuando se refiere a deportes o juegos, **to play** significa «jugar»; pero cuando acompaña a un instrumento musical su significado es «tocar».

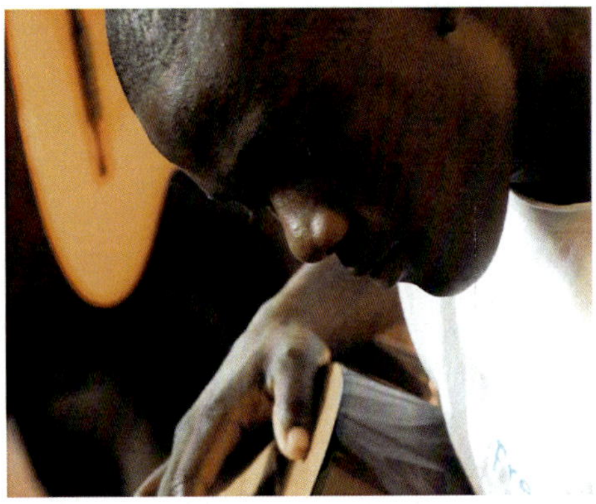

I'm learning to play the guitar: Estoy aprendiendo a tocar la guitarra.

I like playing tennis: Me gusta jugar al tenis.

A continuación se presentan algunas de las aficiones relacionadas con el deporte y el ejercicio físico, **sport activities**, más comunes en el mundo anglosajón.

Original	Traducción
Athletics	Atletismo
Badminton	Bádminton
Baseball	Béisbol
Basketball	Básquet
Bicycling/Cycling	Ciclismo
Boxing	Boxeo
Car racing	Automovilismo
Fishing	Pesca
Football	Fútbol americano
Golf	Golf
Gymnastics	Gimnasia
Handball	Balonmano
Ice hockey	Hockey sobre hielo
Ping-pong	Tenis de mesa
Polo	Polo
Pool	Billar americano
Sailing	Vela, navegación
Soccer	Fútbol
Swimming	Natación
Tennis	Tenis
Volleyball	Voleibol
Wrestling	Lucha libre

Algunos verbos relacionados con las actividades deportivas y el ejercicio físico pueden ser: caminar o hacer senderismo, **to hike**, bailar, **to dance**, patinar, **to skate**, esquiar, **to ski**, hacer o practicar yoga, **to do yoga**, hacer o practicar aeróbic, **to do aerobics**, hacer ejercicio, **to exercise** o **to work out**, y hacer gimnasia, **to do gymnastics**.

Ya se ha explicado que el verbo **to play** significa «jugar» cuando acompaña a un deporte. A continuación se especifica con qué deportes o aficiones puede emplearse.

To play basketball/football/tennis: Jugar al baloncesto/fútbol/tenis.

To play billiards: Jugar al billar.

To play bowling: Jugar a los bolos.

To play chess: Jugar al ajedrez.

To play hockey: Jugar al hockey.

El verbo **to ride** significa montar, por lo que se usa de la siguiente manera.

To ride a bike/a motorbike/a horse: Montar en bicicleta/en moto/a caballo.

Con el verbo **to go** destacan las siguientes expresiones.

To go camping: Ir de camping/acampada.

To go climbing: Ir a escalar.

To go fishing: Ir a pescar.

Consulta

Si te gusta el fútbol, puedes adquirir más vocabulario sobre este deporte y conocer algunas expresiones útiles en el siguiente enlace: http://bit.ly/1xedqfF.

Ejemplo

También se utiliza el verbo **to go** en las siguientes situaciones.

To go dancing: Ir a bailar.
To go shopping: Ir de compras.
To go skating: Ir a patinar.
To go to a disco: Ir a la discoteca.
To go walking: Ir a caminar.

To go hunting: Ir de caza.

To go on a picnic: Ir de picnic.

To go swimming: Ir a nadar.

Existen, además, otras expresiones relacionadas con las aficiones deportivas.

I'm a member of a gym: Estoy apuntado en un gimnasio.

I'm sporty: Soy deportista.

I'm not particularly sporty: No soy muy deportista.

Which team do you support?: ¿De qué equipo eres?

I support Everton: Soy seguidor del Everton.

Otra de las maneras de ocupar el tiempo libre es con aficiones relacionadas con el arte, **art**, y las manualidades, **handicrafts**, como por ejemplo: carpintería, **carpentry**, cine, **cinema**, dibujo, **drawing**, grabado, **engraving**, jardinería, **gardening**, pintura, **painting**, fotografía, **photography**, lectura, **reading**, esculpido, **sculpting**, canto, **singing**, o escritura, **writing**. Además, también está muy de moda todo lo relacionado con la costura, **sewing**, como el bordado, **embroidery**, o la labor, **knitting**.

¿Sabías que...?

Algunos de los juegos populares en los países anglosajones son los siguientes: **brainsteasers** o **riddles**, **board games**, **card games**, **checkers**, **chess**, **crossword puzzle**, **darts** o **jigsaw puzzle** (adivinanzas o acertijos, juegos de mesa, juegos de cartas, juego de damas, ajedrez, crucigrama, dardos o rompecabezas).

Algunos verbos relacionados con los términos anteriores son los siguientes.

To do craft/craftwork: Hacer manualidades.

To do the gardening: Hacer trabajo de jardinería.

To draw: Dibujar.

To go to the cinema: Ir al cine.

To go to the theatre: Ir al teatro.

To paint: Pintar.

To read a book: Leer un libro.

To rent a film: Alquilar una película.

To watch a film: Ver una película.

To write: Escribir.

Dentro de los tipos de música tendríamos diferentes categorías. En las siguientes oraciones se proponen ejemplos para aportar la opinión sobre algunos de estos géneros.

I like pop music: Me gusta la música pop.

I really like rock: Me gusta mucho el rock.

I quite like dance: Me gusta bastante la música *dance*.

I love classical music: Me encanta la música clásica.

I can't stand heavy rock music: No soporto la música heavy.

Al hablar de música se pueden emplear los siguientes adjetivos: extravagante o estrafalaria, **crazy**, emotiva o conmovedora, **emotional**, fuerte o dura, **hard**, heavy, **heavy**, metálica, **metallic**, ruidosa o escandalosa, **noisy**, suave, **soft**, fuerte, **strong**, y cansina o extenuante, **tiring**.

En un grupo o banda de música, además, se encuentran los siguientes componentes.

En una conversación sobre los gustos musicales, se pueden emplear las siguientes expresiones.

What sort of music do you like?: ¿Qué tipo de música te gusta?

What sort of music do you usually listen to?: ¿Qué tipo de música sueles escuchar?

Tell me about your favourite music: Háblame de tu música favorita.

Do you like classical music?: ¿Te gusta la música clásica?

What's your favourite song?: ¿Cuál es tu canción preferida?

What's your favourite band?: ¿Cuál es tu grupo favorito?

What's your favourite album?: ¿Cuál es tu álbum preferido?

Who's your favourite singer?: ¿Quién es tu cantante preferido?

Who's your favourite musician?: ¿Quién es tu músico favorito?

Cuando una persona le pregunta a otra por su tipo de música preferida, si esta quiere decir que no le gusta un solo tipo en concreto, sino que escucha de todo un poco, podría utilizar alguna de las siguientes expresiones.

Anything, really: Ninguna en particular.

Lots of different stuff: Muchos tipos diferentes.

Además, podemos destacar otras expresiones relacionadas con las aficiones musicales.

I'm in a band: Estoy en una banda.

I sing in a choir: Canto en un coro.

I'm learning to play the guitar: Estoy aprendiendo a tocar la guitarra.

En cuanto a los instrumentos, **musical instruments**, se clasifican en diferentes categorías. Por un lado destacan los instrumentos de percusión, **percussion instruments**, entre los que estarían la batería o los timbales. Por otro, los instrumentos de cuerda, **string instruments**, que abarcan un gran número de instrumentos, como el violín o la guitarra. Por último, en una orquesta, **orchestra**, son fundamentales los instrumentos de viento, **wind instruments**, categoría en la que se encuadran los instrumentos de viento de metal, **brass instruments**, y los instrumentos de viento de madera, **woodwind instruments**.

¿Sabías que...?

Aunque en todos los países se le conoce como **English horn** (cuerno inglés), en realidad el uso del gentilicio en este instrumento está mal empleado, puesto que su origen está en Francia, donde se denominaba *anglé,* que significa «anguloso», no «inglés».

La siguiente tabla muestra los principales instrumentos en inglés.

Original	Traducción
Accordion	Acordeón
Bagpipes	Gaita
Bass drum	Bombo
Cello	Violonchelo
Clarinet	Clarinete
Cymbals	Platillos
Drums	Batería, tambor
Double bass	Contrabajo
Electric guitar	Guitarra eléctrica
Fiddle/Violin	Violín
Flute	Flauta
French horn	Trompa
Grand piano	Piano de cola
Keyboard	Teclado
Piano	Piano
Guitar	Guitarra
Saxophone	Saxofón
Trumpet	Trompeta
Trombone	Trombón

A continuación se aporta un ejemplo de conversación sobre las aficiones.

Original	Traducción
Bill: Amanda, what do you do for fun?	Bill: Amanda, ¿qué haces en tu tiempo libre?
Amanda: Well, I love sports.	Amanda: Bueno, me encantan los deportes.
Bill: Really? That's great! What kind of sports do you practise?	Bill: ¿Sí? ¡Genial! ¿Y qué tipo de deportes practicas?
Amanda: Lots of different stuff. I like swimming, climbing, jogging… I often go to the gym, too.	Amanda: Muchos. Me gusta nadar, escalar, hacer footing… También voy a menudo al gimnasio.
Bill: Oh, that's fine. I'm a member of a gym, too, but I don't go very often. How often do you go to the gym?	Bill: Oh, eso está bien. Yo también estoy apuntado en un gimnasio, pero no voy muy a menudo. ¿Con qué frecuencia vas al gimnasio?
Amanda: I go three times a week. I like to go in the afternoons, after work. What about you, Bill? What do you like to do in your free time?	Amanda: Voy tres veces a la semana. Me gusta ir por las tardes, después del trabajo. ¿Y tú, Bill? ¿Qué te gusta hacer en tu tiempo libre?
Bill: Well, I'm not particularly sporty, although I'm mad about football! At weekends, I like going to the the theatre with my family. Now, I'm also learning to play the guitar. I love music.	Bill: Bueno, no soy muy deportista, aunque el fútbol me vuelve loco. Los fines de semana, me gusta ir al teatro con mi familia. Ahora también estoy aprendiendo a tocar la guitarra. Me encanta la música.
Amanda: Wow! How interesting!	Amanda: ¡Hala! ¡Qué interesante!

1.2.7. Medios de transporte

En este apartado se hablará de los viajes. Para ello, se empezará aprendiendo nuevo vocabulario relacionado con el transporte público (desde los distintos tipos hasta los términos relacionados con los billetes, precios y horarios), el turismo y las vacaciones. Se finalizará con la explicación acerca de los tipos de alojamiento en inglés, así como la terminología relacionada con la documentación y el equipaje.

Es necesario saber que para hablar de medios de transporte en inglés se puede decir **means of transport** o, simplemente, **transportation**.

A continuación resulta necesario repasar el vocabulario básico que se refiere a los distintos tipos de transporte público, **public transportation**: autobús, bus, **autocar**, **coach**, tren, **train**, metro, **subway** (AmE)/**tube** (BrE)/**underground** (BrE, formal), taxi, **cab**/**taxi**, avión, **plane**, tranvía, **street car**/**tram**, y ferrocarril, **railway**.

En la siguiente tabla se recoge otro vocabulario relacionado.

Original	Traducción
Timetable	Horario
Station	Estación
Stop	Parada
Line	Línea
Network	Red
Ticket	Billete
Travel pass/Travel card	Bono
Fare	Tarifa
Waiting room	Sala de espera
Passenger	Pasajero

Con respecto a los billetes, **tickets**, conviene distinguir los siguientes términos: **single** o **return** (de ida o sencillo, y de ida y vuelta).

Otros términos relacionados con los billetes son: oficina de venta de billetes, **ticket/booking office**, inspector de billetes, **ticket inspector/collector**, multa, **penalty fare**, y barrera para validar el billete, **ticket barrier**.

Dependiendo de transporte tendremos los siguientes tipos de estaciones.

Airport: Aeropuerto.

Bus station: Estación de autobús.

Harbour (BrE)/**Harbor (AmE)**: Puerto.

Port: Puerto.

Railway station: Estación de ferrocarril.

Train station: Estación de trenes.

Tube/Underground station: Estación de metro.

Ahora se recogerá parte del vocabulario fundamental para poder referirse a aeropuertos y aviones, **airports and planes**. Es importante elegir una compañía aérea, **airline**, que aporte garantías. Es fundamental distinguir entre el equipaje, **baggage** o **luggage**, y el equipaje de mano, **carry-on luggage**, que es aquel que se puede transportar en la cabina del avión, **cabin**. Los aeropuertos ponen a disposición de los viajeros carritos, **carts**, para ayudarles a mover sus maletas, **suitcases**. Una vez elegido el destino, **destination**, y ya en el aeropuerto, habrá que dirigirse a las pantallas de información para conocer los datos sobre salidas, **departures**, y llegadas, **arrivals**, porque es posible que el vuelo esté retrasado, **delayed**. Si llega puntual, se dice **on schedule**. En ese caso, se podría esperar en la sala de espera, **departure lounge**, o dar una vuelta por la tienda libre de impuestos, **duty free**. También es importante tener a mano la tarjeta de embarque, **boarding pass**, y fijarse bien en qué puerta, **gate**, hay que situarse. Una vez dentro del avión, la tripulación, **crew**, prestará al viajero toda la ayuda e información que precise durante el vuelo y tras él. No hay que olvidar abrocharse el cinturón de seguridad, **seat belt**, cuando se indique.

Otros términos relacionados con el viaje en avión son: aterrizaje, **landing**, vuelo directo, **non-stop flight**, viaje de ida, **one-way trip**, billete de ida y vuelta, **round trip ticket**, escala, **stopover**, despegue, **takeoff**, embarcar, **to board**, aterrizar, **to land**, despegar, **to take off**, hacer las maletas, **to pack the bags**, y hacer tu equipaje, **to pack your luggage/baggage**.

Algunas de las expresiones más comunes que se suelen escuchar en los aeropuertos y durante los vuelos son las siguientes.

Is there a flight to...?: ¿Hay algún vuelo a...?

Is it a direct flight or do I have to change planes?: ¿Es un vuelo directo o tengo que hacer escala?

Do they serve food?: ¿Sirven comida?

What terminal does it leave from?: ¿De qué terminal sale?

Is there a shuttle bus?: ¿Hay autobús de enlace?

Would you like a window/aisle seat? I would prefer a window/aisle seat, please: ¿Prefiere un asiento junto a la ventanilla/pasillo? Preferiría ventanilla/pasillo, por favor.

What time does it take off?: ¿A qué hora despega?

What time does it land?: ¿A qué hora aterriza?

What time do I have to check in?: ¿A qué hora tengo que facturar?

How long is the flight?: ¿Cuánto dura el vuelo?

Put the luggage on the conveyor belt, please: Ponga el equipaje sobre la cinta transportadora, por favor.

Here you are your boarding pass: Aquí tiene su tarjeta de embarque.

What is the boarding time?: ¿Cuál es la hora de embarque?

The plane is boarding in ten minutes: El avión embarca en diez minutos.

La siguiente tabla muestra los principales términos relacionados con el viaje en autobús, **bus travel**.

Original	Traducción
Bus stop	Parada de autobús
Bus terminal	Terminal de autobuses
Route	Recorrido, trayecto
Bus lane	Carril para autobuses
Luggage rack	Portaequipajes
Bus driver	Chófer, conductor de autobús
Double-decker bus	Autobús de dos pisos
Luggage hold	Compartimento de equipaje
Next stop	Próxima parada
Night bus	Autobús nocturno
Request stop	Parada solicitada
Terminus	Terminal

En el viaje en tren y tranvía se puede escoger un asiento junto al pasillo, **aisle seat**, o un asiento de ventanilla, **window seat**. En la reserva se podrá especificar si se prefiere viajar en primera clase, **first class**, o en segunda clase, **second class**, pero en cualquier caso es necesario fijarse en el compartimento, **compartment**, o vagón, **carriage**, y en el número de asiento, **seat number**.

Si el trayecto, **journey**, va a ser largo, es posible comer algo en la estación, **at the station**, o en el vagón-restaurante, **buffet/restaurant car**. De hecho, como existen viajes en tren que se prolongan varios días, existen trenes cama, **sleeper trains**.

En cambio, también se puede optar por coger un tren expreso, **express train**. En el andén, **on the platform**, se debe ser cuidadoso y no acercarse en exceso a la vía, **track**. Para el tranvía suele compensar adquirir un abono, **season ticket/ travelcard**.

Hay una serie de verbos relacionados con los viajes en general que son una parte fundamental del vocabulario relacionado con este tema. Entre ellos, destacan: coger un tren/autobús, **to catch a train/bus**, subirse/bajarse del tren/autobús, **to get on/off the train/bus**, perder un tren/autobús, **to miss a train/bus**, llegar a la estación, **arrive at the station**, y salir de la estación, **to leave/depart the station**.

Generalmente, se usa **get on/off** para los medios de transporte público y **get in (to)/off** para el transporte privado, **private transport** (**taxi**, **cab**, **car**, etc.). Por lo tanto, se dirá: **To get on/off the plane**, **train**, **boat**, **ferry**, **bus**, etc. y **To get in (to) off the taxi**, **the car**, **the cab**, etc.

A continuación, se recogen algunas expresiones útiles a la hora de viajar en tren o autobús, para preguntar por el horario o recorrido de autobuses y trenes.

Where is the nearest bus stop?: ¿Dónde está la parada de autobús más cercana?

What stop/platform does it leave from?: ¿De qué parada/andén sale?

Which line goes to the airport?: ¿Qué línea llega hasta el aeropuerto?

How long does the journey take?: ¿Cuánto dura el trayecto?

Could you tell me the time of the next bus/train?: ¿Podría decirme la hora del siguiente autobús/tren?

What time does it depart?: ¿A qué hora sale?

What time does it arrive?: ¿A qué hora llega?

Can I reserve a seat?: ¿Puedo reservar un asiento?

En cuanto al transporte marítimo, **maritime travel**, hay que decir que los barcos, **ships/boats**, se fabrican en los astilleros, **shipyard/dockyard**, y que suelen permanecer en el muelle, **quay**. Una vez dentro del barco es fundamental saber dónde se encuentran los botes, **lifeboat**, y los chalecos salvavidas, **life jackets**. Además, en cuanto a las partes del barco, tenemos camarote, **cabin**; popa, **stern**; babor, **port**; proa, **bow**; cubierta, **deck**; estribor, **starboard**; etc. Los barcos son dirigidos por el capitán, **captain**, y el conjunto de la tripulación, que recibe el nombre de **crew**.

En relación con el transporte marítimo, conviene matizar algunos términos.

Vessel es el término que se utiliza para navío o embarcación. **Boat** puede referirse a una barca, a una lancha o a un barco más grande, como un buque o navío. **Ship**, por lo general, se refiere a un barco grande, que puede ser de pasajeros o de mercancías. En cuanto al **ferry**, este se corresponde con el uso que tiene en español, ya que se ha acuñado el término inglés, aunque en español también se puede denominar «transbordador».

Boat

Ship

Ferry

Consulta

En el siguiente enlace puedes consultar vocabulario y oraciones útiles para viajar en tren, además de practicar con algunos ejercicios: http://bit.ly/1DE5NPQ.

Ejemplo

Otras expresiones útiles para viajar en tren o autobús son las siguientes.

Is it express?: ¿Es exprés?

Do I have to change buses/trains?: ¿Tengo que cambiar de autobús/tren?

Is there a buffet car?: ¿Hay vagón restaurante?

Importante

Recuerda que para preguntar en inglés por la duración de algo (es decir, ¿Cuánto tarda…? o ¿Cuánto se tarda en…?) se usa el pronombre interrogativo **How long…?** (literalmente, ¿Cómo de largo…?).

How long is the journey?: ¿Cuánto tarda el viaje/trayecto?

Por tanto, la estructura **How long does it take…?** vendría a decir: ¿Cuánto tarda…?

How long does it take by bus/by train/on foot?: ¿Cuánto se tarda en autobús/en tren/ caminando?

How long does it take to arrive there?: ¿Cuánto se tarda en llegar a allí?

How long does it take by train from the airport to the hotel?: ¿Cuánto se tarda en tren desde el aeropuerto hasta el hotel?

A la hora de expresar en qué medio de transporte se viaja, hay que tener cuidado con la expresión que se utiliza. Por ejemplo, viajar en coche, **to travel by car**, en avión, **by plane**, en autobús, **by bus**, en tren, **by train**, o en barco, **by ship**, pero en inglés se dice **on foot** (a pie)..

A la hora de comprar los billetes, las siguientes expresiones por parte del pasajero son bastante frecuentes.

I'd like a ticket to..., please: Quisiera comprar un billete a..., por favor.

How much is the ticket to...?: ¿Cuánto cuesta el billete a...?

How much is the ticket?: ¿Cuánto cuesta el billete?

How much is it?: ¿Cuánto cuesta?

How much is the fare?: ¿Cuánto es la tarifa?

Las siguientes expresiones son las que suelen preguntar los empleados en la venta de billetes.

Single or return?: ¿Billete de ida o de ida y vuelta?

First class, business class or budget?: ¿Primera clase, *business* o económica?

Window or aisle?: ¿Ventanilla o pasillo?

It's €60: Son 60 €.

It's an extra charge: Tiene cargo adicional.

A la hora de preguntar por el precio, se utiliza siempre la expresión **How much?**, independientemente de si el objeto por el que se pregunta es singular o plural. La razón es que, en realidad, aunque la palabra **money** (dinero) no aparezca en la pregunta, se sobreentiende en el sentido de la frase.

Importante

Es fundamental conocer el uso de los distintos verbos modales, **modal verbs**, como **can**, **could** o **may**, dado que el uso de uno u otro en este tipo de preguntas puede denotar mayor o menor grado de formalidad.

How much (money) is it?: ¿Cuánto dinero es?

How much is the ticket?: ¿Cuánto cuesta el billete?

How much are the tickets?: ¿Cuánto cuestan los billetes?

De la misma manera, se responderá siempre con el sujeto: **It's**..., por lo que el uso de **They are** en el siguiente ejemplo se consideraría erróneo: **How much are the tickets? *They are €60**. Lo correcto sería decir: **It's €60**.

También es posible preguntar por el precio utilizando las siguientes estructuras.

How much does it cost?: ¿Cuánto cuesta?

How much does the ticket cost?: ¿Cuánto cuesta el billete?

Could you tell me the price of the ticket?: ¿Podría decirme el precio del billete?

¿Sabías que...?

Hay diferencias notables con respecto a España en el transporte público en Reino Unido, **public transport in the United Kingdom**.

En Reino Unido, hay diferentes tipos de transporte público. Por un lado, estarían el autobús y el autocar. La principal diferencia entre ambos conceptos es similar a la que existe en España. Mientras que el autobús suele recorrer distancias más cortas dentro de la ciudad o bien entre diferentes ciudades, el autocar normalmente lo hace entre ciudades más alejadas entre sí. Por lo tanto, podría decirse que el autocar, en general, tiene un solo destino final, aunque pueden hacerse paradas para el descanso de los viajeros; y el autobús va recogiendo y dejando gente en diferentes paradas.

Los trenes suelen ser interurbanos y, dentro de la ciudad, también son frecuentes los tranvías. En la capital londinense, además, destaca la presencia del metro, así como la de los famosos taxis negros, **black cabs**.

Viajes y turismo 1.2.8.

Para terminar esta primera aproximación a los medios de transporte, conviene saber que la forma de desear un buen viaje en inglés es **Have a good journey!** (¡Que tengas un buen viaje!).

A continuación se ampliará el vocabulario relacionado con los viajes y el turismo en general.

Es importante distinguir los términos **travel**, **trip** y **journey**, ya que aunque los tres pueden traducirse al español como «viaje», presentan algunas diferencias en cuanto a su uso:

- Si bien **travel**, aparte de usarse como verbo (viajar), también puede funcionar como sustantivo, este se utiliza solo para hablar de viajes en general. Es lo que ocurre en la oración: **I hate business travel** (Odio los viajes de negocios).

- **Trip**, por su parte, se emplea con un sentido más concreto, referido a la estancia en sí, como ocurre en el siguiente ejemplo: **We have a trip to Paris next month** (Tenemos un viaje a París el mes que viene).

- **Journey**, al contrario que **trip**, hace más referencia al hecho de trasladarse de un lugar a otro que a la estancia en sí, de modo que su equivalente en español sería «trayecto»: **Have a nice journey!** (¡Buen viaje!). También puede emplearse para concretar oraciones: **It's two days' by car from here** (Está a dos días en coche de aquí).

Mientras que **travel** es incontable y carece, por tanto, de forma plural, **trip** y **journey** son contables.

En inglés también se usan las expresiones **to make a journey** y **to go on a trip** (hacer un viaje e irse de viaje).

El verbo que utilizamos para la palabra «vacaciones» es **holiday** en BrE y **vacation** en el AmE. Así, tanto la expresión **to go on holiday** (BrE) como **to go on vacation** (AmE) se traducirían como «irse o salir de vacaciones». La construcción **to take a holiday** (BrE)/**to take a vacation** (AmE) significaría «cogerse o tomarse vacaciones» la expresión «estar de vacaciones» sería simplemente **to be on holiday**: **The manager is on holiday this month** (El director [o jefe] está de vacaciones este mes).

El vocabulario que se presenta a continuación está dividido en dos grandes categorías generales, dependiendo del tipo de destino del viaje: playa o campo.

Importante

La diferencia entre los sustantivos **journey** y **trip** es muy sutil, pero habitualmente el primero implica un desplazamiento mayor y una estancia en el lugar de destino más prolongada, mientras que el segundo se usa para referirse a pequeños viajes que se realizan, por ejemplo, durante un fin de semana. **Travel** se utiliza casi exclusivamente como verbo, no como nombre.

Cabe destacar los siguientes términos relacionados con la playa.

Original	Traducción
Sunglasses	Gafas de sol
Sun lotion	Bronceador
Sunburn	Quemadura solar
On the beach	En la playa
At the seaside	En la costa, en la playa
Sunshade	Sombrilla, toldo
Beach towel	Toalla de playa
Beach umbrella	Sombrilla
Sunbather	Persona que toma el sol
Sand	Arena
Sandcastle	Castillo de arena
Bucket	Cubo
Spade	Pala
Beachball	Pelota de playa
Rocks	Rocas
Sea	Mar
Wave	Ola
Seaweed	Alga

¿Sabías que...?

La moneda, **coin**, que se utiliza en todo el Reino Unido (Inglaterra, Escocia, Gales e Irlanda del Norte) es la libra, en inglés conocida comúnmente como **pound**. Su forma plural sería **pounds**. La libra se divide en peniques: **penny** en singular y **pence** en plural. El símbolo de la libra es £. Aunque su nombre completo es **pound sterling** (libra esterlina), solo suele utilizarse en contextos muy formales o cuando se quiere especificar que es la libra inglesa.

Algunos de los verbos de uso habitual para hablar acerca de las vacaciones en la playa son: tomar el sol, **to sunbathe**, ir a la playa, **to go to the beach**, bucear, **to dive**, y bañarse, **to bathe**.

En cuanto al traje de baño, conviene distinguir entre los términos que se usan en inglés británico y americano, así como entre la prenda que se usa para el hombre y para la mujer. Así, la ropa de baño general es **bathing suit** (AmE)/**bathing costume** (BrE) y, de manera específica, se distinguen bañador de hombre, **swimming trunks**/**bathing trunks**, bañador de mujer, **swimsuit**/**swimming costume** (BrE), y biquini, **bikini**.

El vocabulario que se muestra a continuación está más relacionado con el campo y la montaña, **mountain**. **To go mountaineering** (Hacer montañismo, alpinismo) es una afición bastante habitual en los países de habla inglesa.

Original	Traducción
Plateau	Llanura, planicie
Peak	Cumbre, cima
Waterfall	Cascada
Lake	Lago
Valley	Valle
Wood	Bosque
Forest	Bosque o selva
Hill	Colina
Meadow	Prado
River	Río
Field	Campo
Tree	Árbol
Village	Pueblo

Fíjate en que en las expresiones anteriores la palabra **holiday**, pese a contar con una forma plural (**holidays**), aparece en singular. No obstante, en las frases siguientes, sí se aprecia en su forma plural.

A week of vacation/holidays: Una semana de vacaciones.

Winter vacation/holidays: Vacaciones de invierno.

Christmas vacation/holidays: Vacaciones de Navidad.

Easter vacation/holidays: Vacaciones de Pascua.

Vacation travel (BrE)/**Travelling for the holidays** (AmE): Viaje de vacaciones.

Entre los distintos tipos de viaje, se encuentran los relacionados con trabajo, como los viajes de negocios, **business trip**, o los que se realizan por placer, como por ejemplo, el viaje de novios, **honeymoon**, el viaje de recreo, **pleasure trip** o el viaje de turismo, **holiday**. Entre ellos, también se distinguen diferentes categorías, como los viajes organizados, **organized tour** y las escapadas o viajes de un día, **day trip**.

También, dependiendo del tipo de vacaciones o de la actividad que se vaya a realizar, existen las siguientes expresiones.

To go abroad: Ir al extranjero.

To go camping: Ir de camping.

To go sightseeing: Ir a hacer turismo/una visita turística.

To go to the beach: Ir a la playa.

Es importante conocer vocabulario relacionado con el alojamiento, **accomodation**. El término resort, tan recurrente incluso en los nombres de hoteles en español, significa «centro turístico» o «lugar de vacaciones» y puede hacer referencia a una estación de esquí, **ski resort**, y a un parque temático, **theme park**. Pero por **resort** también se entiende el conjunto de instalaciones, **amenities**, y zonas comunes, como la piscina o el comedor, que conforman el recinto turístico. El término **lodging** también hace referencia al tipo de alojamiento temporal en general, normalmente, como hostal o albergue. Evidentemente, los tipos de alojamiento pueden variar dependiendo del país de destino. A continuación, se muestran los más comunes en inglés.

Original	Traducción
Hotel	Hotel
Youth hostel	Albergue juvenil
Campsite	Zona de acampada
Hostel	Hostal, pensión
Caravan/Motor home	*Roulotte,* caravana
Camping	Camping, campamento
Camping site	Lugar de acampada
Guest house	Pensión, casa de huéspedes
Apartment	Piso, apartamento
Cottage	Casa rural
Pension (AmE)	Pensión, hostal
Bungalow	Bungaló, adosado
Villa	Villa, casa de campo

Además, existen algunos alojamientos que poseen ciertas peculiaridades. Una de las maneras más baratas de alojarse en los países de habla inglesa son los **B&B** (**Bed and Breakfast**, literalmente «cama y desayuno»), en los que el precio incluye habitación y desayuno. Otra posibilidad es alojarse en **vacation rental** (AmE)/ **villa holiday** (BrE), que son casas o apartamentos amueblados que se alquilan a turistas temporalmente. El motel, **motel,** está orientado principalmente para motoristas, ya que cuenta con aparcamiento. Además, se denomina **inn** al pequeño hotel más propio del área rural que generalmente también ofrece comida.

A la hora de hablar de reservas, en inglés existen dos términos posibles: **booking** o **reservation**. Así, para el verbo «reservar» se pueden usar tanto **to reserve** o **to book** como la expresión **to make a reservation** (hacer una reserva).

A continuación, se muestran otras expresiones relacionadas.

To hold a reservation: Mantener una reserva.

To confirm: Confirmar una reserva.

To cancel a reservation: Cancelar una reserva.

To book in advance: Reservar por adelantado.

To rent: Alquilar.

Importante

Reservation y **booking** funcionan como sustantivos, mientras que **to reserve** y **to book** serían sus correspondientes verbos.

El verbo «alquilar» en inglés es **to rent**. Aparte de alquilar una habitación, **to rent a room**, durante un viaje, también es común el alquiler de coches, **car hire** (BrE)/ **car rental** (AmE).

En el hotel se debe dominar otro vocabulario más específico, por ser uno de los alojamientos más recurrentes para las vacaciones, si bien hay que decir que muchos de los términos que aparecen a continuación se usan también en otro tipo de alojamientos.

Los principales tipos de hoteles son: hotel comercial, **commercial hotel**, hotel de congresos, **congress hotel**, y hotel de lujo, **luxury hotel**, además de la clasificación en hotel de primera clas, **first class hotel**, hotel de segunda clase, **second class hotel**, y hotel de tercera clase, **third class hotel**.

A continuación, se muestran los términos que existen en inglés para los principales tipos de habitaciones que se pueden encontrar en un hotel.

Se puede reservar una habitación doble con cama de matrimonio, **double room/ double-bedded room**, o una habitación doble con dos camas individuales, **twin room/twin-bedded room**. También es posible alojarse en una habitación individual, **single room**. Asimismo, se puede solicitar una habitación con baño dentro, **room with en suite bathroom**.

¿Sabías que...?

Según Turespaña, en el año 2014 más de quince millones de habitantes del Reino Unido se desplazaron a España para sus vacaciones, lo que supone un 23,1 % de la entrada de turistas según su país de residencia.

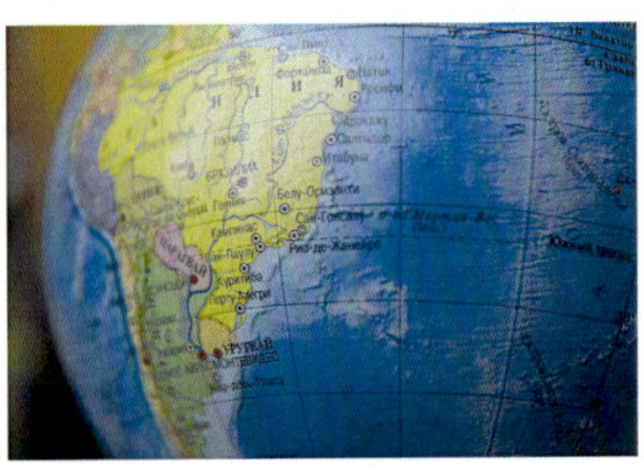

Relacionado con las habitaciones del hotel también está el término **key card**, que se refiere a la tarjeta llave que sirve para abrir la habitación.

En cuanto a las modalidades de estancia, normalmente se distingue entre pensión completa, **full board**, y media pensión, **half board**.

Para hablar de las temporadas, **season**, entendidas como los diferentes periodos del año que reciben mayor o menor número de turistas, se encuentran los términos: **off season/low season** y **peak season/high season** o, incluso, **tourist season** (temporada baja y temporada alta).

Uno de los términos que se emplea en inglés para referirse a las instalaciones de, por ejemplo, un complejo turístico es **facilities** (en plural). **Amenities** es otra palabra que se utiliza en estos casos y que también puede ser entendida como «servicios». A continuación se relacionan las principales instalaciones y servicios que pueden encontrarse en un hotel.

Original	Traducción
Car park/Parking lot	Aparcamiento
Elevator/Lift	Ascensor
Dining room	Comedor
Laundry service	Servicio de lavandería
Lounge	Salón
Restaurant	Restaurante
Room service	Servicio de habitaciones

En cuanto al personal, se encuentran los siguientes puestos: guardacoches, **car park attendant/parking lot attendant**, camarero de pisos, **chambermaid**, recepcionista, **receptionist**, camarero/camarera, **waiter/waitress**, y botones, **bellboy**.

Algunas de las expresiones comúnmente empleadas en el hotel, relativas al precio y pago, son las que se presentan a continuación.

To pay a deposit/down payment: Dejar un depósito.

How much is full board?: ¿Cuánto cuesta la pensión completa?

How much is half board?: ¿Cuánto cuesta la media pensión?

How much does it cost per day?: ¿Cuánto cuesta al día?

Do you take credit cards?: ¿Aceptan tarjetas de crédito?

Is breakfast included?: ¿Incluye desayuno?

Para preguntar si hay habitaciones disponibles se puede usar alguna de las siguientes oraciones.

Do you have any rooms available?: ¿Tiene habitaciones disponibles?

Do you have any rooms (available) for the 3rd April?: ¿Tiene habitaciones disponibles para el 3 de abril?

I would like/I'd like a single room for two nights: Quisiera una habitación individual para dos noches.

Dentro de la habitación pueden resultar útiles las siguientes expresiones o frases.

Do not disturb: No molestar.

Could you bring me a hairdryer?: ¿Podría traerme un secador?

I need some toilet paper/toothpaste: Necesito papel higiénico/pasta de dientes.

Tal como puede verse en las expresiones anteriores, a la hora de pedir que traigan algo a la habitación se pueden utilizar las siguientes estructuras: **Could** + **you** + **bring me** + **a/an** + objeto? o **Could** + **you** + **bring me** + **some** + objeto?

Could you bring me a towel?: ¿Podría traerme una toalla?

Could you bring me some water?: ¿Podría traerme agua?

¿Sabías que...?

Existen ciertas particularidades relativas al alojamiento de vacaciones en el Reino Unido, pues cuentan con varios tipos de alojamientos turísticos: **serviced apartments**, **hotel**, **guest accommodation**, **hostel and campus**, **holiday village and campsite or self-catering accommodation.**

El uso de **could** (podría, forma condicional de **can**) es más cortés que **can**. Otra forma más directa de expresar que se necesita algo es con el verbo **need** (necesitar), usando la estructura **I** + **need** + **a/an** + **objeto**, o **I** + **need** + **some** + objeto.

I need a hairdryer: Necesito un secador.

I need some paper: Necesito papel.

Para referirnos a la documentación, en inglés se emplean los términos **papers** o **documents**, por lo que la documentación de viajes es **travel papers**. **Documentation** es más formal que los anteriores. El documento por excelencia a la hora de identificarse en un viaje en el extranjero es el pasaporte, **passport**. Pero también está el visado, **visa**, y el visado de estancia, **permit to stay**. El carné de identidad en inglés recibe el nombre de **ID card**, ya que **ID** son las siglas de **Identity** (identidad). Normalmente, este tipo de documentación identificativa se presenta en la aduana, **customs**.

Tal como explica el notario Joaquín Zejalbo Martín (http://bit.ly/17pZAuz) sobre la acreditación de la identidad en los países extranjeros:

> «En el mundo anglosajón existe una opinión contraria a los documentos de identidad cuyo objetivo exclusivo sea identificar a las personas, considerándolos como muestras de una sociedad totalitaria, recreando un mundo orweliano; el Estado tiene prohibido acceder a la privacidad, siendo una amenaza el nuevo sistema ideado, con la excusa de la lucha antiterrorista.
>
> En el Reino Unido tras una fuerte controversia se aprobó en el año 2006 la *Identity Cards Act*, de 30 de marzo de 2006, que crea el Registro Nacional de Identidad y el correspondiente documento que será obligatorio para cualquier persona que obtenga o renueve el pasaporte a partir del 1 de enero de 2010. Al igual que en la mayoría de los países anglosajones se admite como medio de identificación el permiso de conducción o *driver licence*.»

Otros términos relacionados con los viajes que también es conveniente conocer son los que se incluyen en la siguiente tabla.

Original	Traducción
Stay	Estancia
Guide	Guía
Map	Mapa
Luggage	Equipaje
Suitcase	Maleta
Ticket machine	Máquina expendedora de billetes
Information office	Oficina de información
Travel agency	Agencia de viajes
Traveler's check (AmE)/ Treveller's cheque (BrE)	Cheque de viaje
Sightseeing tour	Visita turística
To plan	Organizar
To take a photograph	Sacar una foto
Motorway	Autopista
Gas station (AmE)/ Petrol/Service-station (BrE)	Gasolinera

1.2.9. Relaciones humanas y sociales

En este apartado se ampliará el vocabulario relacionado con las relaciones humanas y sociales. Para ello, se presentará en primer lugar la terminología relacionada con los miembros de la familia y las amistades y al final se verá vocabulario extra sobre la vida social.

Importante

En los países anglosajones, los principales documentos identificativos son el pasaporte y el permiso de conducir.

¿Sabías que...?

La **Oyster® card** es la tarjeta prepago por excelencia en el transporte público de Londres. No solo agiliza el traslado en la ciudad, evitando tener que comprar billetes únicos para cada trayecto, sino que, además, supone un ahorro considerable con respecto a los billetes individuales.

Para hablar de los miembros de la familia se puede decir **family members** o **relatives** (familiares).

Para representar a la familia y familiares, se suele utilizar el árbol genealógico, **family tree**.

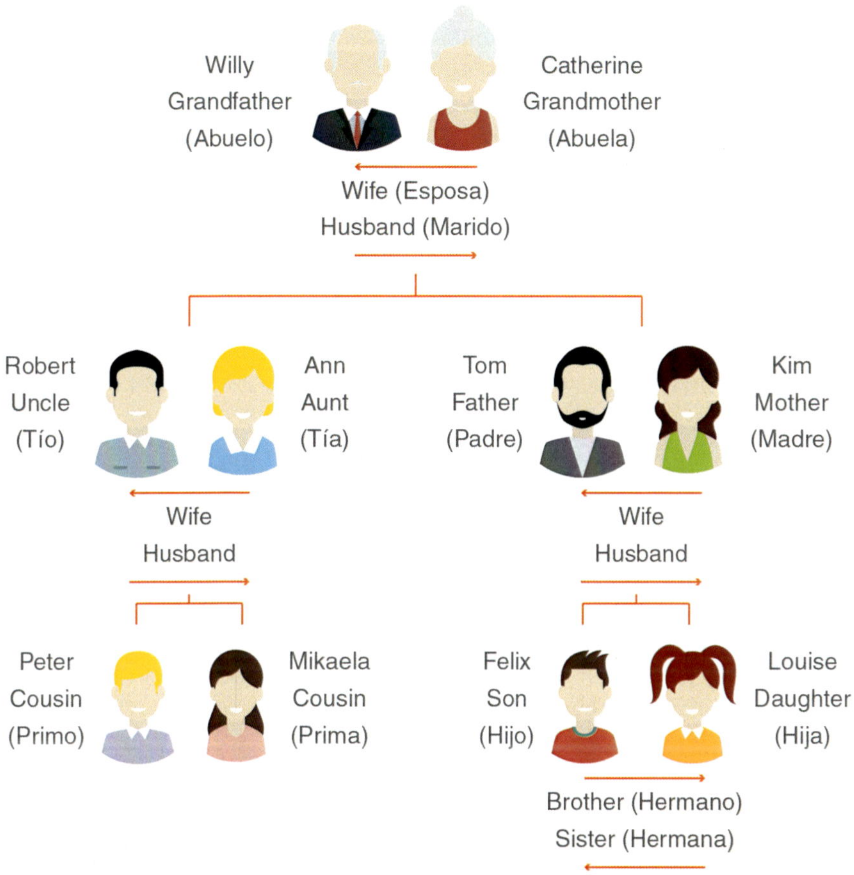

Original

Hi! My name is Felix. I'm 12 years old. I live in Oxford with my **parents**, Kim and Tom, and my **sister** Louise. My **father** has a **brother**, my **uncle** Robert. Robert has a **wife**, her name is Ann, she's my **aunt-in-law**, too. They have two **children**: Peter and Mikaela. They are my **cousins**. My paternal **grandparents** are Willy and Catherine.

Traducción

¡Hola! Me llamo Felix. Tengo 12 años. Vivo en Oxford con mis **padres,** Kim y Tom, y mi **hermana** Louise. Mi **padre** tiene un **hermano,** mi **tío** Robert. Robert tiene una **mujer,** se llama Ana, también es mi **tía política.** Ellos tienen dos **hijos:** Peter y Mikaela. Ellos son mis **primos.** Mis **abuelos** paternos son Willy y Catherine.

La palabra **siblings** hace referencia al conjunto de hermanos de forma neutral y es por lo general más formal: **I have three siblings: two brothers and one sister** (Tengo tres hermanos: dos hermanos y una hermana).

Para los términos que se refieren tanto a los abuelos como a los nietos, lo que se hace es añadir el prefijo grand- delante de las palabras **father**, **mother**, son y **daughter** (**grandfather**, **grandmother**, **grandson**, **granddaughter**), para decir bisabuelos y bisnietos se emplea la palabra great delante de las palabras anteriores: bisabuelos, **great grandparents**, bisabuelo, **great grandfather**, bisabuela, **great grandmother**, bisnietos, **great grandchildren**, y bisnieto, **great grandson/great-grandchild**.

Además, cuando se habla de los abuelos, se suele distinguir entre maternos, **maternal**, y paternos, **paternal**.

?? ¿Sabías que...?

Postergar la maternidad más allá de los treinta años es un fenómeno que se está dando en casi todos los países europeos. En concreto, en el Reino Unido «entre 2010 y 2011, el número de mujeres de 40 años y mayores de esa edad que dieron a luz aumentó un 71 % en Inglaterra y Gales» (fuente: abc.es [http://bit.ly/1wcQrN3]).

> **Importante**
>
> Al igual que en español, los ingleses suelen tener una forma más corta y cariñosa de referirse a la madre y al padre, que sería equivalente a las formas en español de «mamá» o «mami» y «papá» o «papi»: **mom**, **mommy**, **dad** y **daddy** (mamá, mami, papá y papi).

> **Importante**
>
> El plural de las palabras relacionadas con la familia política se forma añadiendo **-s** final a la palabra base: **sisters-in-law** (cuñadas).

> **¿Sabías que...?**
>
> Reino Unido aprobó la ley de unión civil en el año 2004, que permitía a las parejas homosexuales disfrutar de los derechos y beneficios que poseen los matrimonios heterosexuales. Con posterioridad, entre los años 2013 y 2014, se aprobó la ley de matrimonio en Inglaterra, Gales y Escocia, pero no en Irlanda del Norte.
>
> En Estados Unidos (EE. UU.), el matrimonio gay está reconocido desde junio de 2015.

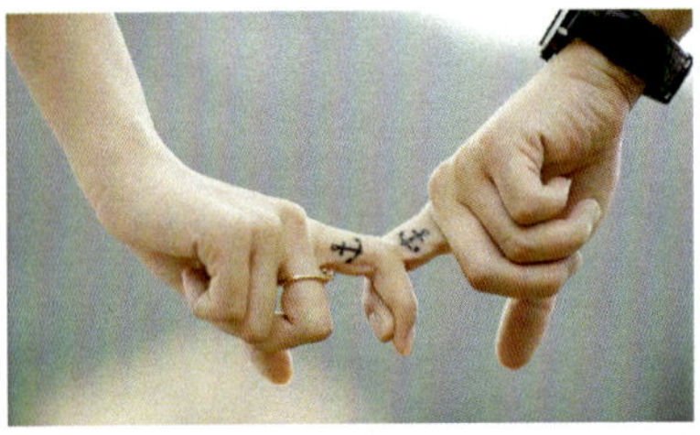

En cuanto a la familia política destacan los siguientes parentescos: **husband** y **wife**. El resto de los familiares políticos se forman añadiendo la expresión **-in-law**, como ocurre, por ejemplo, con cuñado, **brother-in-law**, cuñada, **sister-in law**, suegros, **parents-in-law**, suegro, **father-in-law**, suegra, **mother-in-law**, yerno, **son-in-law**, y nuera, **daughter-in-law**.

Las relaciones de parentesco que tienen que ver con padrastros e hijastros, llevan el prefijo **-step**: padastro, **stepfather**, madrastra, **stepmother**, hijastro, **stepson**, e hijastra, **stepdaughter**. Los que tienen que ver con los padrinos y ahijados, llevan **-god**: padrino, **godfather**, madrina, **godmother**, ahijado, **godson**, y ahijada, **goddaughter**.

En cuanto a las relaciones de pareja, couple, también cabe destacar las siguientes palabras: novio, **boyfriend**, novia, **girlfriend**, prometido, **fiancé**, prometida, **fiancée**, matrimonio/boda, **marriage**, y matrimonio, **married couple**.

Para hablar de las relaciones entre los distintos miembros de la familia, además de lo ya estudiado a través del texto que acompaña al árbol genealógico al comienzo del apartado, también se puede usar el genitivo sajón (**'s**). Siguiendo el mismo árbol genealógico, se aportan las siguientes oraciones como ejemplo.

Louise is Felix's sister: Louise es la hermana de Felix.

Felix and Louise are Kim and Tom's children: Felix y Louise son los hijos de Kim y Tom.

Robert is Felix's uncle: Robert es el tío de Felix.

Felix is Robert's nephew: Felix es el sobrino de Robert.

Louise is Robert's and Ann's niece: Louise es la sobrina de Robert y Ann.

Felix is Catherine and Willy's grandson: Felix es el nieto de Catherine y Willy.

Louise is Catherine and Willy's granddaughter: Louise es la nieta de Catherine y Willy.

Ann is Tom's wife: Ann es la mujer de Tom.

Tom is Anna's husband: Tom es el marido de Anna.

A continuación, se muestra una lista de términos relacionados con la vida social, **social life**.

Original	Traducción
Friends	Amigos
Colleagues	Colegas, compañeros
Neighbours	Vecinos
Party	Fiesta
Meeting	Reunión
Host	Anfitrión
Present	Regalo
Invitation	Invitación
Invite	Invitar
Pen pal	Amigo por correspondencia

Es importante distinguir los dos significados que puede adquirir el verbo «invitar» en español. Por un lado, invitar a alguien puede ser no solo en el sentido de convidar, **to invite**, sino también en el de pagar, **to treat**. Esto último en inglés puede expresarse de dos formas que no tienen que ver con el verbo **to invite**: **to treat** o **to be on**.

To treat someone to something: Invitar a alguien a algo.

This round is on me: Yo invito a esta ronda.

Es necesario conocer los siguientes verbos y expresiones para poseer un dominio del vocabulario relacionado con la vida social y las relaciones personales.

Original	Traducción
To meet (first time)	Conocer a alguien (por primera vez)
To know	Conocer
To shake hands	Estrechar la mano
To welcome/To greet	Saludar, recibir
To date (someone)	Quedar con alguien
To have an appointment	Tener una cita
To thank	Agradecer
To be going out with (someone)	Estar saliendo con alguien
To pick (someone) up	Recoger a alguien
To go with	Acompañar
To chat	Charlar, chatear
To say goodbye	Despedirse
To enjoy/To amuse oneself	Divertirse, pasarlo bien
To have fun/To have a good time	Divertirse, pasarlo bien

El verbo **to meet** puede signficar conocer a alguien por primera vez o encontrarse con alguien en el sentido de quedar. En la oración **She met her boyfriend at a wedding** (Ella conoció a su novio en una boda), el verbo **to meet** hace referencia a la primera vez que se conocieron. Sin embargo, en el ejemplo **She's meeting her boyfriend at the cinema** (Va a quedar/encontrarse con su novio en el cine), aunque ya se conocen, el verbo aquí se refiere al momento en el que van a quedar o volver a encontrarse.

Por su parte, el verbo **to know** se usa en el sentido de conocer en general: **Do you know him?** o **Yes, I met him last year** (¿Le conoces? o Sí, le conocí el año pasado).

Educación y formación 1.2.10.

En este apartado se destacarán los términos vinculados a la educación y la formación académica. Se estudiará el campo de los estudios y asignaturas así como los principales tipos de centros educativos.

Así, entre los tipos de estudios o educación se puede hablar de educación escolar o académica, **formal education**, y educación o formación profesional, **vocational education**, así como de educación mixta, **co-education**. En la actualidad está muy de moda la educación a distancia, **distance learning**, y también se habla mucho de la educación no formal, **non-formal education**. Al igual que ocurre en España, en los países anglosajones existe una educación obligatoria, **compulsory education**. Además, los padres pueden solicitar la enseñanza escolar en el hogar, **home schooling**. En general, los jóvenes van adquiriendo a lo largo de su vida una formación académica, **academic training**, que les ayuda a prepararse para el futuro.

Dentro de la educación formal, **formal education**, a su vez, cabe distinguir entre educación primaria, **primary education**, educación secundaria, **secondary education**, y educación superior, **higher education**. En AmE, la educación secundaria diferencia entre **middle school** (12 a 14 años) y **high school** (14 a 18 años).

Según el nivel es posible encontrar distintos tipos de escuela, **types of schools**. Los niños más pequeños acuden al jardín de infancia, **nursery school**, para

Importante

Public school se refiere a la escuela pública, tanto en AmE como en BrE, pero en Gran Bretaña significa todo lo contrario: escuela privada. En Reino Unido, el término **public** designa a instituciones o locales privados. De la misma manera, un **public bar** en BrE suele hacer referencia a un local privado que está abierto al público.

Los colegios públicos en inglés reciben el nombre de **state schools** (literalmente, se refiere a los colegios que dependen del Estado), de ahí que a los privados se les conozca también como **independent schools**. Sin embargo, en AmE, al igual que en español, **public school** sí se utiliza para designar al tipo de colegio público.

¿Sabías que...?

En Reino Unido, los niños deben estar escolarizados entre los 5 y los 16 años obligatoriamente. En EE. UU., el sistema educativo se compone de 12 cursos o grados, y los niños empiezan el colegio con seis años.

luego pasar a la escuela primaria, **primary school** (BrE), y a la escuela secundaria o instituto, **secondary school** (BrE) **or high school** (AmE). Los últimos dos años de escuela secundaria se cursan en el **sixth-form college**. Luego, en función de la elección del alumno, pueden acceder a la universidad, **university**, o a un instituto de formación profesional, **technical college/school**. En ocasiones, se debe realizar un examen de ingreso, **entrance exam**.

Dependiendo de si la institución escolar es pública o privada se pueden usar los siguientes términos: **independent/private school** o **state school** (colegio privado o colegio público).

La Universidad de Oxford es la más antigua de Reino Unido

La Universidad de Harvard es la más antigua de EE. UU.

Algunos de los estudios universitarios más habituales pueden clasificarse según pertenezcan al ámbito de Artes y Humanidades, **arts and humanities**, Ciencias, **sciences**, o Ciencias Sociales, **social sciences**.

Arts and humanities	Sciences	Social sciences
Classics (Lenguas Clásicas) Drama (Arte Dramático) Fine art (Bellas Artes) History (Historia) History of art (Historia del Arte) Literature (Literatura) Modern languages (Lenguas Modernas) Music (Música) Philosophy (Filosofía) Theology (Teología)	Astronomy (Astronomía) Biology (Biología) Chemistry (Química) Computer science (Informática) Dentistry (Odontología) Engineering (Ingeniería) Geology (Geología) Medicine (Medicina) Physics (Física) Veterinary medicine (Veterinaria) Maths/Mathematics (Matemáticas) Nursing (Enfermería) PE (Physical Education) (Educación Física)	Archaelogy (Arquelogía) Economics (Económicas) Media studies (Ciencias de la Información) Politics (Política) Psychology (Psicología) Social studies (Estudios Sociales) Sociology (Sociología) Law (Derecho) Geography (Geografía) Religious studies (Estudios Religiosos)

Algunas expresiones relacionadas con el mundo académico y con el material usado habitualmente en clase son las siguientes.

Original	Traducción
To major in (a subject)	Especializarse en (una asignatura)
To structure an essay	Estructurar un ensayo
Exam	Examen
Take/Do/Sit an exam	Hacer un examen
Learn	Aprender
Teach	Enseñar
Cheat	Copiar, hacer trampa
Give in	Entregar (un trabajo)
Revise	Repasar (antes de entregar un examen o trabajo)
Blackboard	Pizarra
Whiteboard	Pizarra blanca
Chalk	Tiza
Duster	Borrador
Desk	Pupitre
Satchel/Schoolbag	Mochila, cartera escolar
Ruler	Regla
Compasses	Compás
Glue/Gum	Pegamento
Exercise-book	Cuadernillo de ejercicios
Textbook	Libro de texto
Map	Mapa
Timetable	Horario
Calendar	Calendario

En el sistema educativo británico es frecuente oír hablar de ciclos, **KS** (**Key Stages**), y cursos escolares, **Years**. Por una parte, el sistema inglés se divide en ciclos, que en total son cuatro; por otra parte están los cursos escolares, que comprenden hasta once.

La enseñanza obligatoria en Reino Unido va desde los 5 años de edad hasta los 16. Desde **KS 1** hasta **KS 3**, los cursos equivalen a la enseñanza primaria, y el **KS 4**, a la secundaria. La enseñanza obligatoria, **compulsory education**, finaliza con el último año del **KS 4**. Después de ahí, los alumnos pueden elegir seguir estudiando la segunda etapa de la secundaria, **post-compulsory education/ upper secondary**, que ya sería opcional.

Observa la siguiente distribución de los ciclos relacionados con los cursos y la edad que comprenden.

Compulsory education		
KS	Years	Age
Foundation Stage	Nursery	3
	Reception	4
KS 1	1st and 2nd	5-7
KS 2	3rd, 4rd, 5rd and 6rd	7-11
KS 3	7rd, 8rd and 9rd	11-14
KS 4	10rd and 11rd	14-16
Post-compulsory education/Upper secondary		
Sixth form college	12rd and 13rd	16-18

Consulta

Si te interesa conocer más a fondo el sistema educativo británico y sus diferencias con respecto al español, puedes consultar el siguiente enlace: http://bit.ly/1A2FCwv.

¿Sabías que...?

En el Reino Unido es habitual que los niños acudan al colegio con uniforme escolar, **school uniform**.

1.2.11. Compras y actividades comerciales

En este apartado se presentará, en primer lugar, la terminología básica relacionada con los diferentes tipos de tiendas, la ropa y los artículos básicos para continuar con el estudio de las expresiones esenciales relacionadas con el precio y las diferentes formas de pago. Por último, se verán los términos anteriores en situaciones concretas que se puedan dar en el banco, en el restaurante o en los bares.

Las tiendas y comercios, en inglés, se denominan de diferente modo. Dependiendo de si se trata de la variedad británica o americana, existen dos términos fundamentales que significan «tienda»: **shop**, en BrE, y **store**, en AmE. **Shop-assistant** hace referencia al dependiente de un establecimiento. En la lista que se muestra a continuación, con los principales tipos de tiendas y establecimientos en inglés, puede comprobarse que en algunos casos se utilizan ambas palabras para designar el mismo tipo de tienda.

Original	Traducción
Supermarket	Supermercado
Bakery	Panadería
Bookstore/Bookshop	Librería
Butcher's	Carnicería
Barber's	Barbería
Cake shop/Patisserie	Pastelería
Candy store	Tienda de golosinas
Coffee shop	Cafetería
Pharmacy/Chemist's (BrE)/Drugstore (AmE)	Farmacia
Fishmonger's	Pescadería
Florist's	Floristería
Fruit shop	Frutería
Laundry	Lavandería
Greengrocer's (BrE)/Vegetable store (AmE)	Verdulería
Grocery store	Almacén
Jeweller's	Joyería
Music store	Tienda de música
Perfumery	Perfumería
Pet shop	Tienda de animales
Shoe shop	Zapatería
Sports store	Tienda de deportes
Stationery store	Papelería
Toy store	Juguetería
Clothes shop (BrE)/Clothing store (AmE)	Tienda de ropa

Aparte de los términos anteriores, conviene distinguir también diferentes tipologías de comercios. A la hora de referirse al centro comercial, los británicos prefieren el término **shopping centre** frente a los americanos, que usan **mall**. También es posible recurrir a los mercados, **markets**, o a los grandes almacenes, **department store**, en los que es posible encontrar gran variedad de productos.

En el supermercado, **in the supermarket**, el siguiente listado puede ser de gran utilidad porque aporta una serie de vocablos de uso frecuente en estos establecimientos: escaparate, **shop-window**, cajero, **cashier**, mostrador de pago, **cash-desk/counter**, bolsa, **bag/carrier-bag**, cesta, **basket**, congelador, **deep-freeze/freezer**, estantería, **shell**, y alimentos enlatados, **tinned food**.

Importante

En ocasiones la pronunciación de los establecimientos comerciales puede resultar difícil. Es recomendable que escuches cómo se llaman algunas de las tiendas que se proponen en este apartado en el siguiente enlace, donde además podrás ampliar tu vocabulario con otros términos: http://bit.ly/1FSSoV7.

En cuanto a las tiendas de ropa, se puede distinguir entre distintos tipos, dependiendo de la clientela a la que vaya dirigida. Para comprar ropa de señora se usan los términos **ladies' wear**, **womenswear** o **ladieswear**; en cambio, para la ropa de hombre se usará **men's wear** o **menswear**. La ropa de niños se denomina **childrenswear**, y la de bebé, **babywear**.

En general, se puede decir que una de las partes de arriba más comunes en mujeres es la blusa, **blouse**, y en los hombres la camisa, **shirt**. Tanto hombres como mujeres suelen utilizar también camisetas, **T-shirts**. Para la palabra española «suéter» o «jersey» en inglés se usan los términos **jersey**, **jumper**, **sweater** o **pullover**. Los pantalones, **trousers**, pueden ser vaqueros, **jeans**, o pertenecer a un conjunto o traje de chaqueta, **suit**. Si hace calor se usan pantalones cortos, **shorts**. Para abrigarse se puede usar una chaqueta, **jacket**, una rebeca, **cardigan**, o un abrigo, **coat**.

En la siguiente tabla se incluye más vocabulario acerca de la vestimenta en función de si es usada mayoritariamente por mujeres o por hombres.

Ladies' wear	Men's wear
Bra/Brassière (Sostén, sujetador) Slip/Petticoat (Combinación) Pants (Bragas) Tights (Medias) Nightdress/Nightgown (Camisón) Skirt (Falda) Dress (Vestido) Heel (Tacón)	Vest (Camiseta interior/chaleco) Pants (Calzoncillos) Dressing-gown/Pajama/Pyjama (Pijama) Tie (Corbata) Waistcoat (Chaleco)

En cuanto a la talla, **size**, de ropa, básicamente se distingue entre extrapequeña, **extra small**; pequeña, **small**; mediana, **medium**; grande, **large**; y extragrande, **extra-large**. Observa las abreviaturas de estas tallas por orden, que son las que se suelen aparecer en las etiquetas: XS, S, M, L y XL.

Algunas expresiones relacionadas con la talla y que suelen escucharse en tiendas, así como para preguntar si es posible probarse algo de ropa son las siguientes.

Could I try it/them on?: ¿Podría probármelo/probármelos?

Could I try this skirt on?: ¿Podría probarme esta falda?

Do you want to try it/them on?: ¿Quiere probárselo/probárselos?

Where's the fitting room?: ¿Dónde está el probador?

What size are you?: ¿Qué talla lleva?

What size do you take?: ¿Qué talla lleva?

I take a size...: Llevo una talla...

Do you have this/these in a size...?: ¿Lo/Los tiene en una talla...?

Do you have it in a smaller size?: ¿Lo tiene en una talla más pequeña?

Do you have it in a larger size?: ¿Lo tiene en una talla más grande?

Para preguntar si una prenda queda bien y para responder a dicha pregunta, pueden emplearse las siguientes expresiones.

Is that a good fit?: ¿Es su talla?

It's too small: Es demasiado pequeño.

It's too big: Es demasiado grande.

It's just right: Está bien.

They are just right: Están bien/Me quedan bien.

It doesn't fit: No queda bien.

They don't fit: No quedan bien.

También puede ser que sea una persona la que le diga a otra que una determinada prenda le queda o le sienta bien: **It suits you/They suit you** (Le sienta bien/Le quedan bien).

En cuanto al color, se podría decir cualquiera de estas dos expresiones.

I like/don't like the colour: Me gusta/No me gusta el color.

Do you have this in another colour?: ¿Lo tiene en otro color?

En lo relativo a los colores de la ropa, es necesario tener en cuenta si las diferentes prendas van a combinar, **to match**. Algunas personas prefieren los colores claros, **light colours**, y otras, los más oscuros, **dark colours**. También puede resultar útil distinguir entre colores alegres, **bright colours**, y colores más apagados, **muted colours**. Existen múltiples teorías sobre el uso de los colores, pero en el tema de la ropa lo más importante es que la persona se sienta cómoda, **comfortable**, con lo que lleva puesto, **to wear**, y le favorezca, **look good on**.

That dress looks good on you: Ese vestido te favorece.

Anna prefers bright colours: Anna prefiere los colores alegres.

I don't feel comfortable dressing hat: No me siento cómodo llevando sombrero.

Si, finalmente, el cliente decide adquirir la prenda, simplemente dirá: **I'll take it/ them** (Me lo/los llevo).

¿Sabías que...?

En inglés existen muchas expresiones metafóricas que utilizan los colores, muchas de ellas similares al del español. Por ejemplo: **black sheep** es «oveja negra» con el mismo significado que se le da en España, y «estar verde», **to be green**, se refiere a alguien inmaduro o con poca experiencia vital. Otras son muy diferentes, como «sentirse triste», que se dice **to feel blue**. Puedes consultar más expresiones en el siguiente enlace: http://bit.ly/1JKFqwZ.

En general, todas las tiendas y establecimientos, cualesquiera que sea su sector de actividad, tienen algo en común y es la transacción económica. En todas ellas, el cliente paga un dinero, bien por un objeto o por un servicio. A continuación, se muestran una serie de palabras básicas relacionadas con el dinero y el precio dentro de una tienda.

Original	Traducción
Salesperson	Vendedor
Bank note	Billete
Cashier	Cajero
Coin	Moneda
Cash register	Caja registradora
Purse	Monedero
Wallet	Cartera
Counter	Mostrador

Aunque en el apartado de los viajes, ya se han visto algunas formas de preguntar por el coste de una habitación de hotel, a continuación se explicarán las expresiones relacionadas con el precio en inglés.

En primer lugar, hay que decir que, al igual que el español, la lengua inglesa ofrece múltiples formas de preguntar por el precio de un producto o servicio. Aunque la más directa es: **How much is it?** (¿Cuánto cuesta?), también hay otras como **How much does it cost?**, **What's the price of the...?** o **Can/Could/May/Might you tell me the price of the...?** (¿Cuánto cuesta?, ¿Cuál es el precio de...? o ¿Puede/Podría decirme el precio de...?).

How much is the wine?: ¿Cuánto cuesta el vino?

How much is the necklace?: ¿Cuánto cuesta el collar?

How much is the bill?: ¿Cuánto es la cuenta?

What's the price of the bag?: ¿Cuál es el precio del bolso?

Could you tell me the price of this dress?: ¿Podría decirme el precio de este vestido?

Por lo tanto, el pronombre interrogativo que se emplea para preguntar el precio, independientemente de que el objeto acerca del que se pregunta sea singular o plural, es siempre **How much?** (¿Cuánto?).

How much is the book?: ¿Cuánto cuesta el libro?

How much are the slippers?: ¿Cuánto cuestan las zapatillas?

Esto se debe a que en este tipo de oraciones, **much** no se refiere al objeto por el que se pregunta, sino al dinero que cuesta algo. Aunque la palabra **money** no aparezca en la frase, se encuentra de alguna forma en estado subyacente en la mente del hablante. Es decir, que en realidad cuando preguntamos en inglés por el precio de algo, en el fondo lo que queremos decir es: **How much (money) is it?** o **How much (money) does it cost?** (¿Cuánto dinero vale o cuesta?).

Pero, como puede observarse en los ejemplos anteriores, aunque la partícula **How much** no varíe en singular o plural, el verbo sí debe concordar en número con el objeto al que acompaña: **How much is** + singular? o **How much are** + plural?

No obstante, a la hora de responder, el sujeto siempre debe ser **It's**. La estructura, pues, sería la siguiente: **It's** + (cantidad de dinero) + moneda.

How much is the milk? It's two euros: ¿Cuánto cuesta la leche? Dos euros.

How much is the sofa? It's second hundred euros: ¿Cuánto cuesta el sofá? Doscientos euros.

How much are these shoes? It's sixty euros: ¿Cuánto cuestan estos zapatos? Son sesenta euros.

How much are the pencils? It's two euros: ¿Cuánto cuestan los lápices? Son dos euros.

Por tanto, en las dos últimas frases en plural sería incorrecto responder con ***They are sixty euros** o ***They are two euros**.

Al igual que en español, también se puede expresar directamente el precio, omitiendo el **It's**.

Por último, en cuanto a las puntuaciones numéricas, mientras en español se emplea la coma para los decimales, en inglés se usa el punto.

Ejemplo

En inglés se escribe punto para los decimales: **€3.50**. Esta cantidad también puede leerse de diversas formas.

Three fifty: Tres cincuenta.

Three point fifty: Tres con cincuenta.

Three point fifty euros: Tres euros con cincuenta.

Three euros fifty cents: Tres euros con cincuenta céntimos.

Con las expresiones que ya se han estudiado en este apartado y el vocabulario incluido en apartados anteriores, se pueden crear múltiples oraciones para la adquisición de enseres básicos de cocina, para el colegio o el trabajo, en diferentes tiendas especializadas.

Could you show me a good blanket for a double bed?: ¿Podría enseñarme una buena manta para una cama de matrimonio?

I don't like the colour of this folder: No me gusta el color de esta carpeta.

How much is that keyboard?: ¿Cuánto cuesta ese teclado?

En cuanto a las formas de pago, por un lado, conviene destacar las expresiones que suelen ser empleadas por los dependientes.

How are you going to pay?: ¿Cómo va a pagar?

How are you paying?: ¿Cómo va a pagar?

In cash or by card?: ¿En efectivo o con tarjeta?

Are you paying by card/(in) cash?: ¿Va a pagar con tarjeta/en efectivo?

Are you paying together?: ¿Van a pagar todo junto?

Here's your receipt: Aquí tiene su recibo.

We accept all kind of credit cards: Aceptamos todo tipo de tarjetas de crédito.

I'm afraid we don't accept cards: Me temo que no aceptamos tarjetas.

Por otro lado, la lista siguiente muestra las expresiones comúnmente empleadas por la clientela.

I'm paying.../I'm going to pay.../I'll pay...: Voy a pagar.../Pagaré...

I'm paying in cash: Voy a pagar en efectivo.

I'm going to pay by card: Voy a pagar con tarjeta.

We are paying together: Vamos a pagar todo junto.

We are paying separately: Vamos a pagar por separado.

Can/Could I pay cash/in cash?: ¿Puedo pagar en efectivo?

Can/Could I pay by card/credit card/debit card?: ¿Puedo/Podría pagar con tarjeta/tarjeta de crédito/tarjeta de débito?

Can/Could I pay by Visa®?: ¿Puedo pagar con Visa?

Could I pay in pounds?: ¿Puedo pagar en libras?

Do you accept credit card?: ¿Aceptan tarjeta de crédito?

Importante

Las expresiones que hacen referencia al medio de pago utilizan siempre las mismas preposiciones: **in** o **by**.

To pay cash/in cash.

To pay in euros, **pounds**, **dollars**.

To pay by card/by Visa/by credit card.

Tras haber repasado el vocabulario básico relacionado con el dinero y el precio, se pasará a explicar la terminología relacionada con el banco, **bank**. En cuanto a las transacciones bancarias, **transactions**, las principales acciones son sacar dinero, **to withdraw**, ingresar, **to pay in**, y ser efectivo, **to clear**. Otro vocabulario de interés es el que se recoge a continuación.

Original	Traducción
Cash machine	Cajero
Account	Cuenta
Loan	Crédito
Bank card	Tarjeta bancaria
Credit card	Tarjeta de crédito
Debit card	Tarjeta de débito
PIN number	Número pin
Password	Contraseña

Las siguientes expresiones son comunes a la hora de usar el cajero automático, **cash machine**.

Insert your card: Inserte su tarjeta.

Enter your PIN: Introduzca su pin.

Withdraw cash: Sacar dinero.

Other amount: Otra cantidad.

Please wait: Espere por favor.

Out of service: Fuera de servicio.

Además, es imprescindible conocer los términos **enter**, **correct**, **cancel** y **receipt** (aceptar, corregir, cancelar y recibo).

Otros locales en el que se suelen dar situaciones cotidianas y que tienen que ver con la vida social son los locales de restauración como restaurantes, **restaurants**, o bares, **bars**. A continuación, se verán algunas expresiones básicas habituales y el vocabulario fundamental para manejarse en este tipo de establecimientos.

Original	Traducción
Bill (BrE)/Check (AmE)	Cuenta
Menu	Menú, carta
Order	Comanda
Takeaway (BrE)/Takeout (AmE)	Comida para llevar
Food/Meal	Comida
Tip	Propina
Fixed-price menu	Menú de precio fijo
Chef/Cook	Cocinero

En cuanto al menú o carta, hay que decir que su distribución es similar a la de las cartas españolas, pudiendo encontrar menús de diversas categorías. Algunos menús suelen estar distribuidos de la siguiente manera: entrantes o aperitivos, **starters or appetizers**, platos principales, **main courses**, guarnición, **side dish**, postre, **dessert**, y bebidas, **drinks/beverages**.

Otro tipo de distribución posible es siguiendo el orden cronológico de las comidas: **breakfast**, **lunch** y **dinner**.

Otros restaurantes, sin embargo, optan por una distribución por especialidades como puede ser la siguiente: ensaladas, **salads**, sopas, **soups**, pescados y mariscos, **fish and seafood**, carnes, **meats**, y pasta, **pasta**.

En cuanto a las bebidas, se debe saber que en inglés existen dos términos para referirse a las mismas. Por un lado, **drinks**, usado más comúnmente y, por otro, **beverage**, más formal que el primero.

En cuanto al agua, se puede distinguir entre agua mineral, **mineral water**, agua con gas, **sparkling water**, o agua sin gas, **still water**. Otras categorías que se pueden encontrar en el apartado de bebidas son: **soft drinks**, **wines**, **beers**, **juice/squash** (BrE), **coffees** y **teas** (refrescos, vinos, cervezas, zumo, cafés y tés). En inglés, además, se puede elegir entre **orange juice**, **orange squash** y **lemons squash** (zumo de naranja, naranjada y limonada).

¿Sabías que...?

La tradicional hora del té hace que Reino Unido sea uno de los mayores consumidores de té del mundo. El gusto por esta bebida se remonta al siglo XVII, pero se intensificó tras el dominio colonial sobre la India, que se extendió desde mediados del siglo XIX hasta el año 1947.

En cuanto a los productos enlatados, en inglés hay que diferenciar las latas de alimentos, **tin**, de las de bebidas, **can**: **A can of Coke**®, pero **A tin of olives** (Una lata de Coca-Cola, pero Una lata de aceitunas).

Algunos de los verbos más frecuentes en situaciones habituales de un local de restauración son los siguientes: pedir, **to order**, recomendar, **to recommend**, y pedir la cuenta, **to ask for the bill**.

Además, en los bares y restaurantes son frecuentes otras expresiones que se relacionan a continuación, dependiendo de si son más típicas por parte del camarero o del cliente.

En primer lugar, las que usan los empleados de estos establecimientos son las que se muestran a continuación.

Here's the menu: Aquí tiene el menú.

Are you ready to order?: ¿Sabe ya lo que va a pedir?

Can I bring you the menu?: ¿Puedo traerle el menú?

How would you like your meat?: ¿Cómo le gustaría la carne?

Enjoy your meal: Buen provecho.

I recommend you the.../I recommend you to have...: Le recomiendo el/la.../Le recomiendo tomar...

How would you like your meat?: ¿Cómo quiere/le gustaría la carne?

Can I have your coat?: ¿Me permite su abrigo?

Shall I get your coat?: ¿Le alcanzo su abrigo?

Here's the bill: Aquí tiene la cuenta.

Would you prefer to sit inside/indoors or on the terrace?: ¿Prefiere sentarse dentro o en la terraza?

En cuanto a la preparación de la carne, conviene dominar las siguientes expresiones: poco hecha, **rare**, al punto/medio hecha, **medium rare**, y muy hecha, **well done**.

En segundo lugar, las que siguen a continuación son las expresiones más frecuentes por parte de los clientes.

Can/Could I have the menu, please?: ¿Puede/Podría traerme el menú, por favor?

Can/Could I have the bill?: ¿Puede/Podría traerme la cuenta?

Could you bring me the bill/the menu, please?: ¿Podría traerme la cuenta/el menú, por favor?

What do you recommend me?: ¿Qué me recomienda?

What's this dish?: ¿Qué es este plato?

Al igual que el verbo «reservar» en inglés puede expresarse de diversas formas, la expresión «reservar una mesa» también presenta varias posibilidades: **to book** o **to reserve a table**.

> **?? ¿Sabías que...?**
>
> **To split the bill/To share the bill** (Dividir o pagar a medias/Compartir la cuenta) son expresiones comunes en el ámbito de la restauración.

Otras expresiones relacionadas con la reserva de mesas en un restaurante son las siguientes.

Do you have a reservation/a booking?: ¿Tiene reserva?

I have a booking/reservation: Tengo una reserva.

Under the name of...: A nombre de...

I'd like to make a reservation/to book a table: Me gustaría hacer una reserva/reservar una mesa.

Do you have any free tables?: ¿Tiene alguna mesa libre?

A table for (two): Una mesa para (dos).

I'd like a table by the window: Quisiera una mesa junto a la ventana.

Para preguntarle al cliente en qué zona prefiere la mesa (fumadores o no), se puede utilizar directamente la expresión: **Smoking or non smoking?** (¿Fumadores o no fumadores?), o, si se prefiere, emplear la siguiente estructura: **Would you prefer smoking or non smoking area?** (¿Prefiere la zona de fumadores o no fumadores?).

A continuación, se muestra un ejemplo de diálogo en el restaurante, entre cliente y camarero.

Original	Traducción
Waiter: Hello, my name is Richard and I'll be your waiter this evening. Can I have your coat?	Camarero: Hola, me llamo Richard y seré su camarero esta noche. ¿Me permite su abrigo?
Customer: Oh, that's very kind of you.	Cliente: Oh, es muy amable.
Waiter: What would you like to drink?	Camarero: ¿Qué le gustaría tomar?
Customer: I'd like a Coke, please.	Cliente: Una Coca-Cola, por favor.
Waiter: Are you ready to order your food?	Camarero: ¿Sabe ya lo que va a pedir para comer?
Customer: Not sure. May I have the menu first, please?	Cliente: No estoy seguro. ¿Puedo ver la carta primero, por favor?
Waiter: Certainly, sir. I'll give you a couple of minutes.	Camarero: Claro, señor. Le dejaré un par de minutos.
(Later)	(Más tarde)
Customer: Excuse me.	Cliente: Disculpe.
Waiter: Yes, sir?	Camarero: ¿Sí, señor?
Customer: I'd like to have the sirloin steak and the tuna salad.	Cliente: Me gustaría tomar el solomillo y la ensalada de atún.
Waiter: Sure. How would you like your steak, sir?	Camarero: Claro. ¿Cómo quiere la carne, señor?
Customer: I'd like it well done, please.	Cliente: La quiero bien hecha, por favor.
Waiter: No problem. Anything else?	Camarero: No hay problema. ¿Algo más?
Customer: That's fine, thanks.	Cliente: Está bien así, gracias.
Waiter: OK. Your order will be ready in ten minutes.	Camarero: De acuerdo. Su comanda estará lista en diez minutos.
(Later)	(Más tarde)
Waiter: Was everything to your satisfaction, sir?	Camarero: ¿Estaba todo de su gusto, señor?
Customer: Yes, it was delicious.	Cliente: Sí, estaba delicioso.
Waiter: Can I offer you a coffee?	Camarero: ¿Puedo ofrecerle un café?
Customer: That's fine. Could I have the bill too, please?	Cliente: Está bien. ¿Podría traerme también la cuenta, por favor?
Waiter: Sure. I'll be back right now.	Camarero: Claro. Vuelvo enseguida.
Waiter: Here you are the bill, sir. Shall I take your coat?	Camarero: Aquí tiene la cuenta, señor. ¿Le alcanzo su abrigo?
Customer: Yes, please. Here you are. Keep the change.	Cliente: Sí, por favor. Aquí tiene. Quédese el cambio.
Waiter: Thank you, sir. Do come back again.	Camarero: Gracias, señor. Vuelva de nuevo.
Customer: I'll do it. Goodbye.	Cliente: Lo haré. Adiós.

Llegados a este punto conviene recalcar que el inglés hace mayor uso de las expresiones de cortesía (disculpe, **excuse me**, por favor, señor y señora, **please**, **sir and madam**), que el español, por lo que no debe resultar extraño si se usan repetidamente dentro de un diálogo.

Alimentación 1.2.12

En este apartado el tema sobre el que versarán los contenidos es el de la alimentación. Por lo tanto, se ampliará el vocabulario relacionado con los principales tipos de comida y bebida, así como los platos típicos más comunes. Asimismo, se estudiará también la terminología relacionada con los menús y locales de comidas y bebidas, entre otros.

Se empezará este tema detallando los principales tipos de comida y bebidas, **food and beverages**. En cuanto a la comida, conviene distinguir entre los términos **food** y **meal**, ya que ambos significan «comida» en español, aunque presentan diferencias. Mientras que **food** hace referencia a la comida o a los alimentos en general, hace referencia a la ocasión o momento del día en el que se ingiere esa comida o alimento que en inglés recibe el nombre de **food**. **Meal** también puede referirse a la comida que se come en un momento concreto.

We usually have three meals: **breakfast**, **lunch and dinner**: Normalmente hacemos tres comidas: desayuno, almuerzo y cena.

This meal includes soup, salad and dessert: Esta comida incluye sopa, ensalada y postre.

Consulta

Puedes averiguar qué consideran en Reino Unido un desayuno completo, **full breakfast**, en el siguiente enlace: http://bit.ly/1A3obvA.

I've ordered the food, but I haven't ordered the drink yet: He pedido la comida, pero no he pedido la bebida aún.

Music is food for the soul: La música es el alimento del alma.

El vocabulario relacionado con la comida se presenta a continuación en diferentes categorías.

Vegetables	Fruit	Meat	Fish and seafood
Aubergine (Berenjena)	Apple (Manzana)	Bacon (Beicon, panceta)	Angler fish (Rape)
Cabbage (Col, repollo)	Apricot (Albaricoque)	Beef (Carne de vaca)	Clams (Almejas)
Carrot (Zanahoria)	Avocado (Aguacate)	Chicken (Pollo)	Crayfish (Cigala)
Cauliflower (Coliflor)	Banana (Plátano)	Chop (Chuleta)	Cuttlefish (Sepia)
Courgette (Calabacín)	Cherry (Cereza)	Cooked ham (Jamón cocido)	Cod (Bacalao)
Cucumber (Pepino)	Coconut (Coco)	Duck (Pato)	Gilthead (Dorada)
Garlic (Ajo)	Fig (Higo)	Ham (Jamón)	Hake (Merluza)
Green bean (Judía verde)	Grape (Uva)	Hamburger (Hamburguesa)	Lobster (Langosta)
Leek (Puerro)	Lemon (Limón)	Lamb (Cordero)	Mackerel (Caballa)
Lettuce (Lechuga)	Medlar (Níspero)	Liver (Hígado)	Mussels (Mejillones)
Mushrooms (Champiñones)	Melon (Melón)	Meat balls (Albóndigas)	Oyster (Ostra)
Onion (Cebolla)	Nectarine (Nectarina)	Mutton (Carne de carnero)	Prawn (Gamba, langostino)
Peas (Guisantes)	Orange (Naranja)	Pork (Carne de cerdo)	Salmon (Salmón)
Pepper (Pimiento)	Peach (Melocotón)	Roast (Asado)	Sardine (Sardina)
Potato (Patata)	Pear (Pera)	Sausage (Salchicha)	Shrimp (Camarón)
Pumpkin (Calabaza)	Pineapple (Piña)	Sirloin steak (Filete de solomillo)	Squid (Calamar)
Radish (Rábano)	Pomegranate (Granada)	Turkey (Pavo)	Trout (Trucha)
Tomato (Tomate)	Watermelon (Sandía)	Veal (Carne de ternera)	Tuna (Atún)

Las frutas de agua se forman con el sufijo **–melon**: **melon** y **watermelon** (melón y sandía). También hay algunas frutas, como el mango, la papaya o el kiwi, que se escriben igual en inglés que en español. Además, dentro de las frutas, conviene dedicar un apartado al grupo de las **berries**, que son el conjunto de frutas del bosque o bayas y que se caracterizan por terminar precisamente en **-berry**. Su forma plural se obtiene cambiando la **-y** por **-i** y añadiendo **-es**, es decir, **-berries**: arándano, **blueberry**, mora, **blackberry**, frambuesa, **raspberry**, o fresa, **strawberry**, son algunos ejemplos. En cuanto a la familia de los frutos secos, **nuts**, cabe destacar los siguientes: nueces, **walnuts**, castañas, **chestnuts**, avellanas, **hazelnuts**, anacardos, **cashew nuts**, y piñones, **pine nuts**.

El adjetivo que se utiliza en inglés para los derivados lácteos es **dairy**. A continuación, se muestran los términos que se corresponden con los principales productos lácteos, **dairy products**.

Original	Traducción
Milk	Leche
Butter	Mantequilla
Cream	Nata
Cheese	Queso
Eggs	Huevos
Margarine	Margarina
Yoghurt	Yogur

Algunos verbos relacionados con la forma de cocinar son: hervir/cocer, **boil**, freír, **fry**, asar a la parrilla, **grill**, asar en el horno con aceite, **roast**, y hornear/asar pero sin aceite, **bake**. Los verbos anteriores también pueden aparecer en función de adjetivo, terminados en **-ed**.

Boiled potatoes: Patatas cocidas, hervidas.

Fried potatoes: Patatas fritas.

Grilled chicken: Pollo a la parrilla.

Roast/roasted beef: Carne asada.

Baked potato: Patata asada

Algunos de los adjetivos para describir la comida son: sabroso, **tasty**, soso/desabrido, **bland**, dulce, **sweet**, salado, **salty**, fresco, **fresh**, tierno, **tender**, sabroso/rico/delicioso, **yummy** o **delicious**, crujiente, **crispy**, grasiento, **fatty**, y agrio, **sour**.

Algunos ingredientes que sirven para aderezar o dar sabor a la comida son el aceite, **oil**; el vinagre, **vinegar**; la sal, **salt**; y el azúcar, **sugar**. A la ensalada, **salad**, se le suele añadir una vinagreta, **vinaigrette**. En cuanto a la pimienta, **pepper**, se puede distinguir entre: pimienta negra, **black pepper**, pimienta blanca, **white pepper**, y pimienta verde, **green pepper**. Las salsas, **sauces**, más habituales son: mayonesa, **mayonnaise/mayo**, mostaza, **mustard**, salsa de soja, **soy/soya sauce**, salsa de tomate, **tomato sauce**, salsa tártara, **tartar sauce**, *kétchup*, **kétchup/cátsup**, y salsa espesa/jugo de carne, **gravy**.

Aunque en el apartado anterior ya se han estudiado los principales tipos de bebidas que pueden encontrarse en una carta o menú, se tratarán ahora más términos de bebidas que pueden dividirse en dos grandes categorías: bebidas alcohólicas, **alcoholic drinks**, y bebidas sin alcohol, **non-alcoholic drinks**.

Non-alcoholic drinks	Alcoholic drinks
Coffee (Café)	Beer (Cerveza)
Decaffeinated coffee (Descafeinado)	Brandy *(Brandy)*
Espresso coffee (Expreso)	Champagne (Champán)
Fruit juice (Zumo de frutas)	Cider (Sidra)
Hot chocolate (Chocolate caliente)	Cocktail (Cóctel)
Iced/Green tea (Té helado/verde)	Gin (Ginebra)
Lemonade (Limonada)	Liqueur (Licor)
Milk (Leche)	Rum (Ron)
Milkshake (Batido)	Sherry (Jerez)
Tea (Té)	Vodka (Vodka)
Tonic water (Tónica)	Whisky *(Whisky)*
White/Black coffee (Café con leche/solo)	Wine (Vino)

Con respecto a los vinos, en una carta de vinos, **wine list**, se podrían encontrar, entre otros: vino blanco, **white wine**, vino tinto, **red wine**, vino rosado, **rosé wine**, uoporto, **port**. En cuanto a los tipos de cerveza, conviene destacar los siguientes: cerveza negra, **stout**, cerveza con limón, **shandy**, cerveza de elaboración artesanal, **real ale**, cerveza rubia, **lager**, cerveza de barril, **draught beer**, y cerveza amarga, **bitter** (BrE).

A la hora de pedir los postres, desserts, en los países anglosajones los más comunes son los siguientes: pastel de manzana, apple pie, pastel de calabaza, **pumpkin pie**, tarta de queso, **cheesecake**, y arroz con leche, **rice pudding**. Otro dulce muy habitual, que suele acompañar al desayuno, son las tortitas, **pancakes**.

En cuanto a las galletas, el término que se usa en BrE es **biscuits**, mientras que en el AmE se emplea más **cookies**. Lo mismo ocurre con la palabra mermelada, que se dice **jam** en BrE y **jelly** e AmE. El término **marmalade**, por su parte, se utiliza comúnmente en el BrE para las mermeladas hechas con frutas cítricas.

Aunque la cocina tradicional británica no es muy conocida, más bien lo que más se conoce de ella es la influencia internacional, hay que decir que existe una amplia variedad de deliciosos platos típicos, **typical dishes**.

Uno de los platos más populares en Reino Unido es el **Sunday roast**, también llamado **Sunday dinner**, **Sunday lunch**, **roast dinner** o **Sunday joint**. Este plato consiste en carne asada acompañada de patatas asadas o puré de patatas, verduras y salsa. También es habitual incluir **Yorkshire pudding**, que es un tipo de pan.

Las **baked** o **jacket potatoes** son un tipo de patatas asadas muy famosas y frecuentes en los puestos de las calles. La patata se hornea hasta que la piel queda crujiente, se parte por la mitad y en medio se añaden diferentes rellenos como atún con mayonesa, queso, alubias, ensalada de col, etc.

Importante

A la hora de hablar de la carne de animales, hay que tener en cuenta que algunos distinguen entre el nombre del animal y el de su carne cuando es para comer, como vaca y cerdo. Por ejemplo, **cow** se refiere a la vaca como animal, mientras que **beef** o **veal** hace referencia a la carne de vaca, y sería el término que se utilizaría al hablar de la carne como comida. Lo mismo ocurre con los términos **pig** y **pork**. Mientras que **pig** designa al cerdo como animal, **pork** se refiere a su carne, de ahí que se diga **pork chop** (chuleta de cerdo). Otros términos como **duck** o **turkey** se emplean tanto para referirse al animal como a su carne.

Importante

Hay que considerar que aunque **yummy** y **delicious** tengan el mismo significado, el primero es bastante más coloquial que el segundo.

Consulta

Puedes conocer más postres en inglés con su traducción al español en el siguiente enlace: http://bit.ly/1BlAWJf.

¿Sabías que...?

Los nombres que corresponden a platos típicos de una región (paella, gazpacho, cuscús, etc.) no deben traducirse. En una carta o menú de un restaurante, lo más correcto sería dejar el nombre original entre comillas o letra cursiva y explicar entre paréntesis en qué consiste el plato o los ingredientes que lleva.

«**Gazpacho**» **(cold tomato soup)**: Gazpacho (sopa de tomate fría).

Paella **(typical Spanish dish made of rice and seafood)**: Paella (plato típico español que consiste en arroz y marisco).

En relación a los platos típicos también son frecuentes las siguientes expresiones.

What's *mojo*?: ¿Qué es el mojo?

Can/Could you tell me what *couscous* is made of?: ¿Puede/Podría decirme de qué está hecho el cuscús?

Consulta

En el siguiente enlace puedes leer un interesante reportaje sobre los platos típicos del Reino Unido, y además te recomiendan algunos restaurantes para poder degustarlos si viajas a Londres: http://bit.ly/1Ckcjas.

Para hablar de comida y hábitos saludables, **food and healthy habits**, es conveniente conocer en qué consiste una pirámide alimenticia, **healthy eating pyramid**. En ella se representan los principales grupos de comida. El ejemplo que se incluye a continuación describe los grupos de la misma en inglés.

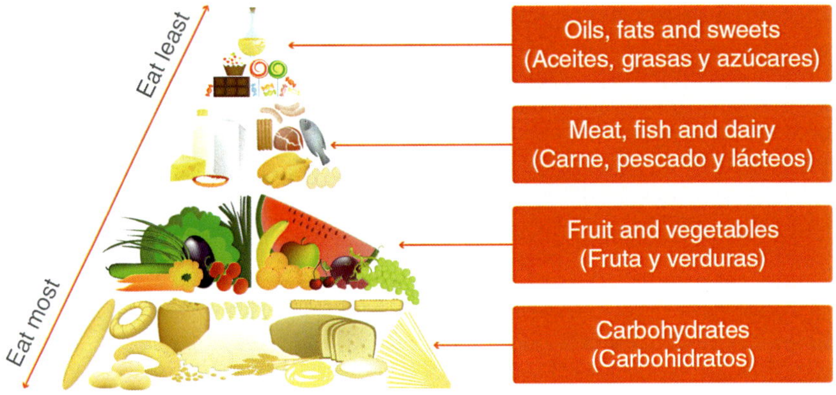

En el grupo de los carbohidratos se incluye: arroz, **rice**, pan, **bread**, patatas, **potatoes**, pasta, **pasta**, cereales, **cereals**, etc. Los carbohidratos nos dan energía, **energy**. Las frutas y verduras tienen muchas vitaminas, **vitamins**, y minerales, **minerals**. El grupo de carne, pescado y lácteos es importante porque contiene alimentos que aportan proteínas, **proteins**, y grasas, además de calcio, **calcium**.

Importante

La expresión **to be made of** significa «estar hecho de» o «consistir en». Normalmente, en este tipo de situaciones, iría seguida del nombre de los ingredientes. Se puede usar, por lo tanto, para explicar los ingredientes de un plato.

It's made of meat: Está hecho de carne.

This dish is made of rice, eggs and vegetables: Este plato consiste en arroz, huevos y verduras.

Para preguntar por los hábitos alimenticios o, directamente, por la frecuencia con la que se consume un determinado grupo de alimentos, se podrían utilizar las siguientes expresiones.

How often do you eat carbohydrates?: ¿Con qué frecuencia consumes carbohidratos?

How often do you eat fats?: ¿Con qué frecuencia consumes grasas?

De la misma forma, se usan el presente simple y los adverbios de frecuencia o expresiones de tiempo para hablar de los hábitos alimenticios.

Para evitar tener que estar a dieta, **to be on diet**, podemos seguir los consejos, **tips**, que aparecen a continuación.

- **Take at leat five portions of fruit and vegetables a day** (Toma al menos cinco raciones de fruta y verdura al día).
- **Start your day with a healthy breakfast** (Empieza el día con un desayuno saludable).
- **Eat fish and meat from time to time** (Come pescado y carne de vez en cuando).
- **Don't eat too much from the group of oils, fats and sweets** (No comas demasiado del grupo de aceites, grasas y azúcares).
- **Don't eat too much junk food** (No comas demasiada comida rápida).

Para la comida rápida en inglés, hay dos términos posibles: **junk food** o **fast food**.

A la hora de comer o beber algo, se pueden escoger diferentes locales, como restaurante de comida rápida, **fast-food restaurant**, restaurante de autoservicio, **self-service restaurant**, o bar o *pub*, **bar** o **pub**).

Bienes y servicios 1.2.13.

Este apartado trata de ampliar las expresiones relacionadas con los bienes y servicios generales de una ciudad: transporte, policía, Correos, teléfonos públicos, centros hospitalarios, oficinas de información turística, talleres mecánicos y estaciones de servicio.

En cuanto a los medios de transporte, cabe destacar el siguiente vocabulario.

Original	Traducción
Bus stop/station	Parada de autobús/Estación de autobús
Subway station	Estación de metro
Train station	Estación de tren
Railway station	Estación de ferrocarril
Subway entrance	Entrada de metro

Para preguntar por la siguiente parada, cuando ya se está dentro del transporte, se diría: **What is the next stop?** (¿Cuál es la siguiente parada?). Otra expresión útil, en este caso, es **I get off here** (Me bajo aquí). Otros términos relacionados son transbordo, **transfer**, pase, **pass**, y tarifa, **fare**.

Para localizar el taxi, el autobús, el metro, o la parada o estación más cercana, pueden usarse las siguientes oraciones.

I need to take a taxi/a cab/the bus/the subway: Necesito coger un taxi/el autobús/el metro.

Is there a bus stop/subway station around here?: ¿Hay alguna parada de autobús/estación de metro por aquí?

Is there a subway entrance nearby?: ¿Hay alguna entrada de metro cerca?

A continuación se presentan otras expresiones que pueden ser útiles a la hora de utilizar el servicio de taxi.

Please, take me to the airport: Por favor, lléveme al aeropuerto.

I need to go as quick as possible: Necesito llegar lo antes posible.

Do you mind if I open the window?: ¿Le importa si abro la ventana?

El metro de Londres se inauguró en el año 1863 y posee unos cuatrocientos kilómetros de vías

El metro de Nueva York se inauguró en el año 1904 y cuenta con más de mil kilómetros de vías

En la comisaría podría resultar útil el siguiente vocabulario, relacionado con el cuerpo de Policía, **Police force**.

¿Sabías que...?

El **fish and chips**, o coloquialmente conocido como **fish'n'chips**, es el plato por excelencia en los restaurantes de comida rápida de Reino Unido. Como su nombre indica, el plato consiste en pescado frito, que puede ser de distintos tipos, como lenguado, bacalao o merluza, y patatas fritas.

Este plato ha extendido su popularidad a otros países como Dinamarca, donde los filetes de pescado se han convertido en una comida muy recurrida. En Escocia, es común referirse a él como **fish supper**.

¿Sabías que...?

En Reino Unido se forma una fila en las paradas del autobús para subir en el orden en que se ha llegado a la parada.

Original	Traducción
Police officer	Policía
Superintendent/Inspector (BrE)/ Commissioner (AmE)	Comisario
Police car	Coche de policía
Patrol car	Coche patrulla
Police headquarters	Cuartel de policía
Handgun/Pistol	Pistola
Police chief	Jefe de policía
Traffic police	Tráfico
Municipal police	Policía local
Military police	Policía militar
State police	Policía nacional
Secret agent	Agente secreto

El cuerpo de Policía lucha contra contrabandistas, **smugglers**; ladrones, **robbers/ thieves**; ladrones de casas, **burglars**; o ladrones de tiendas, **shoplifters**. Estos llevan a cabo atracos, **muggings**, y cometen diferentes crímenes o delitos, **crimes**. Si el delito es muy grave se habla de **felony**. Los policías también se encargan de redactar informes, **report forms**, y, en el caso particular de los agentes encargados de dirigir el tráfico pueden imponer multas de tráfico, **traffic fines**.

Algunos verbos, en inglés, relacionados con acciones que pueden llevarse a cabo en una comisaría son: detener/arrestar, **to arrest**, confesar, **to confess**, confesarse culpable, **to plead guilty**, multar, **to fine**, o interrogar, **to interrogate**. Otras expresiones relacionadas con las fuerzas de seguridad son las que se incluyen en las siguientes oraciones.

Please, call the police: Por favor, llame a la policía.

What's going on?: ¿Qué sucede?

Are you injured?: ¿Estás herido?

Hands over your head!: ¡Manos a la cabeza!

The police stopped me: Me paró la policía.

Give me your passport, please: Deme su pasaporte, por favor.

Insurance certificate: Certificado del seguro.

En la oficina de Correos es necesario conocer el siguiente vocabulario básico.

Original	Traducción
Send	Enviar
Stamp	Sello
Mailbox	Buzón
Letter	Carta
Money order	Giro postal
Zip-code	Código postal
Package	Paquete

Las expresiones comúnmente utilizadas en la oficina de Correos son, entre otras, las que se relacionan a continuación.

Is there any mail for me?: ¿Hay correspondencia para mí?

I want to register this letter: Quiero certificar esta carta.

Could you weigh this package for me, please: ¿Podría pesarme este paquete, por favor?

How long does it take to...?: ¿Cuánto tarda en llegar a...?

Otro tipo de servicio público que no se trató en la sección de la ciudad, pero que igualmente serviría para llamar o localizar un taxi, por ejemplo, es la cabina telefónica, **telephone box/phone box** (BrE) y **telephone booth/phone booth** (AmE).

En el hospital se debe conocer el vocabulario básico que permita expresar cuáles son los dolores que sufre el paciente y a dónde debe dirigirse.

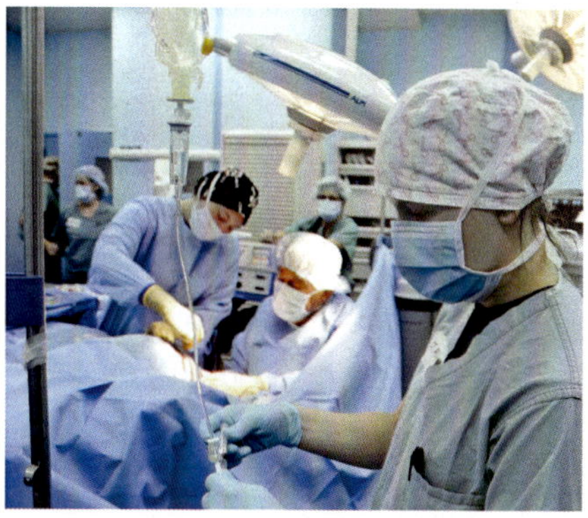

Original	Traducción
Emergency	Urgencias
Blood test	Análisis de sangre
Prescription	Receta
Medical consultation	Consulta médica
Treatment	Tratamiento
Antibiotics	Antibióticos
Appointment	Cita
x ray unit	Unidad de rayos x
Check up	Revisión
Insurance	Seguro
Headache	Dolor de cabeza
Stomach ache	Dolor de estómago
Sore throat	Dolor de garganta
Fever	Fiebre
Diarrhea	Diarrea
Dizzy/Nauseous	Mareado
Cramps	Calambres
Diabetic	Diabético

Algunas expresiones útiles en el hospital, **useful expressions at the hospital**, para hablar de síntomas o del estado del enfermo son las siguientes.

I am sick: Estoy enfermo.

I feel sick: Estoy mareado.

It hurts here: Me duele aquí.

How do you feel?: ¿Cómo te sientes?

I don't feel well: No me siento bien.

I need a doctor: Necesito un médico.

Call an ambulance: Llame a una ambulancia.

I have a headache: Me duele la cabeza.

I have a stomach ache: Me duele el estómago.

I have a sore throat: Me duele la garganta.

I have fever: Tengo fiebre.

I feel dizzy/nauseous: Me siento mareado/Tengo náuseas.

I am diabetic: Soy diabético.

La expresión **to be allergic to** se utiliza para expresar que se es alérgico a algo: **I'm allergic to nuts** (Soy alérgico a los frutos secos).

Algunos verbos relacionados con el ámbito de la salud, y que pueden resultar útiles a la hora de acudir a un hospital son: doler, **hurt**, vomitar, **vomit**, caerse, **fall**, romper/romperse, **break**, y asfixiarse/ahogarse, **choke**.

Ejemplo

Si quisiéramos acudir a una oficina de información turística podríamos realizar la siguiente pregunta.

Where is the nearest information office?: ¿Dónde está la oficina de información turística más cercana?

Otro servicio muy recurrido cuando se está de visita en un país extranjero es la oficina de información turística, **Turist Information Office**. En este tipo de servicios, los objetos que más se suelen adquirir son mapas, **maps**, y recuerdos o *souvenirs,* **souvenirs**. Además, se puede preguntar por un lugar en concreto.

Where is the...?: ¿Dónde está...?

Could you tell me where is the...?: ¿Podría decirme dónde está el...?

Para completar este apartado sobre los bienes y servicios, también es necesario conocer algunas expresiones útiles para cuando se acude a un taller mecánico y a una estación de servicio.

A los talleres mecánicos, **garage/repair shop**, se acude cuando es necesario arreglar algo, **to repair something**. Lo más habitual es acudir, por ejemplo, con un coche u otro vehículo para comprobar el nivel de aceite, **oil level**; realizar el cambio de aceite, **oil change**; hacer una puesta a punto del motor, **engine set-up**; o revisar el estado de los frenos, **condition of the brakes**. Este tipo de establecimientos están regentados por un mecánico, **mechanic**, y otros trabajadores especializados, por ejemplo, en chapa y pintura, **bodywork and painting**.

A una estación de servicio, **service station**, se acude con el coche para repostar, **refuel** o **fill up**. Es importante especificar si el vehículo utiliza gasoil, **diesel oil**, o gasolina, **petrol** (BrE)/**gasoline/gas** (AmE). Será necesario darle al empleado de la estación del servicio la llave del coche, **car key**, para que este pueda abrir el tapón y llenar el depósito, **tank**, con el combustible, **fuel**, adecuado. En la mayoría de estos establecimientos también es posible comprar algo de comida o lavar el coche en el túnel de lavado, **car wash tunnel/train-wash tunnel**.

1.2.14. Lengua y comunicación

En este apartado se ampliará el vocabulario relacionado con los idiomas y con las TIC (Tecnologías de la Información y la Comunicación). De forma adicional, se analizará el lugar que ocupa actualmente el inglés en el mundo.

Si en el primer apartado se citaban los nombres de algunos países y sus gentilicios, ahora se estudiará el vocabulario relacionado con los idiomas que se hablan en ellos.

Original	Traducción
Spanish	Español
English	Inglés
German	Alemán
Dutch	Holandés
French	Francés
Italian	Italiano
Chinese	Chino
Japanese	Japonés
Danish	Danés
Swedish	Sueco
Arabic	Árabe
Greek	Griego
Finnish	Finlandés
Russian	Ruso
Estonian	Estonio
Welsh	Galés
Scots	Escocés

Importante

Como se ha visto a lo largo de esta unidad centrada en aspectos léxicos y semánticos del inglés, en ocasiones existen diferencias entre el inglés británico, hablado en Reino Unido, y el inglés americano, variante del inglés que se habla en Norteamérica.

Conviene saber que los nombres de los idiomas en inglés siempre se escriben con mayúscula, al contrario que en español.

Hoy en día, es indudable que el inglés se ha posicionado con ventaja frente a otros idiomas. Si bien no está tan extendido por el número de hablantes nativos, su importancia mundial se debe, sobre todo, a que se ha consignado como lengua de comunicación internacional.

Por un lado, saber inglés no es solo útil por aspectos personales o turísticos, sino que además se ha convertido en un conocimiento indispensable dentro del mundo de los negocios. Por otro lado, hay que decir que en el campo de las TIC, **Information and Communication Technologies**, el español, al igual que otros idiomas, cuenta con muchos términos que mantienen la voz inglesa, como **hardware**, **software**, **email**, etc.

En el siguiente mapa se destacan en azul oscuro los países en los que el inglés es el idioma nacional o la lengua nativa de la mayoría de sus habitantes; en los países en azul claro el inglés es idioma oficial, pero no mayoritario.

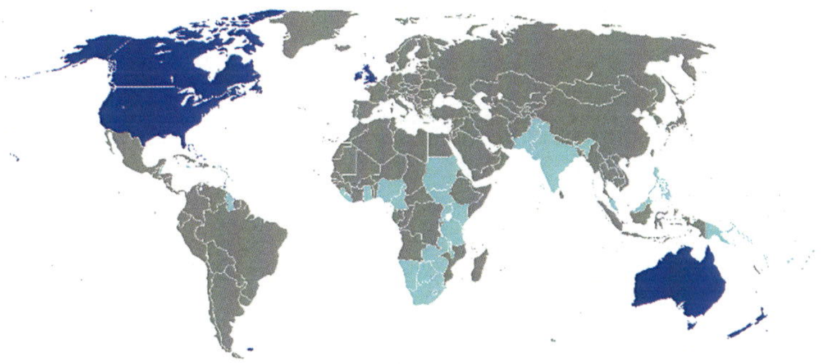

¿Sabías que...?

Con el proceso de globalización económica también se está llevando a cabo un mayor intercambio lingüístico, que provoca que en los últimos años se incluyan cada vez más términos de origen anglosajón cuando se habla en español. Este fenómeno se da de manera más notable cuando se necesita definir realidades relacionadas con el mundo de la tecnología y las redes sociales.

Ciencia y tecnología 1.2.15

La terminología relacionada con la ciencia y la tecnología abarca diferentes ámbitos, entre los que se van a destacar la telefonía, la televisión y la informática, prestando especial atención a aquellos aspectos relacionados con la comunicación e Internet.

Para empezar, a continuación se incluyen algunos vocablos relacionados con la telefonía: telefonía fija, **land line**, telefonía móvil, **cellular phone**, telefonía pública, **public phone**, llamada, **called**, mensaje de voz, **voice message**, y mensaje de texto, **text message**.

En cuanto a la televisión cabe destacar que es preciso instalar correctamente la antena, **antenna**, para recibir bien la señal, **signal**. Otra opción es contratrar televisión por cable, **cable TV**.

A continuación, se citan los términos relacionados con el **hardware**, por un lado, y el **software**, por otro.

Hardware		Software	
Original	**Traducción**	**Original**	**Traducción**
Keyboard	Teclado	Application/App	Programa, aplicación
Monitor	Monitor	Database	Base de datos
Scanner	Escáner	Firewall	Cortafuegos, firewall
Webcam	Cámara web	Music player	Reproductor de música
Speakers	Altavoces	Operating system	Sistema operativo
Mobile (BrE)/Cell phone (AmE)	Teléfono móvil	Spreadsheet	Hoja de cálculo
Mouse	Ratón	Word processor	Procesador de texto

Relacionado con los ordenadores se pueden citar los siguientes vocablos: teclado, **keyboard**, lector de CD/DVD, **CD/DVD drive**, monitor, **monitor**, ratón, **mouse**, botón de encendido, **power button**, pantalla, **screen**, torre, **tower**, cable, **wire/cable**, y ordenador portátil, **laptop computer**. Dentro del teclado se encuentran diferentes teclas o botones, la barra espaciadora, **space bar**, y la tecla de suprimir, **delete key**.

¿Sabías que...?

De la palabra **wire** (cable) proviene **wireless** (literalmente, menos cables, sin cables), que es la manera más habitual para conectarse hoy en día a Internet.

El verbo que se emplea para pulsar o apretar las teclas es **to press**, como en la oración **To delete something**, **press the delete key** (Para suprimir algo, pulsa la tecla suprimir).

Las siguientes palabras estarían relacionadas con el ratón: puntero, **pointer**, botón derecho, **right button**, botón izquierdo, **left button**, palanca de mando/ *joystick*, **joystick**, y rueda, **wheel**. Con este aparato, además, se pueden realizar diferentes acciones, como mover el ratón, **move the mouse**, o hacer click (en algo) con el ratón, **click on (something) with the mouse**.

Algunos verbos relacionados con los términos anteriores son los siguientes.

Recharge the battery: Recargar la batería.

Dial a number on the telephone: Marcar un número en el teléfono.

Print out: Imprimir.

Send/Receive a fax or an email: Enviar/Recibir un fax o un correo electrónico.

Give a presentation: Dar una presentación.

A continuación se incluyen algunos de los verbos más comunes relacionados con la informática e Internet.

Original	Traducción
Boot	Arrancar, encender
Cut and paste	Copiar y pegar
Download	Descargar
Install/Uninstall	Instalar/Desinstalar
Open	Abrir
Resize	Redimensionar
Save	Guardar
Save as	Guardar como
Launch	Abrir, iniciar
Search	Buscar
Use	Usar
Type texts	Escribir textos
Store data	Almacenar información
Surf the internet	Navegar en Internet
Visit a website	Visitar una página o sitio web
Create a blog	Crear un blog
Chat	Chatear

Otras palabras relacionadas con el uso de Internet son: blog, **blog**, página o sitio web, **website**, red, **network** y redes sociales, **social networks**.

Otros términos relacionados con la comunicación son los relacionados con la prensa, como revista, **magazine**, o periódico, **newspaper**. Además, para comunicarse también se pueden usar métodos digitales como el correo electrónico o la videoconferencia, **video conference**. Para esta última será de gran utilidad contar con un micrófono, **microphone**, en el ordenador. También se puede recurrir a métodos más clásicos como la carta.

Clima, condiciones atmosféricas y medioambiente 1.2.16.

Para terminar este segundo epígrafe dedicado al vocabulario, se tocará el tema del tiempo metereológico y el medioambiente. Se empezará mencionado el vocabulario relacionado con las estaciones y condiciones atmosféricas, así como algunos vocablos que designan fenómenos naturales.

Season es el término inglés equivalente a «estación» como temporada. Los nombres de las cuatro estaciones en inglés son: primavera, **spring**, verano, **summer**, otoño, **autumn**, e invierno, **winter**. El otoño en AmE también se conoce como **fall**.

En inglés, hay que distinguir entre el tiempo como medida de duración, **time**, del tiempo metereológico, **weather**. Por lo tanto, para preguntar qué tiempo hace, se dice: **What's the weather like?**, mientras que para preguntar por la temperatura, se diría: **What's the temperature?** Esta se expresa con grados, **degrees: It's 23 degrees** (Hay 23 grados).

Los términos relacionados con las principales condiciones y fenómenos atmosféricos son: frío, **cold**, y calor, **hot**. Así, para expresar estas sensaciones se diría: Hace frío, **It's cold**, y Hace calor, **It's hot**. Además, se puede decir: Hace mucho frío/calor, **It's very cold/very hot**, Hace demasiado frío/calor, **It's too cold/hot**, y No hace mucho frío/calor, **It's not too cold/hot**. Otras expresiones son: un frío de muerte, **freezing cold**, y un calor horrible, **baking hot**.

Los términos generales sobre el clima son: sol, **sun**, nube, **cloud**, soleado, **sunny**, nublado, **cloudy**, viento, **wind**, lluvia, **rain**, y nieve, **snow**. Todas estas palabras son habituales, por ejemplo, cuando se escucha un pronóstico del tiempo, **weather forecast**.

El principal vocabulario sobre las condiciones atmosféricas se recoge en la siguiente tabla.

Ejemplo

A continuación se citan las expresiones más empleadas para hacer referencia al tiempo.

It's sunny: Hace sol, está soleado.
It's cloudy: Está nublado.
It's windy: Hace viento.
It's raining: Está lloviendo.
It's snowing: Está nevando.
It's foggy today: Hay niebla hoy.
Rainy day: Día lluvioso.

¿Sabías que...?

Existen múltiples leyendas asociadas a la aparición del arcoíris, **rainbow**. En Irlanda se anima a los niños a perseguir el nacimiento de los arcoíris con el objetivo de que encuentren la olla llena de monedas de oro que esconden los *leprechauns* (duendes típicos de la tradición irlandesa, vestidos de verde).

Cold and bad weather (Frío y mal tiempo)	Storm (Tormenta)	Hot and good weather (Calor y buen tiempo)
Chilly (Frío, helado) Breeze (Brisa) Cool (Fresco) Damp/Humid (Húmedo) Overcast (Encapotado, cubierto) Fog (Niebla) Foggy (Con niebla) Mist (Neblina) Freezing (Helado) Frost (Escarcha) Hail (Granizo) Hailstones (Piedras de granizo) Shower (Aguacero) Wet (Mojado)	Stormy (Tormentoso) Thunderstorm (Tormenta eléctrica) Thunder (Trueno) Lightning (Relámpago, rayo)	Clear/Cloudless (Despejado) Drought (Sequía) Dry (Seco) Stuffy (Sofocante) Warm (Cálido, templado)

Otros fenómenos atmosféricos son: inundación, **flood**, vendaval, **gale**, tornado, **tornado**, y huracán, **hurricane**.

La preocupación por el medioambiente, **environment**, aumenta conforme los problemas medioambientales se hacen más graves. El proceso de concienciación, **conciousness-raising**, que la sociedad está llevando a cabo se plasma en actitudes responsables, **responsible attitudes**, como el reciclaje, **recycling**, el uso de energías renovables, **renewable resources**, o la investigación sobre nuevos medios de transporte que sean más ecológicos, **research on new ecological means of transport**, y contaminen menos.

Algunos de los problemas del medioambiente se aprecian en las grandes ciudades mundiales, como la polución del aire, **air pollution**, y las sequías, **drought**.

1.3. Verbos con partícula de uso frecuente

En este epígrafe se tratarán los verbos con partículas de uso frecuente, también denominados phrasal verbs, como por ejemplo, encender, **turn on**, apagar, o **turn off**.

Los **phrasal verbs** son verbos compuestos por una base léxica que es un verbo y una preposición o partícula. Un mismo verbo puede combinarse con distintas preposiciones, cambiando su significado en cada caso.

Un ejemplo muy claro sobre cómo la preposición altera el significado de cada verbo con partícula es el caso de levantarse, **get up**, y subir [al coche], **get in**.

Debido a la cantidad de **phrasal verbs** y de las distintas combinaciones posibles, su estudio se convierte en uno de los temás más peliagudos de la lengua inglesa. Por lo tanto, para asimilarlos, es importante no solo estudiarlos, sino también practicarlos. Como se decía anteriormente, hay una lista interminable de **phrasal verbs**; para este nivel, se tratarán solo los de uso más frecuente.

Phrasal verbs relacionados con los medios de transporte	Phrasal verbs relacionados con la rutina	Phrasal verbs relacionados con el teléfono y las conversaciones telefónicas
Get on (Subirse, con medios de transporte) Get off (Bajarse, con medios de transporte) Get in (Subirse [al coche]) Get out (Bajarse [del coche])	Wake up (Despertarse) Get up (Levantarse) Put on (Ponerse [ropa]) Take off (Quitarse [ropa]) Pick up (Recoger [con objetos y personas])	Put down (Colgar el teléfono) Put through (Pasar al teléfono) Hang up (Colgarle a alguien por teléfono)

Otros verbos con partículas son los siguientes.

Original	Traducción
Make up	Inventar
Look after	Cuidar
Think about	Pensar en
Get by	Apañárselas
Go out	Salir
Get back	Regresar, volver
Speed up	Acelerar
Slow down	Desacelerar, ir más despacio
Run into	Tropezar con
Give up	Dejar de, abandonar
Stand up	Levantarse
Sit down	Sentarse

Ejemplo

A continuación se incluyen algunas acciones habituales en las que están presentes algunos **phrasal verbs**.

Get on the train/the bus: Subirse al tren/al autobús.

Get off the train/the bus: Bajarse del tren/del autobús.

Pick it up!: ¡Recógelo!

Are you going to pick me up at the airport?: ¿Me vas a recoger al aeropuerto?

En muchos casos, la partícula que acompaña al verbo puede darnos una pista de su significado global. Por ejemplo, se sabe que la partícula on puede significar encendido; **off**, apagado; y que **in** y **out** le suelen aportar al verbo algún sentido de movimiento.

Falsos amigos de uso frecuente 1.4.

Los falsos amigos, **false friends**, suponen otra de las dificultades con las que se encuentran los hispanohablantes que estudian inglés. De hecho, a lo largo del temario, se han señalado algunos casos.

Un **false friend** es un término, en este caso inglés, que por su parecido a otro español puede dar a entender un significado totalmente diferente al que en realidad tiene.

Por ejemplo, la palabra **carpet** sería un ejemplo en cuanto significa «alfombra» y no «carpeta».

Se presentarán ahora algunos de los **false friends** más comunes:

- **Actually** (Realmente, en realidad). No debe traducirse por actualmente, **currently** en inglés.
- **Advise** (Aconsejar). Puede dar lugar confusión por su parecido con el verbo avisar, **warn**.
- **Assist** (Ayudar). No tiene nada que ver con asistir, **attend**.
- **Balloon** (Globo). No significa, como suele pensarse, balón, que en inglés es **ball**.
- **Compliment** (Cumplido). No significa «complemento», que se dice **accesory**, si es de ropa, o **complement**.
- **Eventually** (Con el tiempo, al final). No es, por tanto, eventualmente, **occasionally**.
- **Library** (Biblioteca). No debe entenderse como librería, **bookshop**.
- **Notice** (Aviso). Suele confundirse con noticia, news.
- **Parent** (Padre/Madre) o **parents** (padres). Se refiere exclusivamente al progenitor y no a los parientes o familiares en general, que son los **relatives**.
- **Sensible**: sensato. No hay que confundirlo con el significado que tiene en español la palabra «sensible», para la que se utilizaría el término inglés **sensitive**.
- **Spade** (Pala). Al leerla, se tiende a pensar en el término español espada, **sword**.
- **Sympathy** (Compasión). La palabra con la que no debe confundirse, en este caso, es simpatía, **friendliness**.
- **Itimately** (Finalmente), que no últimamente, **recently**.

Una de las bibliotecas más famosas es la del Trinity College, en la que se grabaron varias escenas de la saga de Harry Potter

Las ventas de los libros de Harry Potter se valoran en unos quince mil millones de dólares

I'm constipated (Tengo estreñimiento)

I have caught a cold (He cogido un catarro)

1.5. Formación de palabras mediante afijos

Al igual que en español, en inglés se pueden formar palabras nuevas a través de los afijos, **affix**. Entre ellos cabe distinguir los prefijos, **prefix**, y los sufijos, **suffix**.

Los prefijos son las partículas que aparecen delante de la raíz, **root**, de la palabra, y los sufijos las que aparecen detrás.

Los prefijos comunes, **common prefixes**, entre otros, son los siguientes:

- **Un-**: suele negar al adjetivo o verbo al que acompaña, como en irreal, **unreal**, o en desenchufar, **unplug**.
- **Mis-**: suele significar «mal», «incorrecto», «equivocado»; como en entender mal/malinterpretar, **misunderstand**, malentendido, **misunderstanding**, o comportarse mal, **misbehave**.
- **Over-**: significa «sobre», «demasiado», «excesivo»; como es el caso de sobrecarga, **overcharge**, u horas extra, **overtime**.
- **Dis-**: suele negar al sustantivo o verbo al que acompañe, como ocurre en desaparecer, **disappear** o incapacidad/discapacidad, **disability**.

A continuación se incluyen algunos de los sufijos comunes, **common sufixes**:

- **-able:** adjetiviza a verbos, es decir, forma adjetivos a partir de verbos, como bebible, **drinkable**, o razonable, **reasonable.**
- **-ful**: convierte sustantivos en adjetivos, es decir, adjetiviza sustantivos. Ocurre en colorido, **colorful**, o en maravilloso, **wonderful**.
- **-ness**: sustantiva los adjetivos, es decir, que forma sustantivos a partir de adjetivos calificativos, como en oscuridad, **darkness**, o felicidad, **happiness**. Si el adjetivo de partida acaba en **-y**, como **happy** (feliz,contento), esta se cambia por **-i** antes de añadir el sufijo **-ness**.
- **-less**: suele significar sin o falta de. Acompaña a adjetivos y tiene justo el significado contrario al sufijo **-ful**: **useful** (útil).

Los sufijos **-ful** y **-less** suelen crear términos contrarios, porque el primero significa completo o lleno de y el segundo indica la ausencia de algo. Ocurre con **hopeful** y **hopeless** y con otras muchas parejas de palabras.

I bought an e-reader and I think that it is very useful: Compré un lector de libros electrónicos y creo que es muy útil.

The crash left his car useless: El accidente dejó su coche inútil.

They are hopeful about the future: Ellos están esperanzados sobre el futuro.

Her economical situation is hopeless: Su situación económica es desesperada.

Conviene recordar otros afijos muy frecuentes que aportan un significado concreto a la palabra a la que se unen, como por ejemplo **-er**, un sufijo que indica quién realiza la acción.

Original	Traducción
Love	Amor
Work	Trabajo
Sing	Cantar

Original	Traducción
Lover	Amante
Worker	Trabajador
Singer	Cantante

¿Sabías que...?

A lo largo de esta primera unidad didáctica has estudiado vocabulario relacionado con diferentes temas. Siempre que se aprende un nuevo idioma, es recomendable diferenciar entre el vocabulario activo (aquel que se memoriza a través del estudio directo) y el pasivo (que se recibe escuchando y leyendo). El vocabulario pasivo siempre es mucho mayor que el activo, puesto que se asimila de manera casi inconsciente. Por ello, es recomendable que organices aquellas palabras que te parezcan más relevantes en cuadros o esquemas que asocien ese vocabulario a determinados ámbitos (personas, lugares, actividades, etc.).

Resumen

En esta unidad didáctica se ha aprendido que:

- Es necesario poseer un vocabulario amplio relativo a diferentes temas para que la comunicación en inglés sea efectiva.
- Existen múltiples expresiones útiles a la hora de desarrollar la vida cotidiana en inglés, y la mayoría de ellas cuentan con una estructura fija.
- Los verbos con partículas de uso frecuente son muy habituales en inglés, ya que gracias a la combinación de un verbo con diferentes preposiciones se pueden obtener nuevos significados.
- Se deben reconocer los falsos amigos para evitar confusiones léxicas en inglés.
- Es posible formar nuevas palabras gracias al uso de prefijos y sufijos.

Reflexión final

El dominio del vocabulario aportado en esta unidad didáctica te permitirá mantener una conversación fluida en inglés acerca de diversos temas habituales en el día a día.

Comprueba lo que has aprendido

1. Lee la carta que Marge ha enviado a sus padres durante sus vacaciones en Tenerife y contesta a las preguntas que se plantean a continuación.

> Dear parents,
>
> How are you? I'm very happy here in Tenerife. This place is beautiful, and I'm learning a lot of Spanish. People are very nice and polite.
>
> I've known a French girl and now we are close friends. My friend's name is Anne and she lives with her boyfriend Pablo. She's 28 years old and she works as a teacher in a high school. He's unemployed but the next week he's having an interview. Let's all keep our fingers crossed!
>
> We usually go to the beach because it's hot, even at night. From time to time, we also go out to dinner. Sometimes, Anne and Pablo invite me to have breakfast at their friend's bar. They like going to clubs and you know that nightclubs aren't my cup of tea, I prefer to visit the library and take a good book, but... I'm on holiday, and I have to enjoy!
>
> On Monday, we are going to go camping. Anne and Pablo have bought a bigger car last month and now we can travel around the island. This place is fantastic! There are a lot of lovely places where we can rest and relax. I love countryside!
>
> Next Friday I must pack my luggage. Are you going to pick me up at the airport? I'll arrive at eleven o'clock in the morning.
> Kisses!
>
> Marge

Si la amiga de Marge trabaja en un **high school**, ¿a qué alumnos les dará clase?

a. A chicos entre 14 y 18 años.
b. A niños pequeños, de menos de cinco años.
c. A universitarios.
d. A niños de hasta doce años.

¿Por qué Marge le dice a sus padres **fingers crossed** (dedos cruzados)?

a. Porque el novio de su amiga tiene un empleo mejor.
b. Porque el novio de su amiga va a hacer una entrevista de trabajo.
c. Porque su amiga se va a casar.
d. Porque van a entrevistar a Pablo en la televisión.

A Marge:

a. Le encanta ir a bailar.
b. Odia ir a bailar.
c. Los clubes nocturnos no son de su gusto.
d. No le gusta leer.

Cuando van a desayunar al bar de su amigo:

a. Siempre paga Marge.
b. Siempre pagan Anne y Pablo.
c. A veces Anne y Pablo invitan a Marge.
d. Nunca van a desayunar fuera.

¿Con qué frecuencia van a cenar fuera?

a. Los lunes.
b. Todas las noches.
c. Los viernes.
d. De vez en cuando.

Marge prefiere leer un buen libro:

a. Que coge en la biblioteca.
b. Que compra en la librería.
c. Que le deja su amiga Anne.
d. Que se trajo en la maleta.

Marge descansa y se relaja:

a. En la ciudad.
b. En el campo.
c. En el camping.
d. En la playa.

¿Qué le pregunta Marge a sus padres en la despedida?

a. Si le van a mandar más maletas.
b. Si la van a echar de menos.
c. Si llegan a las once a Tenerife.
d. Si la van a recoger al aeropuerto.

2. Observa el horario que ha creado Tom con las cosas que no debe olvidar hacer esta semana y escoge la expresión más adecuada para las oraciones.

Twice a week Once a week Always Never Sometimes

Tom ________________ call his mother.

Tom goes to the supermarket ________________.

Tom goes swimming with Angie ________________.

Tom ________________ read a magazine.

Tom ________________ make dinner.

Soluciones

1. Lee la carta que Marge ha enviado a sus padres durante sus vacaciones en Tenerife y contesta a las preguntas que se plantean a continuación.

Dear parents,

How are you? I'm very happy here in Tenerife. This place is beautiful, and I'm learning a lot of Spanish. People are very nice and polite.

I've known a French girl and now we are close friends. My friend's name is Anne and she lives with her boyfriend Pablo. She's 28 years old and she works as a teacher in a high school. He's unemployed but the next week he's having an interview. Let's all keep our fingers crossed!

We usually go to the beach because it's hot, even at night. From time to time, we also go out to dinner. Sometimes, Anne and Pablo invite me to have breakfast at their friend's bar. They like going to clubs and you know that nightclubs aren't my cup of tea, I prefer to visit the library and take a good book, but... I'm on holiday, and I have to enjoy!

On Monday, we are going to go camping. Anne and Pablo have bought a bigger car last month and now we can travel around the island. This place is fantastic! There are a lot of lovely places where we can rest and relax. I love countryside!

Next Friday I must pack my luggage. Are you going to pick me up at the airport? I'll arrive at eleven o'clock in the morning.
Kisses!

Marge

Si la amiga de Marge trabaja en un **high school**, ¿a qué alumnos les dará clase?

a. A chicos entre 14 y 18 años.
b. A niños pequeños, de menos de cinco años.
c. A universitarios.
d. A niños de hasta doce años.

¿Por qué Marge le dice a sus padres **fingers crossed** (dedos cruzados)?

a. Porque el novio de su amiga tiene un empleo mejor.
b. Porque el novio de su amiga va a hacer una entrevista de trabajo.
c. Porque su amiga se va a casar.
d. Porque van a entrevistar a Pablo en la televisión.

A Marge:

a. Le encanta ir a bailar.
b. Odia ir a bailar.
c. Los clubes nocturnos no son de su gusto.
d. No le gusta leer.

Cuando van a desayunar al bar de su amigo:

a. Siempre paga Marge.
b. Siempre pagan Anne y Pablo.
c. A veces Anne y Pablo invitan a Marge.
d. Nunca van a desayunar fuera.

¿Con qué frecuencia van a cenar fuera?

a. Los lunes.
b. Todas las noches.
c. Los viernes.
d. De vez en cuando.

Marge prefiere leer un buen libro:

a. Que coge en la biblioteca.
b. Que compra en la librería.
c. Que le deja su amiga Anne.
d. Que se trajo en la maleta.

Marge descansa y se relaja:

a. En la ciudad.
b. En el campo.
c. En el camping.
d. En la playa.

¿Qué le pregunta Marge a sus padres en la despedida?

a. Si le van a mandar más maletas.
b. Si la van a echar de menos.
c. Si llegan a las once a Tenerife.
d. Si la van a recoger al aeropuerto.

2. Observa el horario que ha creado Tom con las cosas que no debe olvidar hacer esta semana y escoge la expresión más adecuada para las oraciones.

Twice a week   Once a week   Always   Never   Sometimes

Tom always call his mother.

Tom goes to the supermarket twice a week.

Tom goes swimming with Angie once a week.

Tom never read a magazine.

Tom sometimes make dinner.

2. Contenidos gramaticales

Contenidos

Objetivos

- Comprender los principales aspectos gramaticales del inglés relativos a la oración, como el orden de los elementos, los tipos de oraciones y la subordinación.
- Entender las particularidades de los nombres y adjetivos en lengua inglesa.
- Distinguir los diferentes tipos de determinantes en inglés y en qué situaciones se utiliza cada uno.
- Conocer cuáles son los pronombres ingleses y de qué manera se utilizan en las oraciones.
- Comprender las principales formas verbales inglesas y las normas para su formación y uso.
- Aprender las normas para el uso de los adverbios o locuciones adverbiales y las comparaciones en lengua inglesa.
- Reconocer los enlaces más comunes en inglés: las preposiciones y las conjunciones.

Reflexión inicial

La gramática es una parte fundamental en el aprendizaje de cualquier lengua extranjera. A lo largo de esta unidad didáctica comprenderás por qué en inglés se vuelve indispensable poseer conocimientos gramaticales para hacerse entender, debido a la rigidez de las estructuras oracionales.

2.1. Introducción

> **Importante**
>
> La gramática comprende principalmente la morfología (estudia la estructura interna de las palabras, sus variantes y composiciones) y la sintaxis (análisis de la combinación de palabras y grupos de palabras). También se relaciona con la lexicología (estudio del significado de las palabras), la semántica composicional (estudio de construcciones sintácticas) y la pragmática (estudio del lenguaje en su relación con usuarios y contexto comunicativo); y, en su sentido más amplio, con la fonética y la fonología (análisis de los sonidos del habla y análisis de su organización lingüística, respectivamente).

En esta segunda unidad didáctica y tras haber estudiado el vocabulario básico relacionado con las situaciones comunicativas más habituales, se tratarán los contenidos gramaticales fundamentales.

De este modo, se profundizará en el estudio del orden de los elementos y la tipología o estructuras sintácticas principales de la oración en lengua inglesa. Seguidamente, se explicará la propiedad gramatical del número en nombres y su formación. Se repasará la formación del genitivo sajón y las diferencias entre los adjetivos terminados en **-ing** y **-ed**, además de estudiar los tres grados tradicionales en el adjetivo. Se tratarán, también, los determinantes interrogativos e indefinidos, así como los pronombres personales de complemento, interrogativos, indefinidos y relativos.

En cuanto a los verbos, se detallará información sobre el tiempo, aspecto y modo de los morfemas verbales.

Asimismo, se caracterizará una clase de palabras muy heterogénea en todas las lenguas: el adverbio.

Esta unidad didáctica finalizará con la presentación detallada de los enlaces (preposiciones y conjunciones), atendiendo principalmente a su uso frecuente.

2.2. Oración

La oración en inglés posee una estructura estable que afecta al orden de los elementos y a la manera en que se expresa la intención exclamativa. Estos dos temas se explicarán en los primeros dos apartados.

Los siguientes cuatro apartados se centrarán en las oraciones compuestas, prestando especial atención a las de relativo, a las condicionales, y a la subordinación nominal y a la causal.

2.2.1. Orden de los elementos

En cuanto al orden de la oración, en inglés se debe tener en cuenta si se trata de una oración o frase afirmativa, negativa o interrogativa.

Las oraciones afirmativas seguirían, por norma general, la siguiente estructura: sujeto + verbo + complementos.

He	drives	very fast
Suj.	Vbo.	Compl.
The girls	are buying	new clothes
Suj.	Vbo.	Compl.
We	close	on Sundays
Suj	Vbo.	Compl.

En caso de que haya varios tipos diferentes de complementos el circunstancial se colocaría al final de la frase, siguiendo la siguiente estructura: sujeto + verbo + complemento directo + complemento circunstancial.

I	eat	fruit	in the mornings
Suj.	Vbo.	CD	CCirc.

En la lengua inglesa el sujeto no tiende a omitirse tanto como en español. En la oración española es mucho más sencillo deducir el sujeto dadas las desinencias del verbo (come, reíamos, fueron, llegaste, etc.), pero en inglés la única persona que presenta alguna variación es la tercera de singular en **present simple**. Por ello, siempre se indica el sujeto de manera explícita.

Hay que recordar que al explicar las rutinas, los adverbios de frecuencia se colocan entre el sujeto y el verbo principal, a excepción del verbo **to be** (ser o estar) que es el único que va delante del adverbio.

I always get up early: Siempre me levanto temprano.

You rarely eat fruit in the mornings: Casi nunca comes fruta por las mañanas.

She is never tired: Nunca está cansada.

Exclamativas 2.2.2.

En cuanto a las oraciones exclamativas, hay que recordar que en inglés solo se usa el signo de exclamación (!) al final de la frase. En este tipo de oraciones también es habitual el uso de las interjecciones.

Las interjecciones son partículas que pueden denotar distintas emociones o reacciones como, por ejemplo, sorpresa.

Los ejemplos que se muestran seguidamente recogen las interjecciones más comunes en lengua inglesa.

Aha! I want more coffee, thank you: ¡Ajá! (expresa afirmación). Quiero más café, gracias.

Oh! I didn't hear you coming: ¡Oh! (expresa sorpresa). No te escuché llegar.

Alas! He's ill now: ¡Ay! (indica pena, dolor o preocupación). Él está enfermo ahora.

Bah! I'm sure you'll do just fine: ¡Bah! (indica despreocupación). Estoy seguro de que lo harás bien.

What's wrong? (...) Uh! It's not important: ¿Algo va mal? (...) ¡Bah! (indica despreocupación). No es importante.

Whew! I thought you were serious: ¡Uf! (expresa alivio). Pensé que estabas en serio.

Consulta

Puedes recordar cómo crear oraciones exclamativas usando las estructuras **How** + adjetivo + **!** o **What a** + adjetivo + nombre + **!** en el siguiente enlace: http://bit.ly/1EYcuyn.

De relativo especificativas 2.2.3.

Las oraciones de relativo aportan información nueva sobre un sujeto u objeto que ha aparecido con anterioridad en la oración.

Existen dos tipos: por un lado, las oraciones de relativo explicativas, **non-defining clauses**, que van entre comas; y, por otro lado, las que se tratarán en este apartado, las especificativas, **defining clauses**, que van sin comas.

Las oraciones de relativo, en general, son introducidas por un pronombre relativo que aparece justo después del sujeto u objeto al que se refiere. Los principales pronombres son **that** (se usa con cosas y personas; equivalente al relativo «que»), **who** (solo se utiliza con personas, no para cosas; equivalente a «quien» o «que») y **which** (solo para cosas, no para personas; equivalente a «el cual»).

She's wearing a dress that is too small for her: Lleva un vestido que es muy pequeño para ella.

I have a friend who is very good at tennis: Tengo un amigo que es muy bueno al tenis.

This is the bus which/that stops at the hospital: Este es el autobús que para en el hospital.

2.2.4. Subordinación condicional y final

Las oraciones condicionales son oraciones compuestas en las que se expresa un requisito o una premisa de la cual se parte que, si se cumple, conduce a un resultado o a una conclusión. En ellas se pueden distinguir dos cláusulas o partes de la oración: una oración principal y la subordinada condicional. Entre ambas, se establece una relación de causa o condición y efecto o consecuencia.

En inglés existen tres tipos, dependiendo precisamente de la probabilidad. Mientras que el primer tipo expresa condiciones posibles o probables, las del segundo son menos probables, y las del tercero, completamente improbables o imposibles porque se refieren al pasado. En este apartado se tratará el segundo tipo, el que expresa una condición poco probable o remota.

En el **second conditional**, que es como se denomina a este tipo de oraciones condicionales, la parte de la oración que se corresponde con la condición viene introducida por **if** (si) y se construye con el verbo en pasado.

If I had...: Si yo tuviera...

If I were...: Si yo fuera...

La forma del verbo en la oración principal debe ser el condicional, **would**, en su forma afirmativa o negativa.

If I had money, I would buy a new car: Si tuviera dinero, compraría un coche nuevo.

If I were you, I would call him: Si fuera tú, lo llamaría.

If I were you, I wouldn't do it: Si fuera tú, no lo haría.

En realidad, la cláusula de la condición, que empieza por **if**, puede ir antes o después en la oración. Solo si va antes debe procederle una coma, como en los ejemplos anteriores. En la siguientes oración la cláusula de condición no precisa de ninguna coma por situarse al final: **I would go to the gym if I had more time** (Iría al gimnasio si tuviera más tiempo).

Consulta

Puedes ver un fragmento de la película *El violinista en el tejado,* en el que el protagonista canta la famosa canción *If I were a rich man,* con subtítulos en español en el siguiente enlace: http://bit.ly/1Lhjgj2.

Importante

El **second conditional** sigue una de las siguientes estructuras:

Condición (**If** + sujeto + pasado) + «,» + + consecuencia (sujeto + **would** + verbo)

Consecuencia (sujeto + **would** + verbo) + + condición (**if** + sujeto + pasado)

2.2.5. Subordinación nominal con verbos frecuentes. Iniciación en el estilo indirecto

Una **noun clause** o **nominal clause** es una cláusula dentro de la oración compuesta que funciona como sustantivo y, por tanto, puede cumplir cualquiera de sus funciones: sujeto, complemento directo, predicado, complemento de preposición y aposición.

Además, pueden presentarse con distintas estructuras. En este apartado, el contenido se centrará en las **noun clauses** introducidas por **that** (que), aunque esta partícula puede omitirse sin alterar por ello el significado de la oración, de ahí que en los ejemplos siguientes aparezca entre paréntesis.

Aunque la omisión del **that** es propia del lenguaje coloquial, en redacciones formales debería mantenerse. Los que siguen son algunos de los verbos más comunes que rigen la subordinación nominal con **that**.

I know (that) you are busy: Sé que estás ocupado.

Do you think (that) it is possible?: ¿Crees que es posible?

I hope (that) they come to my party: Espero que ellos vengan a mi fiesta.

She believes (that) you are lying: Ella cree que estás mintiendo.

El verbo **believe** también admite la construcción con infinitivo: **She believes you to be lying** (Ella cree que estás mintiendo).

El adjetivo **sure** en inglés también rige este tipo de subordinada: **I'm sure that...** (Estoy seguro de que...). Un ejemplo de su utilización es la oración **I'm sure that he will pass the exam** (Estoy seguro de que aprobará el examen).

Con otros verbos la cláusula nominal debe ir en infinitivo, es decir, con la partícula **to**.

I want to buy new clothes: Quiero comprar ropa nueva.

We would like to have a tuna salad: Me gustaría tomar una ensalada de atún.

Cuando se trata de querer que alguien haga algo, la estructura sería la siguiente: sujeto + **want** + objeto + infinitivo con **to**. También se puede expresar con sujeto + **would like** + objeto + infinitivo con **to**.

I want you to come with me: Quiero que vengas conmigo.

Do you want me to bring the menu?: ¿Quiere que traiga el menú?

I would like Peter to help me: Me gustaría que Peter me ayudara.

Al igual que en español, cuando se quiere reproducir lo que otra persona ha dicho sin repetir sus palabras exactas, se usa el estilo indirecto, **reported speech**. En estos casos, los verbos sufren algunas variaciones con respecto al estilo directo.

Direct speech (Estilo directo)	Reported speech (Estilo indirecto)
She said: «I'm tired» (Ella dijo: «Estoy cansada»)	She said (that) she was tired (Ella dijo que estaba cansada)

Como se aprecia en la oración anterior, lo que era un verbo en presente en el estilo directo, se convierte en pasado en el indirecto.

Otros verbos que suelen aparecer en estilo indirecto son contar, decir, **tell**, y preguntar, **ask**.

Helen told me that you were ill: Helen me contó que estabas enfermo.

Don't tell him that I know the truth: No le digas que sé la verdad.

Cuando se trata de pasar una pregunta en estilo directo a indirecto, el verbo que se suele utilizar es preguntar, **ask**.

En el caso de las **Yes/No questions** (preguntas de respuesta afirmativa o negativa), la cláusula subordinada vendrá introducida, además, por la partícula de condicional si, **if**.

Consulta

La oración ***My brother said me that Mary is angry** es gramaticalmente incorrecta. Descubre por qué lo es en el siguiente enlace: http://bit.ly/1odXEuv.

Direct speech (Estilo directo)	Reported speech (Estilo indirecto)
Sally: «Do you need help?» (Sally: «¿Necesitas ayuda?»)	Sally asked me if I needed help (Sally me preguntó si necesitaba ayuda)

Para el resto de preguntas con pronombre interrogativo (**what**, **where**, **when**, **who**, etc.) el cambio de un estilo directo a uno indirecto resulta de la siguiente manera:

Direct speech (Estilo directo)	Reported speech (Estilo indirecto)
Mark: «**What** are you doing?» (Mark: «¿Qué estás haciendo?»)	Mark asked me **what** I was doing (Mark me preguntó qué estaba haciendo)
My mother: «**Where** are you going?» (Mi madre: «¿A dónde vas?»)	My mother asked me **where** I was going (Mi madre me preguntó a dónde iba)
He: «**How** do you feel?» (Él: «¿Cómo te sientes?»)	He asked me **how** I felt (Me preguntó cómo me sentía)
She: «**Who** are you?» (Ella: «¿Quién eres tú?»)	She asked me **who** I was (Ella me preguntó quién era yo)

En los ejemplos anteriores ha sido necesario modificar el tiempo verbal en que se expresaban las preguntas en uno u otro estilo. Así, el presente simple se transforma en un pasado simple, y los presentes continuos del estilo directo se pasan a pasado continuo en el estilo indirecto.

2.2.6. Subordinación causal, consecutiva y temporal

Otro tipo de oración subordinada es la causal. En este caso, es la conjunción porque, **because,** la que actúa como nexo entre las dos frases que componen la oración. Por ejemplo: **We stayed at home because it was too cold** (Nos quedamos en casa porque hacía demasiado frío).

Como puede observarse, en la oración anterior hay dos cláusulas o frases: **We stayed at home**, por un lado, y **it was too cold**, por el otro. Al unirlas mediante el nexo **because**, la segunda frase pasa a convertirse en la subordinada causal.

La subordinada de causa también puede aparecer al principio de la oración, en cuyo caso debe precederle una coma.

Because it was too cold, we didn't go out: Como hacía demasiado frío, no salimos.

Because he was ill, we didn't play tennis: Como él estaba enfermo, no jugamos al tenis.

La oración subordinada consecutiva expresa la consecuencia real de lo indicado en otra u otras oraciones gramaticales. Se introduce con el nexo entonces, por eso, así que, **so**.

It was too cold, so we stayed at home: Hacía mucho frío, así que nos quedamos en casa.

There were no buses, so I walked home: No había autobuses, por eso tuve que ir andando a casa.

En este tipo de estructuras, no se admite el cambio de orden entre las frases.

La oración subordinada temporal recibe este nombre porque establece el momento en el que ocurre algo. En este caso, se abordará la subordinada temporal introducida por el nexo cuando, **when**.

It was raining when I arrived: Estaba lloviendo cuando llegué.

My parents bought me a car when I passed the exam: Mis padres me compraron un coche cuando aprobé el examen.

Este tipo de oraciones sí admiten la inversión del orden, con la inclusión de una coma entre los dos elementos de la oración.

When I arrived, it was raining: Cuando llegué, estaba lloviendo.

Importante

Recuerda que siempre que se adelante la oración subordinada, en aquellos casos en que se permita (como en la causal o temporal), se debe colocar la coma después de esta.

Nombres y adjetivos 2.3.

En inglés, existen algunos aspectos gramaticales claves para el dominio del idioma. Entre estos aspectos destacan el número del nombre, la expresión de la posesión a través del genitivo sajón, así como ciertas particularidades de los adjetivos que serán muy útiles para expresar ideas como la comparación o la superioridad.

Número del nombre 2.3.1.

En inglés, de forma general, el plural de los sustantivos se forma añadiendo **-s** final a la forma singular.

A book, two books: Un libro, dos libros.

A flower, some flowers: Una flor, unas flores.

My key, my keys: Mi llave, mis llaves.

A week, two weeks: Una semana, dos semanas.

No obstante, hay que tener en cuenta las siguientes normas ortográficas:

- En el caso de palabras que acaben en **-s**/**-sh**/**-ch**/**-x**, se añade **-es**: autobús, autobuses, **bus**, **buses**, dirección, direcciones, **adress**, **adresses**, plato, platos, **dish**, **dishes**, reloj, relojes, **watch**, **watches**, caja, cajas, **box**, **boxes**.

- Las palabras tomate, **tomato**, y patata, **potato** también forman su plural con **-es**: **tomatoes**, **potatoes**.

- Para las palabras terminadas en **-y**, hay que tener en cuenta si esta va precedida de vocal o consonante. En el caso de que la preceda una vocal, como ocurre en mono, **monkey**, chico, **boy**, o tipo o chico, **guy**, siguen la forma regular, es decir, añaden simplemente **-s** final: monos, **monkeys**, chicos, **boys**, o tipos o chicos, **guys**. Pero, en cambio, si lo que hay antes de la **-y** es una consonante, como en fiesta, **party**, bebé, **baby**, o país, **country**, la **-y** se cambia por **i** y se añade la terminación **-es**: fiestas, **parties**, bebés, **babies**, o países, **countries**.

- En el caso de las palabras terminadas en **-f** o **-fe**, se cambia la **f** por una **v** y se añade **-es**: hoja, hojas, **leaf**, **leaves**, cuchillo, cuchillos, **knife**, **knives**, o estante, estantes, **shelf**, **shelves**.

Algunos de los plurales irregulares más frecuentes son pie, **foot**, pies, **feet**, diente, **tooth**, dientes, **teeth**, hombre, **man**, hombres, **men**, mujer, **woman**, y mujeres, **women**.

Hay palabras que solo admiten la forma plural como tijeras, **scissors**, gafas, **glasses**, pantalones, **trousers**, pijama, **pyjamas**, ropa, **clothes**, o vaqueros, **jeans**.

En inglés, por tanto, se diría: **The clothes are clean** (La ropa está limpia). En el caso de **scissors**, **glasses**, **trousers** y **pyjamas** también se puede emplear la expresión **a pair of** que, aunque literalmente significa «un par de», en la mayoría de los casos no alteraría la traducción al español.

These trousers are old/This pair of trousers is old: Estos pantalones están viejos.

The scissors are lost/The pair of scissors is lost: Las tijeras están perdidas.

I need to buy some new glasses/I need to buy a new pair of glasses: Tengo que comprarme unas gafas nuevas.

Algunos términos concretos son incontables. Información, **information**, equipaje, **baggage**, tráfico, **traffic**, o noticias, **news**, son algunos ejemplos.

¿Sabías que...?

Tomato, **potato** y **chocolate** así como estos términos en español (tomate, patata y chocolate) tienen el mismo origen: derivan de la expresión usada por los colonos españoles a partir del amerindio.

¿Sabías que...?

Los tres monos de la sabiduría, o los tres monos sabios, **the three wise monkeys**, provienen de una tradición china pero nacen en Japón de la mano de una escuela budista. En origen aludían a la conveniencia de no escuchar, no ver y no hablar del mal, el código moral y filosófico del *santai*.

Consulta

Puedes aprender más sobre qué palabras son contables o incontables en inglés en el siguiente enlace: http://bit.ly/1wPAUaC.

2.3.2. Repaso y ampliación del genitivo 's/s'

El genitivo sajón es una de las formas de expresar la posesión en inglés. Se utiliza sobre todo para referirse a personas, y no tanto para lugares o cosas. La estructura sería: poseedor + **'s** + objeto poseído.

Carol's bike: La bicicleta de Carol.

My brother's house: La casa de mi hermano.

En el apartado de vocabulario relativo a la familia, también se estudiaron algunos usos del genitivo, como el que se utiliza en la oración El marido de mi tía, **My aunt's husband**.

¿Sabías que...?

El genitivo sajón se llama así porque deriva del caso genitivo que se empleaba en el inglés antiguo, muy influido por las tribus germanas que invadieron Britania en el siglo V, denominadas sajonas y procedentes de la actual región alemana de Baja Sajonia.

Si la palabra que se corresponde con el poseedor termina en **-s**, solo se añade el apóstrofo ('): El hijo de mis amigos, **My friends' son**, El coche de mis padres, **My parents' car**.

No obstante, el inglés también cuenta con otras formas para expresar la posesión. Un ejemplo es a través del pronombre posesivo (**mine**, **yours** [mío, tuyo]).

A friend of mine: Un amigo mío.

A friend of yours: Un amigo tuyo.

A friend of his: Un amigo suyo.

Por tanto, en una presentación se podría decir:

This is my friend Tom: Este es mi amigo Tom.

This is a friend of mine, Tom: Este es un amigo mío, Tom.

2.3.3. Contraste entre los adjetivos -ing/-ed

Hay parejas de adjetivos en inglés como **interested**/**interesting** o **bored**/**boring** que suelen plantear problemas a los hispanohablantes, precisamente porque el español solo cuenta con un término para ambos usos.

En estos casos, los adjetivos terminados en **-ed** describen el estado en el que se encuentra una persona ante una situación o hecho, mientras que los que acaban en **-ing** se refieren más bien al efecto que una persona o cosa produce. En realidad, los primeros se corresponderían con el participio pasado del verbo (**-ed**).

I am interested in studying English: Estoy interesado en aprender inglés.

I am reading an interesting article: Estoy leyendo un artículo interesante.

Por tanto, para hablar de cosas que interesan o en las que se está interesado, se usa **interested**, mientras que para decir que algo resulta interesante la palabra adecuada sería **interesting**.

Lo mismo ocurre con **bored**/**boring**, **tired**/**tiring** o **excited**/**exciting**. No es lo mismo decir Estoy aburrido, **I am bored**, que Soy aburrido, **I am boring**.

The book that I am reading now is very boring: El libro que estoy leyendo ahora es muy aburrido.

I eat more when I'm bored: Como más cuando estoy aburrido.

I'm very tired: Estoy muy cansado.

My job is very tiring: Mi trabajo es muy cansado.

He's very excited about his new job: Está muy emocionado con su nuevo trabajo.

His new job is really exciting: Su nuevo trabajo es realmente emocionante.

Si se presta atención a los ejemplos anteriores, se puede deducir que con los adjetivos terminados en **-ed**, el verbo **to be** se traduce como «estar» (estar aburrido, estar interesado, etc.), y con los que acaban en **-ing**, se traduce como «ser» (ser aburrido, ser interesante, etc.).

Consulta

Los adjetivos acabados en **-ed** siguen las mismas reglas de pronunciación que el participio pasado. En el siguiente enlace podrás repasar estas reglas: http://bit.ly/1DZCNnx.

2.3.4. Gradación de los adjetivos

Una vez que se conocen las características fundamentales de los adjetivos en inglés, se abordará en este apartado la comparación.

El comparativo de superioridad (más... que...) se forma en inglés de dos maneras atendiendo al número de sílabas del adjetivo.

En el caso de adjetivos de más de una sílaba como **expensive**, **beautiful** o **interesting**, se forma con **more** (más).

This book is more expensive than that: Este libro es más caro que ese.

Your painting is more beautiful than mine: Tu cuadro es más bonito que el mío.

Films are more interesting than books: Las películas son más interesantes que los libros.

La libertad cuesta más que el dinero

En cambio, cuando el adjetivo es de una sola sílaba hay que añadirle la terminación **-er**.

Your father is older than Anna's father: Tu padre es más viejo que el padre de Anna.

My car is faster than your bike: Mi coche es más rápido que tu bicicleta.

Luke is stronger than Leia: Luke es más fuerte que Leia.

Your sisters are taller than you: Tus hermanas son más altas que tú.

Los adjetivos monosílabos con una sola vocal entre dos consonantes duplican la última consonante antes de añadir la terminación **-er**. Es lo que ocurre, por ejemplo, con grande, **big**, que en su forma de comparativo de superioridad, más grande, sería **bigger**, y con gordo, **fat**, que sería más gordo, **fatter**.

Para establecer una comparación de superioridad entre dos elementos, A y B, se seguirá la siguiente estructura: A + **more** + adjetivo + than + B, en casos de adjetivos largos, o A + adjetivo terminado en **-er** + **than** + B, en el caso de adjetivos monosílabos. Asimismo, para establecer la comparación entre personas se usa el complemento para el referente. Por tanto, se dice **than me/you/him/her/us/you/them** (que yo/tú/él/ella/nosotros/vosotros/ellos).

This bag is more expensive than that one: Este bolso es más caro que ese.

That red watch is more beautiful than the black one: El reloj rojo es más bonito que el negro.

My car is faster than yours: Mi coche es más rápido que el tuyo.

My brother is taller than me: Mi hermano es más alto que yo.

He looks fatter than before: Él parece más gordo que antes.

Hay que tener en cuenta que los adjetivos que terminan en **-y** como feliz, **happy**, pesado, **heavy**, fácil, **easy**, o temprano, **early**, aun teniendo más de una sílaba, forman el comparativo con la terminación **-ier**.

Adjetivo	Comparativo de superioridad	Traducción
Happy	Happier	Más feliz o contento
Heavy	Heavier	Más pesado
Easy	Easier	Más fácil
Early	Earlier	Más temprano
Pretty	Prettier	Más bonito o guapo

> ⚠ **Importante**
>
> Para establecer el grado superlativo es necesario el uso del artículo determinado **the** (el, la, los, las):
>
> **The best day of my life**: El mejor día de mi vida.
>
> **The most interesting book in your shelf**: El libro más interesante de tu estantería.
>
> 

Para los adverbios terminados en **-ly** como **quickly**, **slowly** o **carefully**, se usan las partículas more delante del adverbio y **than** detrás, antes del término con que se compara. Por ejemplo, Habla más rápido que yo, **You speak more quickly than me**.

Para expresar la comparación de igualdad (tan... como...), en inglés se usa la estructura: **as** + adjetivo + **as**, como ocurre en los siguientes ejemplos.

My sister is as tall as me: Mi hermana es tan alta como yo.

This shirt is as beautiful as that one: Esta camiseta es tan bonita como esa.

Para la forma negativa, solo habría que añadir **not** antes del primer **as**: **not as** + adjetivo + **as**.

He is not as old as you: No es tan viejo como tú.

My bag is not as big as yours: Mi bolso no es tan grande como el tuyo.

Para expresar el grado superlativo en inglés también se usan dos métodos en función del número de sílabas del adjetivo, de la misma manera que ocurría con la comparación de superioridad.

Así, en los adjetivos de más de una sílaba se utiliza la palabra **most**.

This ring is the most expensive thing I own: Este anillo es la cosa más cara que poseo.

Maria is the most beautiful girl in the office: Maria es la chica más guapa de la oficina.

Sin embargo, los adjetivos monosílabos añaden **-est**.

You are the oldest in school: Eres el más viejo del colegio.

Kevin is the tallest boy I've ever seen: Kevin es el chico más alto que he visto nunca.

I have two dogs; Leo is a bit bigger than Nard (Tengo dos perros; Leo es un poco más grande que Nard)

Los adjetivos monosílabos con una sola vocal entre dos consonantes duplican la última consonante antes de añadir la terminación **-est**, al igual que ocurría en el caso de la comparación de superioridad.

La expresión **the same... as...** significa «el mismo/la misma/los mismos/las mismas... que...».

My skirt is the same colour as yours: Mi falda es del mismo color que la tuya.

We arrived at the same time as you: Llegamos a la misma hora que tú.

Blue cell phone is so much older than the other one (El teléfono móvil azul es mucho más viejo que el otro)

También se pueden expresar distintos grados en las comparaciones, mediante las expresiones un poco, **a bit**, o mucho, **much**. Un ejemplo es la oración La naranja es un poco más pesada que la manzana, **The orange is a bit heavier than the apple**.

Original	Traducción
A bit older (Un poco más viejo)	Much older (Mucho más viejo)
A bit better (Un poco mejor)	Much better (Mucho mejor)
A bit more difficult (Un poco más difícil)	Much more difficult (Mucho más difícil)

Hay una serie de adjetivos que son irregulares en cuanto a la formación del comparativo y del superlativo. Se incluyen en la siguiente tabla.

Adjetivo	Comparativo de superioridad	Superlativo
Good (Bueno, bien)	Better (Mejor)	The best (El mejor)
Bad (Malo)	Worse (Peor)	The worst (El peor)
Far (Lejos, lejano)	Further/Farther (Más lejos)	The furthest/The farthest (El más lejano)

Existen otras maneras de modificar los adjetivos en inglés, además de mediante el uso de los grados comparativo o superlativo. Es posible utilizar adverbios como **very** (muy), **really** (muy, de verdad), **quite** (muy, bastante) que modifican al adjetivo, enfatizándolo o intensificándolo.

She's very clever: Ella es muy inteligente.

It's really interesting: Es muy interesante/Es interesante de verdad.

It's quite easy: Es bastante fácil.

Determinantes 2.4.

Los determinantes son una clase de palabras que acompañan a los sustantivos y completan el significado de las oraciones. Algunos de ellos, además, aportan información específica sobre la cantidad, la posición o la intención comunicativa.

En los apartados que componen este epígrafe se tratarán algunos de los determinantes más comunes en lengua inglesa: interrogativos, indefinidos y numerales.

Interrogativos 2.4.1.

Los pronombres interrogativos (**what**, **which**, **whose**, **who**, **where**, **how**, etc.) requieren respuestas abiertas. Cuando acompañan al nombre, además, actúan como determinante.

En el caso de **what** y **which**, aunque ambos interrogativos preguntan «¿Qué?» o «¿Cuál?», **which** se usa normalmente dentro de un abanico de posibilidades delimitado.

Los dos pueden actuar como determinantes, acompañando a un sustantivo.

What colour are your eyes?: ¿De qué color son tus ojos?

Which train did you take?: ¿Qué tren cogiste?

Si se le pregunta a alguien por el color de sus ojos, se utilizaría **what**, puesto que se trata de una pregunta abierta. Sin embargo, si la persona que realiza la pregunta se encuentra, por ejemplo, en una tienda de ropa, y quiere preguntarle a un amigo qué color de camiseta le gusta más, emplearía **which**, ya que se entiende que existe un número limitado de colores: ¿Qué color prefieres?, **Which colour do you prefer?**

Lo mismo ocurre con ¿de quién?, **whose**, que también puede actuar como pronombre, como en la oración ¿De quién es esto?, **Whose is this?**, o como determinante: ¿De quién es el libro que cogiste prestado?, **Whose book did you borrow?**

> **Consulta**
> En el siguiente enlace encontrarás una amplia explicación sobre cómo elegir entre **what** y **which**, además de algunos ejemplos esclarecedores: http://bit.ly/1LsFPVL.

Indefinidos 2.4.2.

Los determinantes indefinidos hacen alusión a la cantidad, aunque de forma imprecisa o indeterminada.

Some y **any** pueden acompañar a sustantivos incontables, **uncountables**, o contables, **countables**, en plural.

En español, según los casos, podrían traducirse como «algo de, unos, algunos, unos cuantos». Dependiendo del contexto, también pueden no traducirse. En la mayoría de los casos, **some** se utiliza en oraciones afirmativas y **any** en las negativas e interrogativas.

Incontable	There is **some** milk in the fridge (Hay algo de leche en la nevera). There isn't **any** milk in the fridge (No hay nada de leche en la nevera /No hay leche en la nevera). Is there **any** milk in the fridge? (¿Hay leche en la nevera?).
Contable plural	I'm going to buy **some** apples (Voy a comprar unas manzanas). I'm not going to buy **any** apples (No voy a comprar manzanas). Am I going to buy **any** apples? (¿Voy a comprar manzanas?).

Sin embargo, cuando se trata de preguntas que encierran un ofrecimiento o petición, se usa **some**.

Would you like some tea?: ¿Le apetece (algo de) té?

Can you lend me some money?: ¿Puedes prestarme algo de dinero?

Much y **many** son otros indefinidos de los que se deben conocer sus normas de uso. Indican mucha cantidad de algo y son más frecuentes en oraciones negativas e interrogativas. **Much** se emplea para sustantivos incontables, y **many** con contables en plural.

I haven't got much money: No tengo mucho dinero.

Do you drink much water?: ¿Bebes mucha agua?

Do you have many friends?: ¿Tienes muchos amigos?

I don't know many people here: No conozco a mucha gente aquí.

¿Sabías que...?

Existen tres expresiones muy comunes en inglés que utilizan indefinidos: **too much**, **too many** y **a lot of**. Es necesario conocer cuándo se usan unas u otras, puesto que las dos primeras significan «demasiado» en un sentido negativo (para nombres incontables y contables respectivamente), y la segunda significa «mucho» pero con un matiz positivo (y se usa tanto para contables como para incontables). Puedes aprender más sobre el uso de estas expresiones en el enlace http://bit.ly/1xaE0X3.

I have **a lot of** friends.

I have **too much** worry.
I have **too many** enemies.

Con respecto a las expresiones un poco de, **a little**, y unos pocos, unos cuantos, **a few**, la primera se utiliza con sustantivos incontables y el segundo con contables en plural.

There's little coffee: Hay un poco de café.

I have few coins: Tengo unas cuantas monedas.

No obstante, cuando **little** y **few** aparecen solos, sin el artículo **a** delante, expresan también poca cantidad de algo pero en sentido más negativo (poco, poca, pocos, pocas). La diferencia entre **a little** y **little** y **a few** y **few** es la misma que existe en español entre «un poco de», «unos pocos» o «unos cuantos de» y «poco».

I have a little money: Tengo un poco o algo de dinero.

I have little money: Tengo poco dinero.

I have a few friends here: Tengo unos cuantos amigos aquí.

I have few friends here: Tengo pocos amigos aquí.

Fíjate en que en inglés no se dice ***a little of** o ***a few of**.

Más, **more**, también puede funcionar como indefinido de cantidad cuando acompaña a un sustantivo.

A few more minutes: Unos minutos más.

I need more money: Necesito más dinero.

Enough, por su parte, significa «bastante/s» o «suficiente/s». Este adverbio puede determinar a un sustantivo.

There's enough time: Hay bastante tiempo.

We haven't got enough money to buy this car: No tenemos bastante dinero para comprar este coche.

There aren't enough chairs: No hay suficientes sillas.

El término **enough** también puede aparecer detrás de un adjetivo o verbo.

The music isn't loud enough: La música no está lo suficientemente alta.

This bed isn't big enough for you: Esta cama no es lo suficientemente grande para ti.

You don't study enough: No estudias lo suficiente.

En otros casos, para no repetir una palabra que ya ha aparecido en la oración puede aparecer solo. En la siguiente conversación, tras ofrecerle café, el chico responde «No, gracias. Ya he tomado suficiente/bastante».

Consulta

Enough es una de las palabras que pueden resultar más difíciles de pronunciar cuando se empieza a estudiar inglés. Puedes acostumbrarte a su característico sonido gracias al estribillo de la canción *Just can't get enough (Nunca tengo suficiente)* de Depeche Mode: http://bit.ly/1MGXnuj.

Numerales 2.4.3.

Los numerales son cuantificadores que establecen cómputos basados en números naturales. A modo de recordatorio, la siguiente lista muestra los números cardinales hasta diecinueve.

0: zero, nought	5: five	10: ten	15: fifteen
1: one	6: six	11: eleven	16: sixteen
2: two	7: seven	12: twelve	17: seventeen
3: three	8: eight	13: thirteen	18: eighteen
4: four	9: nine	14: fourteen	19: nineteen

Las decenas incluyen la terminación **-ty**.

20: twenty	60: sixty
30: thirty	70: seventy
40: forty	80: eighty
50: fifty	90: ninety

Para expresar la cantidad de cien, se usa **a**/**one hundred**, y para decir mil, **a**/**one thousand**.

A partir de veinte, las decenas y unidades se separan con guion: **twenty-one**, **twenty-two**, **twenty-three**, etc.

El resto de centenas seguiría de la misma forma, pero sin guion: doscientos, **two hundred**, trescientos, **three hundred**, cuatrocientos, **four hundred**, etc.

Entre el 100 y el 1000, las centenas y las decenas se unen con **and**: 123, **one hundred and twenty-three**.

¿Sabías que...?

En inglés, adolescente es **teenager**, que está en edad de los **teen**, de los 13 a los 19.

Importante

En la comunicación oral, puede costarnos distinguir las terminaciones de los números acabados en **-teen** y las decenas **-ty**. Mientras que **-teen** se pronuncia con «i» larga, en **-ty** la «i» es corta.

En los números de cuatro cifras, es necesario fijarse qué cifra hay en el lugar de las centenas. Si es inferior a uno, como en el caso de 2015, se usa **and**: **two thousand and fifteen**. En los casos en los que la centena sea uno o más, como en 1998, se leería de la siguiente manera: **one thousand nine hundred and ninety eight**. En este caso, la cifra de los millares y la de las centenas no se unen con la conjunción **and**, pero sí la centena con las decenas y unidades.

Consulta

En el siguiente enlace tienes algunos ejercicios para practicar la pronunciación de los cardinales: http://bit.ly/1G0e1UV.

En cuanto a los años, los números de cuatro cifras se pueden leer de dos en dos, como ocurre en el ejemplo Nací en 1985, **I was born in nineteen eighty-five**.

En cuanto a los ordinales, los correspondientes a las tres primeras cifras son irregulares: **first** (primero), **second** (segundo) y **third** (tercero). A partir del número cuatro, se forman añadiendo la terminación **-th** al cardinal, con las siguientes excepciones ortográficas: quinto, **fifth**; noveno, **ninth**; y decimosegundo, **twelfth**.

El símbolo que acompaña a las cifras ordinales en inglés varía. Así, para **first**, se escribirá **1st**, para **second**, **2nd**; y para **third**, **3rd**. Esta norma se mantiene con los ordinales de dos cifras: **21st**, **22nd**, etc. Para el resto de ordinales, se utilizan las letras **th** como superíndice: **15th**, **24th**, etc.

Las decenas, por su parte, forman el ordinal cambiando la **-y** por **i** y añadiendo la terminación **-eth**:

20th: twentieth	60th: sixtieth
30th: thirtieth	70th: seventieth
40th: fortieth	80th: eightieth
50th: fiftieth	90th: ninetieth

¿Sabías que...?

Aunque los hispanohablantes utilizamos la misma palabra, «cuarentena», para referirnos a diferentes períodos de precaución, en inglés cuentan con diferentes términos para cada uno de los significados que se le da a esta palabra en español. Puedes consultarlas en el siguiente enlace: http://bit.ly/1MF8hip.

También es común utilizar otro tipo de determinantes relacionados con los números: los partitivos. Estos pueden definir diferentes cantidades, como una mitad, **a/one half**; un cuarto, **a/one quarter**; o un tercio, **a/one third**. Además, también se utilizan para hacer referencia a una docena, **a dozen**, o una quincena, **fortnight** (referida a quince días). En cuanto al período de prevención en determinadas enfermedades, es muy común el término **quarantine** (cuarentena).

2.4.4. Otros determinantes

Además de los determinantes estudiados, existen otros que también son muy comunes en el habla: **other** y **another**.

La diferencia entre los indeterminados otros, **other**, y otro, **another**, es que el primero se utiliza para el plural, y el segundo se utiliza con sustantivos contables en singular. De hecho, la palabra **another** está formada por la combinación del artículo indeterminado **an** y el adjetivo **other**.

Would you like another cup of coffee?: ¿Quieres otra taza de café?

They have other plans: Ellos tienen otros planes.

2.5. Pronombres

La función de los pronombres ingleses es la misma que la de los pronombres españoles: sustituir a una de las palabras o elementos de la oración. Sin embargo, existen notables diferencias en cuanto a las normas de uso de los pronombres en inglés, puesto que estos exigen una posición determinada en el discurso.

En los siguientes apartados se estudiará, en primer lugar, la posición de los pronombres personales de complemento, así como su uso con preposición. En segundo lugar, se tratarán los pronombres posesivos, para pasar a continuación a los interrogativos. Los apartados cuatro y cinco están dedicados a los pronombres indefinidos, ya que estos presentan unas características particulares para su uso. Por último, se tratarán los pronombres relativos más comunes.

Personales de complemento 2.5.1.

Los pronombres personales de complemento u objeto (**me**, **you**, **him**, **her**, **it**, **us**, **you**, **them**) siempre se colocan detrás del verbo, al contrario que el español que, en algunos casos, permite que se adelante. Por ejemplo, mientras que en español se dice «Yo te conozco», en inglés sería **I know you**; y «Me gusta» sería **I like it**.

Detrás de preposiciones (**with**, **to**, **for**, **at**, etc.) también se utilizaría este tipo de pronombre.

He's always very nice with me: Él siempre es muy amable conmigo.

These flowers are for you: Estas flores son para ti.

Mary wants to talk to him: Mary quiere hablar con él.

Don't look at her: No la mires.

They are coming with us: Ellos vienen con nosotros.

This present is for them: Este regalo es para ellos.

Cuando se trata de oraciones con dos complementos, directo e indirecto, el inglés presenta dos estructuras posibles. En el primer caso, no se sustituye el complemento directo por un pronombre. De esta manera, la oración presentaría el siguiente orden: verbo + pronombre para el complemento indirecto + complemento directo. Por ejemplo: Dame ese lápiz, **Give me that pen**. Observa cómo el pronombre indirecto **me** se sitúa tras el verbo, para luego incluir el complemento directo, **that pen**.

Si el complemento directo se sustituye por un pronombre, este se adelanta y pasa a estar justo detrás del verbo. En este caso, el pronombre personal en función de complemento indirecto va precedido por la preposición to. En el ejemplo anterior, esta sustitución de los dos complementos quedaría de la siguiente manera: Dámelo, **Give it to me**.

> **Ejemplo**
>
> Tráenos tus libros, **Bring us your books** es una oración con dos complementos: uno directo, **your books**, y otro indirecto que está marcado mediante el pronombre personal **us**.
> Si el complemento directo también se sustituye por un pronombre, la oración resulta de la siguiente manera: Tráenoslos, **Bring them to us**.

Posesivos 2.5.2.

Mientras que los adjetivos posesivos (**my**, **your**, **his**, etc.) acompañan al nombre expresando una posesión, los pronombres posesivos sustituyen a un nombre o sustantivo que ya se ha nombrado antes o que se deduce por el contexto. Por tanto, los pronombres no van seguidos de ningún sustantivo.

Pronombre personal sujeto	Adjetivo posesivo	Pronombre posesivo	Traducción
I	My	Mine	(El) Mío/(La) Mía/(Los) Míos/(Las) Mías
You	Your	Yours	(El) Tuyo/(La) Tuya/(Los) Tuyos/(Las) Tuyas
He	His	His	(El) Suyo/(La) Suya/(Los) Suyos/(Las) Suyas [de él]
She	Her	Hers	(El) Suyo/(La) Suya/(Los) Suyos/(Las) Suyas [de ella]
It	Its	Its	(El) Suyo/(La) Suya/(Los) Suyos/(Las) Suyas [de eso]
We	Our	Ours	(El) Nuestro/(La) Nuestra/(Los) Nuestros/(Las) Nuestras
You	Your	Yours	(El) Vuestro/(La) Vuestra/(Los) Vuestros/(Las) Vuestras
They	Their	Theirs	(El) Suyo/(La) Suya/(Los) Suyos/(Las) Suyas [de ellos/ellas]

¿Sabías que...?

En la saga *El señor de los anillos*, el personaje de Gollum repetía constantemente **My precious,** que se dobló al español como «Mi tesoro». Si se quisiera utilizar un pronombre posesivo en esta famosa frase, se diría Es mío, **It's mine**.

Los pronombres posesivos determinan qué persona (o animal o cosa, en el caso de **its**) posee algo sin nombrarlo, pero no especifica género ni número de lo poseído, puesto que son pronombres invariables en estos aspectos. Es decir, se utilizará el mismo pronombre para decir Este libro es mío, **This book is mine**, que para la oración Estos libros son míos, **These books are mine**.

Es necesario fijarse en el género de la tercera persona de singular, porque en inglés sí se distingue entre el pronombre que marca que el poseedor es un hombre o una mujer. Por ejemplo, la oración El piso es suyo, **The flat is his**, implica que el piso pertenece a un hombre, mientras que en El piso es suyo, **The flat is hers**, el pronombre matiza que la poseedora del piso es una mujer, aunque en sus traducciones al español no se aprecia este aspecto.

Las siguientes oraciones incluyen pronombres posesivos.

These socks are mine, but those are yours: Estos calcetines son míos, pero esos son tuyos.

This umbrella is hers: Este paraguas es suyo (de ella).

The newspaper is his: El periódico es suyo.

This is not our car. Ours is red: Este no es nuestro coche. El nuestro es rojo.

The keys aren't yours, they are theirs: Las llaves no son vuestras, son de ellos.

En el apartado 2.4.1. se ha estudiado la forma de preguntar por la posesión con la partícula de quién, **whose**. Es habitual responder a este tipo de preguntas con el pronombre posesivo.

Whose camera is this? It's mine: ¿De quién es esta cámara? Es mía.

Whose car is this? It's theirs: ¿De quién es este coche? Es de ellos.

Importante

Fíjate en que en algunos casos el pronombre posesivo en español se traduce por «el mío», «el tuyo», etc., pero en inglés no hace falta añadir el artículo **the** delante del posesivo (***the mine**, ***the yours**). **Mine**, por ejemplo, puede significar tanto «mío» o «mía» como «el mío» o «la mía».

2.5.3. Interrogativos

Tanto **what** como **who** y **which** pueden usarse sin sustantivo detrás, es decir, como pronombre.

Which is your boyfriend?: ¿Cuál es tu novio?

Who are they?: ¿Quiénes son ellos?

What are you going to do today?: ¿Qué vas a hacer hoy?

En la primera oración, el pronombre **which** da a entender que el interlocutor duda entre varios candidatos, en función del contexto en el que se entabla la conversación. Sin embargo, en el ejemplo con **what** la respuesta es más abierta.

Algunos ejemplos en los que estas palabras funcionan como pronombres interrogativos son las siguientes oraciones.

What are you looking at?: ¿Qué estás mirando?

What are you doing tomorrow?: ¿Qué haces mañana?

Which is bigger, Madrid or Barcelona?: ¿Cuál es más grande, Madrid o Barcelona?

Which is yours?: ¿Cuál es el tuyo?

Indefinidos 2.5.4.

Algunos de los determinantes indefinidos que se estudiaron anteriormente también pueden actuar como pronombre, es decir, sin acompañar a un nombre o sustantivo, sino aludiendo a uno que ya ha aparecido antes o que se entiende por el contexto. Si una persona le pregunta a otra ¿Sacaste fotos?, **Did you take photos?**, y esta responde Saqué algunas, **I took some**, el pronombre **some** en esa respuesta hace referencia a las fotografías, y no es preciso volver a repetir el sustantivo, ya que se sobreentiende por contexto. Ocurre lo mismo en las siguientes oraciones.

I need a pencil, but I can't find any: Necesito un lápiz, pero no encuentro ninguno.

I drink water but not much: Bebo agua pero no mucha.

De la misma manera en que se definía el uso de **many** o **much** en función de si el nombre era contable o incontable al funcionar como determinantes, en su función de pronombres también es necesario fijarse en esta cuestión. Observa cómo en el diálogo, al preguntar si tiene amigos aquí, la chica responde Tengo muchos, **I have many**, puesto que este pronombre sustituye a «amigos», sustantivo contable. Sin embargo, en la oración anterior se afirma **I drink water but not much**, y se opta por **much** al ser «agua» incontable.

Ejemplo

Did you buy a lot of books? Yes, I did, I bought many: ¿Compraste muchos libros? Sí, compré muchos.

Did she bring any orange juice? Yes, she did, but not much: ¿Trajo zumo de naranja? Sí, pero no demasiado.

Much o su forma negativa, **not much**, también pueden funcionar como pronombres.

Do you speak Spanish? Not much: ¿Hablas español? No mucho.

Do you read much? No..., not much: ¿Lees mucho? No..., no mucho.

Lo mismo puede ocurrir con **a little** o **a few**.

Do you speak English? A little: ¿Hablas inglés? Un poco.

Is there any tables? A few: ¿Hay mesas? Unas cuantas.

Todo/Toda/Todos/Todas, **all**, también puede actuar como determinante, con un sustantivo detrás. Pero también puede aparecer solo, como pronombre.

All the students passed the exam: Todos los estudiantes aprobaron el examen.

I have lived in Madrid all my life: He vivido en Madrid toda la vida.

All is true: Todo es verdad.

Eat it all: Cómetelo todo.

Otros pronombres indefinidos son los compuestos de **some**, **any**, **no** y **every**. A estas palabras se les añaden las palabras **body** o **thing** para sustituir a personas o cosas en el discurso en inglés.

Pronombres indefinidos compuestos		
Para personas	Somebody	Alguien, nadie
	Someone	
	Nobody	
	Anybody	
	Anyone	
	No one	
Para cosas	Something	Algo, nada
	Anything	
	Nothing	

Los compuestos de **some** y **any** se comportan igual que dichos determinantes, es decir, que se usan los compuestos de **some** en afirmaciones y oraciones interrogativas cuando estas suponen un ofrecimiento o petición. Las siguientes oraciones ejemplifican este uso; la primera utiliza **somebody** como un pronombre en una afirmación, y la segunda utiliza **something** en un ofrecimiento que se realiza a través de una pregunta.

There is somebody in the house: Hay alguien en la casa.

Somebody forgot the jacket at the party last night: Alguien se olvidó la chaqueta en la fiesta la pasada noche.

Would you like something to drink?: ¿Te/Le gustaría algo de beber?

Los compuestos de **any**, por su parte, se usan para el resto de preguntas (en las que no se ofrece ni se pide nada) y en oraciones negativas.

Is there anybody here?: ¿Hay alguien aquí?

Did you see anything?: ¿Viste algo?

Anybody undestood the question: Nadie entendió la pregunta.

Nobody, **no one** y **nothing** se comportan como un **no**. Esto implica que se usarán en oraciones afirmativas (verbo en positivo, puesto que el pronombre se encarga de ejercer la negación), y principalmente detrás de verbos como **to have** o con **there is/there are** y sus distintas formas temporales (tener o haber).

I have nobody to go out with: No tengo con quién salir.

There is no one in the street today: No hay nadie en la calle hoy.

I said nothing: No dije nada.

En realidad, estas palabras compuestas que funcionan como pronombres son el resultado de unir **no** y **anybody/anyone/anything**.

Pronombres indefinidos con no
No + anybody = nobody
No + anyone = no one
No + anything = nothing

También es interesante conocer el uso de cada, todos, **every**, que tiene un significado similar a **all** aunque, al contrario que este, solo se utiliza en singular. Sus compuestos se comportan de la misma manera. Todos, **everybody/everyone**, se emplean para referirse a personas: Todo el mundo necesita amor, **everybody/**

Ejemplo

En la canción *Everybody loves somebody*, interpretada por Dean Martin, hay varios ejemplos de pronombres indefinidos compuestos.

«Everybody loves somebody sometime.
Everybody falls in love somehow.
Something in your kiss just told me.
My sometime is now».

everyone needs love. Todo, **everything**, por su parte, es el pronombre que ha de utilizarse para cosas: Lo he perdido todo, **I've lost everything**. Finalmente, en todas partes, en todos sitios, **everywhere**, se refiere a lugares: Hay gente en todos sitios, **There are people everywhere**.

Relativos 2.5.5.

Los pronombres relativos, como ya se ha estudiado, aluden a un sustantivo o nombre que ha aparecido anteriormente en la oración (antecedente), sobre el que se dice algo.

Por tanto, los pronombres relativos introducen una oración subordinada adjetiva o de relativo. El antecedente al que se refieren puede ser una persona, animal o cosa. Estos pronombres en inglés son invariables en cuanto al género y número.

Cuando el antecedente es una persona se puede utilizar **who** o **that**, y para cosas **that** o **which**, pero es necesario conocer algunas diferencias en cuanto al uso de uno u otro.

That puede usarse para personas cuando se hace referencia a alguien en general, pero para personas concretas es preferible usar **who**.

> **We are looking for someone that/who can help us**: Estamos buscando a alguien que pueda ayudarnos.
>
> **The girl who lives next door is very nice**: La chica que vive al lado es muy agradable.

Ocurre lo mismo con **that** y **which**, ya que la primera se utilizará de manera general, pero cuando por contexto el interlocutor conozca el objeto o aspecto que sustituye este pronombre, se prefiere el uso de **which**.

Verbos 2.6.

En los apartados de este epígrafe se progresará en el conocimiento del inglés a través de diferentes formas verbales, ya que los verbos son una clase de palabra fundamental del discurso en cualquier idioma.

Se ampliará la información que ya se conoce sobre los verbos auxiliares, distinguiéndolos de aquellos que le aportan a la oración su significado principal. Además, se conocerán nuevas formas de expresar acciones futuras, y se explicará un nuevo tiempo verbal: el pasado continuo. También se avanzará en el estudio de otros verbos modales del inglés. Por último, se estudiará en qué consiste la voz pasiva, tanto en presente como en pasado.

Auxiliares 2.6.1.

Hay que distinguir los verbos principales, los que aportan el significado a la oración, y los auxiliares, que se emplean para negar, preguntar o formar los tiempos perfectos. Los que actúan como verbos auxiliares en inglés son **to do**, **to be** y **to have**.

El verbo **to do** puede tener dos funciones que no deben confundirse. Cuando actúa como verbo principal de la oración, su significado es «hacer». No obstante, el verbo **to do** también actúa como auxiliar en tiempos verbales como el presente, el pasado simple o el imperativo. En estos casos, no tiene significado por sí mismo, sino que ayuda a formar la negación y la interrogación.

En la oración negativa podría traducirse como «no»: No me gustan las matemáticas, **I don't like Maths**. En las oraciones interrogativas actúa como auxiliar pero no se traduce, aunque sí indica el tiempo verbal en que sucede la acción del

¿Sabías que...?

El uso de los pronombres formados con **some** y **any** es muy habitual en inglés. Tanto es así que en una de las canciones más famosas de Queen, *Somebody to love,* Freddie Mercury se pregunta ¿Puede alguien encontrarme alguien a quien amar?, **Can anybody find me somebody to love?** Puedes disfrutar de este éxito atemporal con subtítulos en español en el siguiente enlace: http://bit.ly/1EsmTQk.

Consulta

En el siguiente enlace puedes escuchar la pronunciación del pronombre relativo **who**: http://bit.ly/1BwMm6p.

verbo principal: ¿Lees?, **Do you read?**, indica un presente, pero ¿Saliste anoche? No, **Did you go out last night? No, I didn't**, implica un pasado, tanto en la pregunta como en la respuesta corta. **To do** también es el auxiliar para las oraciones imperativas, como ¡No te lo comas!, **Don't eat it!**

En los siguientes ejemplos aparecen los dos usos de **do** en una misma oración.

I don't do the washing: No hago la colada.

Don't do it: No lo hagas.

What do you do?: ¿Qué haces?

Did you do your homework?: ¿Hiciste los deberes?

Este tipo de frases suelen plantear problemas, ya que se tiende a utilizar el **do** solo una vez.

El verbo **to be** significa «ser» o «estar» en español. También funciona como verbo auxiliar en el presente continuo. Dos ejemplos en los que **to be** actúa como verbo principal de la frase son Es un estudiante nuevo, **He is a new student**, y Estoy aquí, **I am here**. No obstante, en el presente continuo, el verbo **to be** acompaña a otro verbo que actúa como principal.

Importante

Fíjate en que en las oraciones en presente continuo el verbo **to be** siempre se traduce como «estar», para aportar así el matiz de que la acción se está desarrollando al mismo tiempo que se habla.

I am eating: Estoy comiendo.

What are you doing?: ¿Qué estás haciendo?

You aren't listening to me: No me estás escuchando.

To have es otro ejemplo de verbo que puede actuar como principal o auxiliar. Como verbo principal de la oración, **to have** significa «tener»: Tengo un hermano y dos hermanas, **I have one brother and two sisters**. Pero este verbo también se utiliza para formar los tiempos compuestos perfectos. En estos casos, se traduciría como «haber».

We have arrived: Hemos llegado.

Mary hasn't passed the exam: Mary no ha aprobado el examen.

Have you eaten?: ¿Has comido?

En el título de este disco de Brad Sucks se utilizan dos verbos auxiliares: **to do** y **to be**

2.6.2. Formas impersonales del verbo to be en pasado y perfecto

There is y **there are** son formas impersonales que expresan existencia. Al contrario que el verbo «haber» en español, que es invariable en cuanto al número («Hay una silla, hay dos sillas»), las formas inglesas sí varían. En presente simple, se usa **there is** delante de sustantivos incontables y contables en singular: Hay una silla, **There is a chair**, Hay dinero en la mesa, **There is some money on the table**. Para los sustantivos contables en plural, en presente se diría **there are**: Hay dos naranjas en la cocina, **There are two oranges in the kitchen**.

Para expresar la existencia en pasado, hay que usar había, hubo, **was** o **were**, para sustituir a las formas impersonales del verbo **to be** en presente.

There was a meeting yesterday: Hubo una reunión ayer.

There were two tables: Había dos mesas.

Presente	Pasado
There is (Hay)	There was (Había, hubo)
There are (Hay)	There were (Había, hubo)

De la misma forma, para la negativa, habría que negar las formas anteriores **was/were not** o **wasn't/weren't**.

There wasn't any water: No había agua.

There weren't any tables available: No había ninguna mesa disponible.

En la interrogativa, habría que adelantar la forma verbal **was/were**.

Was there a train at nine?: ¿Había un tren a las nueve?

Were there any chairs?: ¿Había sillas?

Las formas impersonales del **to be** también se utilizan en presente perfecto, ha habido, **there has been/there have been**. Las siguientes oraciones presentan estas fórmulas de pasado perfecto.

There has/There's been an accident today: Ha habido un accidente hoy.

There have been two accidents this week: Ha habido dos accidentes esta semana.

La forma **there has been** puede abreviarse como **there's been**, pero normalmente este tipo de contracciones se usan en el habla y en textos informales. Es conveniente mantener las formas plenas en escritos formales.

> ?? ¿Sabías que...?
>
> Ha habido un despertar, **There has been an awakening**, es la primera oración de uno de los tráileres más esperados del año 2015. ¿Adivinas cuál? Puedes resolver la cuestión en el siguiente enlace: http://bit.ly/1vtp41Q.

Presente simple y continuo 2.6.3.

Hasta ahora, el presente continuo (formado por la estructura sujeto + presente simple del verbo **to be** + gerundio acabado en **-ing**) se ha explicado como un tiempo verbal que expresa una acción que sucede en el momento de hablar. Sin embargo, el presente continuo también puede tener valor de futuro.

Se usa el presente continuo cuando se intenta expresar la idea de un futuro inmediato o de planes personales que ya han sido decididos y se llevarán a cabo pronto. En las siguientes oraciones se aprecia este valor del presente continuo.

I'm visiting my aunt this afternoon: Voy a visitar a mi tía esta tarde.

We are playing tennis tomorrow: Vamos a jugar al tenis mañana.

I'm not going out tonight. I'm staying at home: No voy a salir esta noche. Me quedo en casa.

What are you doing tomorrow?: ¿Qué haces mañana?

El presente simple también puede usarse para hacer referencia al futuro, pero necesita de un contexto previo que ponga al interlocutor en situación. Es un uso que también se le da en español a este tiempo verbal, muchas veces de manera inconsciente.

Next Saturday, I'm taking dinner in Anna's house. After dinner, she cleans the table and I sweep the floor: El próximo sábado voy a cenar en casa de Anna. Después de la cena, ella recoge la mesa y yo barro el suelo.

En este ejemplo se interpreta que las dos acciones (recoger la mesa y barrer el suelo) sucederán en un futuro, tras la cena, y que son habituales siempre que se produce esa situación entre esas dos personas. Sin embargo, tanto en español como en inglés estas acciones suelen expresarse en tiempo presente, porque la información anterior ya sitúa al interlocutor en el futuro próximo.

Pasado continuo 2.6.4.

El pasado continuo, **past continuous**, sería el tiempo equivalente a las expresiones del español que hacen referencia a acciones que se desarrollaban durante un periodo determinado en un tiempo pasado, como por ejemplo «estaba comiendo» o «estábamos cantando».

Se usa para expresar acciones que estaban teniendo lugar en el pasado, sin haber concluido. En inglés, este tiempo verbal se forma con el verbo **to be** en pasado simple y el verbo principal en gerundio, es decir, acabado en **-ing**. Así, la estructura del pasado continuo es: sujeto + **was/were** + verbo principal terminado en **-ing**.

La forma del pasado simple del verbo **to be** tendrá que concordar con el sujeto, por lo que se escogerá **was** para **I**, **he**, **she** o **it**, pero se usará **were** para el resto de las personas.

I was eating: Estaba comiendo.

We were singing: Estábamos comiendo.

Para la forma negativa, basta con negar el verbo **to be** (**was/were** + **not** o sus formas contraídas **wasn't/weren't**) e incluir después el verbo principal en gerundio: No estaban viendo la televisión, **They weren't watching TV**.

En las oraciones interrogativas en pasado continuo, se adelanta el verbo to be que, en estos casos, actúa como verbo auxiliar: ¿Estabas durmiendo?, **Were you sleeping?**

El pasado simple, **past simple**, se usa para acciones pasadas que ya han concluido. Se corresponde con el pretérito perfecto simple del español. Hay que recordar que los verbos regulares forman el pasado con la terminación **-ed**, mientras que los irregulares no siguen una forma fija. En las oraciones interrogativas se utiliza **did**, el pasado del auxiliar **to do**, y para las negativas **didn't**, la forma contraída de **did** + **not**.

Importante

Puedes consultar la lista de verbos irregulares en inglés en el anexo, al final de este manual.

I arrived yesterday: Llegué ayer.

We went out last night: Salimos anoche.

They didn't call me: No me llamaron.

Did you go to the party?: ¿Fuiste a la fiesta?

What did you watch on TV last night: ¿Qué viste en la televisión anoche?

Ambos tiempos verbales pueden aparecer en una misma frase, cuando se habla de una acción pasada que tuvo lugar en el momento en el que ocurría otra, es decir, una acción pasada interrumpida por otra. Este tipo de oraciones suelen estar unidas por cuando, **when**, o mientras, **while**. Observa la elección del pasado simple y del pasado continuo en las siguientes oraciones.

My parents were sleeping when I arrived: Mis padres estaban durmiendo cuando llegué.

She wasn't crying when I saw her: No estaba llorando cuando yo la vi.

She fell sleep while he was watching TV: Ella se quedó dormida mientras él veía la televisión.

I saw you yesterday. You were driving: Te vi ayer. Estabas conduciendo.

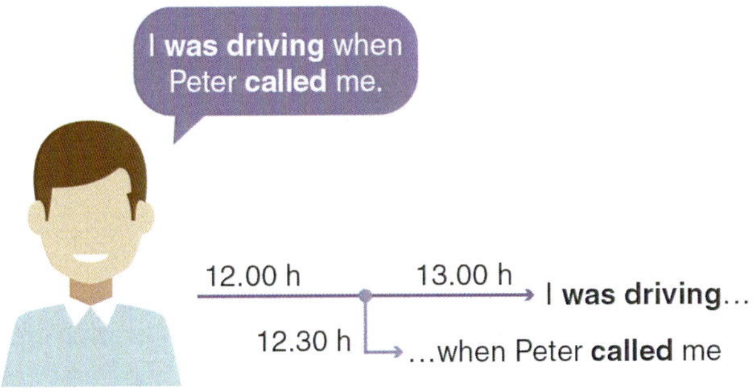

No siempre se produce este contraste. En ocasiones, es posible hacer referencia a dos acciones que estaban sucediendo simultáneamente en un momento pasado: Mi padre estaba cocinando mientras mi madre estaba durmiendo, **My father was cooking while my mother was sleeping**.

Futuro simple 2.6.5.

La partícula **will** se usa para expresar el futuro. El futuro simple se forma según la siguiente estructura: sujeto + **will** + verbo en infinitivo sin **to**.

I will phone you tomorrow: Te llamaré mañana.

We will arrive at seven: Llegaremos a las siete.

La forma contraída de **will** es **'ll**, y es muy habitual en el habla común (pero no en contextos formales), como en la oración Volveré enseguida, **I'll be back inmediately**.

La negación se forma con **will** + **not** o su contracción **won't**.

She will not be back: Ella no volverá.

We won't arrive before seven: No llegaremos antes de las siete.

En la interrogación, se adelanta el **will**, partícula a la que sigue el sujeto y el verbo en infinitivo sin la partícula **to**.

Will you come to the party?: ¿Vendrás a la fiesta?

Will they win?: ¿Ganarán?

Shall es otra partícula que expresa futuro. Puede usarse en futuro simple con **I** y **we**, pero no con el resto de personas: Llegaremos tarde, **We shall be late**.

Will y **shall** también se usan para ofrecimientos o promesas.

I'll bring you a coffee: Te traeré un café.

I'll phone you as soon as posible: Te llamaré tan pronto como me sea posible.

Otros verbos modales 2.6.6.

Los verbos modales, **modal verbs**, son otro tipo de auxiliares que, como su propio nombre indica, expresan modalidad. Entre otras cosas, pueden expresar habilidad, posibilidad, necesidad, obligación, etc. Al contrario que los verbos **to be**, **to have** y **to do**, los modales no pueden actuar como verbos principales. Se utilizan seguidos del verbo principal en infinitivo sin **to**.

Debería, Deberías, Deberíamos, Deberían, **should**, se emplea para aconsejar u opinar.

You should study more: Deberías estudiar más.

She shouldn't go out with that boy: Ella no debería salir con ese chico.

Ya se ha estudiado que la partícula **would**, pasado de **will**, funciona como auxiliar en las oraciones condicionales. Sin embargo, también puede actuar como verbo modal acompañando al verbo **to like** para expresar cortesía.

Consulta

El siguiente enlace te propone un ejercicio para que elijas qué tiempo verbal se adecúa mejor a diferentes oraciones (pasado simple o pasado continuo): http://bit.ly/1GWEAr4. Para hacerlo correctamente te puede ser útil la información que encontrarás en el enlace http://bit.ly/1Gos8QU.

¿Sabías que...?

Los seguidores del Liverpool FC entonan el *You'll never walk alone (Nunca caminarás solo)* en todos los partidos de su equipo de fútbol, una canción que proviene de un musical de los años cuarenta y que se convirtió en el himno oficial del club pocos años después. Puedes escucharlo en el siguiente enlace: http://bit.ly/RlJnz8.

Consulta

La pronunciación de la partícula **will** contraída ha de notarse al hablar, porque en caso contrario pueden surgir confusiones y es posible que el interlocutor no entienda correctamente el mensaje. Puedes escuchar varias oraciones que incluyen esta forma contraída en el siguiente enlace: http://bit.ly/1bfdpy2.

Todo el mundo debería... Pero los empleados tienen que lavarse las manos antes de volver al trabaio

Quisiera, I would like o I'd like, es una forma educada de pedir algo: **I'd like another cup of coffee, please** (Quisiera otra taza de café, por favor). También se emplea para expresar deseos: **I would like to visit Paris** (Me gustaría visitar París).

La pregunta **Would you like...?** también se utiliza para ofrecer algo de forma educada: ¿Quiere/Le apetecería un postre?, **Would you like a dessert?**. Se usa también en invitaciones: ¿Te gustaría venir conmigo?, **Would you like to come with me?**

Tener que..., **have to**, expresa obligación. Observa los siguientes ejemplos en los que este verbo modal indica que los sujetos están obligados a una acción concreta.

I have to get up at seven: Tengo que levantarme a las siete.

He doesn't have to drive: No tiene que conducir.

En pasado se usa **had to** para todas las personas. **Did not have to** (o con la forma contraída **didn't**) sería la negación del pasado.

I had to wait for a long time: Tuve que esperar mucho tiempo.

He didn't have to work: No tuvo que trabajar.

Deber, **Must**, también expresa obligación, aunque en este caso responde más a una obligación interna que tiene más que ver con una opinión o juicio personal que a una obligación externa; en este segundo caso también podría usarse **have to**.

You must visit the art gallery: Tienes que visitar la galería de arte.

I must rest: Debo descansar.

Otros de los verbos modales más usados en inglés son **may** y **might**. Aunque ambos expresan probabilidad o posibilidad, se puede decir que **may** indica mayor probabilidad que **might**.

It may rain tomorrow: Mañana puede que llueva.

It might rain tomorrow: Mañana podría llover.

May también se usa en preguntas para pedir permiso o hacer ofrecimientos formales. Es una fórmula que denota una gran cortesía, por lo que su empleo suele restringirse a ambientes formales. Las siguientes oraciones ejemplifican dos contextos habituales para la utilización de este verbo modal, una clase o conferencia y un restaurante.

I'm sorry, I'm late. May I come in?: Lo siento, llego tarde. ¿Puedo entrar?

May I bring you the menu?: ¿Le traigo el menú?

2.6.7. Voz pasiva en el presente y pasado simples

La pasiva en inglés se construye como en español, con el verbo ser, **to be**, y el participio pasado del verbo principal: sujeto pasivo + verbo **to be** + participio pasado del verbo principal.

The wall is painted every year: La pared se pinta cada año.

The sheets are changed every day: Las sábanas se cambian todos los días.

The grass is cut every week: El césped se corta todas las semanas.

These T-shirts are made in China: Estas camisetas están hechas en China.

La negación se formaría negando el verbo **to be**: Estas camisetas no están hechas en China, sino en Taiwán, **These T-shirts are not made in China, but in Taiwan**.

Para acciones pasadas, simplemente habría que usar la forma de pasado del verbo **to be**, bien afirmativa, bien negativa (**was/were/wasn't/weren't**).

The wall was painted last year: La pared se pintó el año pasado.

The sheets were changed yesterday: Se cambiaron las sábanas ayer.

The grass wasn't cut last week: El césped no se cortó la semana pasada.

These T-shirts weren't made in China: Estas camisetas no se hicieron en China.

Cuando aparece el complemento agente de la acción, este lo hace precedido por la preposición **by**.

***El Quijote* was written by Cervantes**: *El Quijote* fue escrito por Cervantes.

I was woken up by the alarm o'clock: Fui despertada por el despertador.

En la lengua inglesa la voz pasiva es bastante más frecuente que en español, ya que en este último se trata de una estructura más formal y propia del lenguaje escrito. Sin embargo, en inglés es habitual usarla para recalcar lo que en voz activa sería el complemento directo, por lo que se suele utilizar, por ejemplo, en titulares de prensa como El niño perdido fue encontrado por la Policía, **The lost child was founded by the Police.**

Consulta

En el siguiente enlace puedes observar varios ejemplos de cómo la voz activa se tranforma en voz pasiva: http://bit.ly/1Cs6fzC.

Adverbios 2.7.

A lo largo de los siguientes apartados se profundizará en aspectos relacionados con los adverbios, como la comparación y las formas sintéticas.

Además, se aprenderán nuevos adverbios compuestos que utilizan la partícula **-where**. También se repasará la posición de esta clase de palabra en la oración, así como la forma y el uso de los adverbios y locuciones adverbiales más frecuentes.

Formas sintéticas 2.7.1.

En inglés existen adverbios que cuentan con una forma sintética para realizar la comparación. Entre ellos, destacan **fast**, **hard** y los irregulares **better** y **worse**.

Rápido, rápidamente, **fast**, y difícil, duro, **hard**, pueden actuar como adjetivos o adverbios. En ambos casos, el comparativo de superioridad se forma con la terminación **-er**, por lo que las formas comparativas son **faster** y **harder**.

You run faster than him: Tú corres más rápido que él.

I studied harder than Peter: Estudié más duramente que Peter.

Bien, **well**, mal, **badly**, y lejos, **far**, se corresponden con las formas adverbiales de los adjetivos **good**, **bad** y **far**. En estos casos, los adverbios y adjetivos comparten los mismos comparativos de superioridad.

Adjetivo	Adverbio	Comparativo	Ejemplo
Good (Bueno)	Well (Bien)	Better (Mejor)	She speaks better than you (Habla mejor que tú)
Bad (Malo)	Badly (Mal)	Worse (Peor)	My father drives worse than me (Mi padre conduce peor que yo)
Far (Lejano)	Far (Lejos)	Further (Más lejos)	I can throw it further (Puedo lanzarlo más lejos)

2.7.2. Compuestos de –where

Los compuestos de **-where** (**somewhere**, **anywhere**, **nowhere** y **everywhere**) se refieren a lugares o sitios. Para lugares se usan los adverbios en alguna parte, somewhere, en ningún sitio/lugar, **anywhere** o **nowhere**, y en todas partes, **everywhere**.

Somewhere, al ser también un compuesto de some, se utiliza como este, en oraciones afirmativas: (Vive en alguna parte del norte de España: **He lives somewhere in the north of Spain**.

Como compuesto de **any**, se usa **anywhere** en negaciones e interrogaciones.

I can't find it anywhere: No lo encuentro por ningún sitio.

Are you going anywhere this summer?: ¿Vas a algún sitio este verano?

Nowhere es un compuesto de **no** + **anywhere**. Como compuesto de **no-**, se usa en frases afirmativas: (No hay ningún otro sitio al que ir, **There's nowhere else to go**.

Es habitual el uso del adverbio **everywhere**, que se traduce normalmente como «en todas partes». Por ejemplo: Buscó su libreta por todas partes, **He looked for his notebook everywhere**.

¿Sabías que...?

Somewhere over the rainbow es la canción principal de la película *El mago de Oz*. Puedes ver la escena en que Dorothy (Judy Garland) la interpreta en el siguiente enlace: http://bit.ly/1hMnDUR.

2.7.3. Forma, uso y posición más frecuente de adverbios y locuciones adverbiales

Algunas de las categorías en las que pueden dividirse los tipos de adverbios son las siguientes:

- De modo: responden a la pregunta ¿Cómo?, **How?** Rápidamente, **quickly**, despacio, **slowly**, rápidamente, **fast**, cuidadosamente, **carefully**, bien, **well**, o mal, **badly**, son algunos ejemplos de adverbios de modo. Se corresponden en su mayoría con los terminados en «-mente» del español.

- De lugar: responden a la pregunta ¿Dónde?, **Where?** Agunos adverbios de lugar son aquí, **here**, allí/ahí, **there**, en todas partes, **everywhere**, por encima de, **above**, abajo/debajo, **below**.

- De tiempo: responden a ¿Cuándo?, **When?** Ahora, **now**, ayer, **yesterday**, ya, **already**, y mañana, **tomorrow**, son algunos ejemplos de adverbios de tiempo en inglés.

- De frecuencia: responden a ¿Con qué frecuencia?, **How often?** Algunos de estos adverbios son siempre, **always**, a veces, **sometimes**, nunca, **never**, y una vez a la semana, **once a week**.

- De cantidad: responden a ¿Cuánto?, **How much?** Suficiente, bastante, **Enough**, mucho, **a lot**, más, **more**, y menos, **less**, son adverbios de cantidad.

La posición en la oración dependerá del tipo de adverbio. De esta manera, se puede afirmar que:

- Por norma general, los adverbios y locuciones de tiempo pueden ir al principio o final de la oración.

  We went to the cinema yesterday: Fuimos al cine ayer.

  Yesterday we went to the cinema: Ayer fuimos al cine.

- Ya, **already**, se utiliza en el **present perfect** entre el auxiliar y el verbo principal: Ya he comido, **I have already eaten**.

- **Still** y **yet** significan «aún» o «todavía». Mientras que **still** se utiliza en oraciones afirmativas entre el sujeto y el verbo; **yet** se coloca siempre al final de oraciones negativas o interrogativas.

  I still study Chinese: Todavía estudio chino.

  I haven't finished yet: Aún no he terminado.

  Have you finished yet?: ¿Ya has terminado?

- Los de lugar y dirección suelen ir al final.

  Were are here: Estamos aquí.

  I can't find it anywhere: No lo encuentro por ningún sitio.

- Los de modo pueden ir detrás del verbo o del objeto si lo hubiera.

  She speaks slowly: Ella habla despacio.

  She speaks English perfectly: Ella habla perfectamente inglés.

¿Sabías que...?

Still también se utiliza en frases negativas, como ocurre en la canción de U2 *I still haven't found what I'm looking for (Todavía no he encontrado lo que estoy buscando).* Puedes disfrutar de esta canción en el siguiente enlace: http://bit.ly/1raVU7v.

- Los adverbios de frecuencia se sitúan siempre entre el sujeto de la acción y el verbo principal, a excepción del verbo **to be**, el único verbo que se coloca antes que el adverbio. La estructura que se utiliza cuando se usan los adverbios de frecuencia en presente simple sería la siguiente: sujeto + adverbio de frecuencia + verbo principal en infinitivo sin **to**.

En inglés, los principales adverbios de frecuencia, **adverbs of frequency**, de mayor a menor periocidad, son los siguientes.

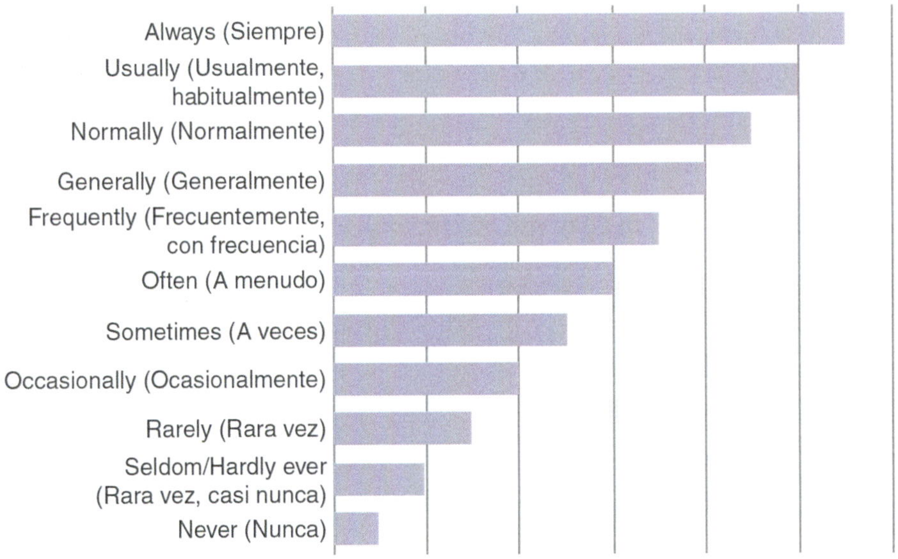

En cambio, las expresiones de tiempo no se corresponden con una sola palabra, sino que son locuciones adverbiales, es decir, expresiones que también cumplen la función de adverbio, en el sentido de que aportan información complementaria sobre el verbo.

Junto a los adverbios de frecuencia, las siguientes expresiones de tiempo también sirven para situar las acciones o actividades que se realizan. Pero hay que tener cuidado porque estas ya no tendrían que aparecer obligatoriamente después del sujeto. Normalmente aparecen al final de la frase, aunque también pueden aparecer al principio.

Every day: Todos los días.

Almost every day: Casi todos los días.

From time to time: De vez en cuando, ocasionalmente.

Every now and then: Cada dos por tres.

Every now and again: Cada dos por tres.

In the morning: Por la mañana.

In the afternoon: Por la tarde.

At night: Por la noche.

Once a day/a week/a month/a year: Una vez al día/a la semana/al mes/al año.

Once a fortnight: Una vez cada quince días.

Twice a day/a week/a month/a year: Dos veces al día/a la semana/al mes/al año.

Three times: Tres veces.

Fíjate en que para decir «una vez» y «dos veces» en inglés se cuenta con dos términos que equivaldrían a la expresión española: **once** y **twice**, por lo que sería incorrecto decir ***one time** o ***two times**. Otro error frecuente es ***once time** o ***twice time**. Es necesario saber que, en este caso, cada término por sí solo ya implica la palabra vez o veces: **once** y **twice** (una vez y dos veces). Sin embargo, a partir del número tres es diferente y similar a la expresión española, con lo que solo habría que añadir la expresión **times** al número. Es lo que ocurre en los ejemplos: **three times**, **four times** o **ten times**.

En cuanto a los adverbios de afirmación y negación, los principales son: sí, **yes**, no, **no**, también, **also**, también, **too**, y tampoco, **either**.

Importante

Existen muchos más adverbios de cada tipología de los que se mencionan en este apartado, ya que solo se han señalado los más importantes o frecuentes de cada tipo. Si te interesa, tienes una lista más completa de adverbios en el siguiente enlace: http://bit.ly/1xBQy4l.

Aunque **also** y **too** signfican «también», el primero se coloca entre el sujeto y el verbo y el segundo, al final de la oración. Observa los siguientes ejemplos.

La estructura **not... either** equivale a «tampoco». **Either** se coloca al final de la frase, pero con el verbo en forma negativa.

Enlaces 2.8.

Existen diferentes palabras que enlazan unas frases con otras y les aportan un significado completo. Entre estos enlaces destacan las preposiciones y las conjunciones.

En los siguientes apartados se profundizará en cuestiones que afectan al uso de determinadas preposiciones muy comunes en inglés, puesto que en esta lengua se debe escoger una u otra preposición en función del matiz que se le quiera dar a la oración.

En el apartado dedicado a las conjunciones se diferenciará entre aquellas que funcionan como coordinantes y las subordinantes.

El dominio de estos enlaces mejorará la capacidad comunicativa del hablante de inglés, dado que le permitirá crear un discurso fluido y bien estructurado, tanto a nivel oral como escrito.

Consulta

Si quieres consultar más información sobre el uso de las preposiciones en inglés, en el siguiente enlace encontrarás una explicación sencilla con diversos ejemplos: http://abt.cm/1gElaJG.

Preposiciones 2.8.1.

Las preposiciones acostumbran a ser uno de los aspectos del inglés que más les cuesta aprender a los hispanohablantes que están estudiando esta lengua.

En cuanto a las preposiciones de tiempo y lugar hay tres fundamentales, que son **in**, **ot** y **at**.

En cuanto al tiempo, **in** se usa con los meses, años y estaciones; **on**, para los días y fechas; y at, para la hora. Referidas al lugar, **in** y **at** se corresponden, la mayoría de las veces, con la preposición «en» del español, aunque **in**, al contrario que **at**, indica el interior de un lugar.

In a room/In a shop: En una habitación/En una tienda.

In Madrid/In the city centre: En Madrid/En el centro de la ciudad.

On Monday, I'll meet with my sister at the store in the city centre to buy some clothes: El lunes quedaré con mi hermana en una tienda en el centro de la ciudad para comprar algo de ropa

También se usa in para lugares abiertos, en el jardín, **in the garden**, o en el parque, **in the park**, y para hablar del mar o líquidos, por ejemplo, en el agua **in the water**, en el mar, **in the sea**, o en mi sopa, o **in my soup**.

En cuanto a los medios de transporte, se usa in con coche, **car**, y taxi, **taxi**: **in a car** e **in a taxi**. Con el resto de medios de transporte se utilizaría **on** (**on the bus**, **on the train**, etc.).

Se usa **at** en los siguientes casos:

At the bus-stop/At the traffic lights: En la parada de autobús/En el semáforo.

At the top/At the bottom/At the end: En la parte de arriba/En la parte de abajo/Al final.

At también se usa en las siguientes expresiones referidas al hogar, trabajo o centro de estudios: en casa, **at home**, en el trabajo, **at work**, en el colegio, **at school**, y en la universidad, **at university**. Esta misma preposición también se utiliza para referirse a las estaciones de medios de transporte: en la estación, **at the station**, en el aeropuerto, **at the airport**; y para hacer referencia a la casa o lugar de trabajo de alguien: en el médico, **at the doctor's**, en la casa de mi hermana, **at my sister's**. Otro uso habitual de at es para indicar acontecimientos: en una fiesta, **at a party**, en un concierto, **at a concert**, en un partido, **at a match**, y en una conferencia, **at a conference**.

On, por su parte, significa «sobre» o «encima», aunque también puede traducirse como «en»: en/sobre la mesa, **on the table**, en/sobre el suelo, **on the floor**, en la pared, **on the wall**. También se usa on para referirse a los pisos o plantas dentro de un edificio: en la primera planta, **on the first floor**, y para medios de transporte: en bicicleta, **on a bike**, en moto, **on a moto**, en tren, **on the train**, en avión, **on the plane**, en barco, on the ship.

On + el día de la semana es una estructura que se debe conocer e interiorizar. Se aprecia en el ejemplo el lunes/los lunes, **on Monday/on Mondays**. Sin embargo, se dice el sábado por la mañana, **on Saturday morning**, y el domingo por la tarde, **on Sunday afternoon**.

In two (Tuesday)'s time: Dentro de dos (martes).

On weekdays: En días hábiles.

At weekends/At the weekend: Los fines de semana/El fin de semana.

At nine o'clock: A las nueve.

At midday: A mediodía.

At midnight: A medianoche.

At breakfast/At lunch/At dinner: En el desayuno/En el almuerzo/En la cena.

Es importante respetar las preposiciones en cada uno de los casos anteriores, pues estas no se emplean aleatoriamente. De forma resumida, se usan las preposiciones **on**, **in** o **at** para las expresiones de tiempo en los siguientes casos.

- Se utiliza **on**:
  - Para los días de la semana: **on Monday**.
  - Para referirse a los días entre semana, de lunes a viernes, **from Monday to Friday**: **on weekdays**.

- Se utiliza **in**:

  - Para las partes del día, cuando se trata de **morning**, **afternoon** y **evening**, sin concretar el día de la semana, sino de forma general: **in the morning**, **in the afternoon** e **in the evening**.

  - Con los meses del año: en marzo, **in March**.

  - Con las estaciones: en primavera, **in the spring**.

- Se utiliza **at**:

  - Para hacer referencia a la noche: **at night**.

  - Para referirse a los fines de semana: **at weekends/at the weekend**.

  - Para indicar la hora: a las ocho de la mañana, **at eight in the morning**.

With y **without** se corresponderían en español con las preposicines «con» y «sin» respectivamente.

Do you drink your tea with or without sugar?: ¿Te bebes el té con o sin azúcar?

I can't read without my glasses: No puedo leer sin mis gafas.

Otra preposición muy común es de, acerca de, sobre, **about**:

I don't know much about History: No sé mucho sobre Historia.

I'm reading a book about China: Estoy leyendo un libro sobre China.

About también suele acompañar a verbos como **talk** (hablar), **speak** (hablar), **know** (saber), **hear** (oír) o **think** (pensar).

They are talking about us: Están hablando de nosotros.

I'm thinking about you: Estoy pensando en ti.

La preposición by, en cambio, puede tener distintos significados. Puede significar «cerca de» o «junto a»: Reservamos una mesa junto a la ventana, **We booked a table by the window**. También se utiliza con medios de transporte: en autobús, **by bus**, en tren, **by train**, o en bici, **by bike**, por ejemplo.

By también se emplea para referirse al autor de una obra: Estoy leyendo un libro de Hemingway, **I'm reading a book by Hemingway**. Esta preposición también introduce al agente en las estructuras de voz pasiva: El libro fue escrito por Hemingway, **The book was written by Hemingway**.

Conjunciones 2.8.2.

Las conjunciones sirven para unir o enlazar palabras o frases. Las coordinantes se utilizan para unir dos oraciones principales, es decir, de igual valor, mientras que las subordinantes establecen una relación de subordinación de una frase con respecto a la otra. En estas últimas, se puede distinguir una oración principal y una subordinada.

Las conjunciones coordinantes más comunes en inglés son: ya que, porque, **for**, y, **and**, ni, **nor**, pero, **but**, ni, **or**, si bien, mas, pero, **yet**, y así que, **so**.

Importante

En inglés para hablar de los días en los que se hace una determinada acción, no se usa el artículo determinado como en español: los lunes, los martes, etc. Por tanto, sería incorrecto decir ***The Monday**, ***The Tuesday**, etc. En inglés, los días de la semana deben acompañarse de la preposición on.

On Monday(s): El lunes, los lunes.

On Friday(s): El viernes, los viernes.

¿Sabías que...?

Una de las obras más famosas de William Shakespeare es ***Much ado about nothing*** *(Tanto lío para nada)*, que se tradujo al español como *Mucho ruído y pocas nueces*.

For establece una relación de causa entre dos oraciones: Ellos no han llegado porque/ya que el vuelo se ha retrasado, **They haven't arrived late for the flight has been delayed**.

And se emplea para añadir elementos o ideas: **I speak English and French** (Hablo inglés y francés).

Nor, en cambio, expresa adición en forma negativa. Mientras que **or** une palabras de una enumeración, **nor** se usa para unir oraciones: Al chico no le gusta leer ni le gusta escribir, **The boy doesn't like to read, nor he doesn't like to write**.

But introduce una oposición o negación: Hablo inglés pero no hablo francés, **I speak English, but I don't speak French**, Viste *The walking dead* y *Juego de tronos*, pero no viste *Hermanos de sangre,* **You watched *The Walking Dead* and *Game of Thrones*, but you didn't watch *Band of Brothers***.

Or se usa en oraciones distributivas y disyuntivas, para expresar dos opciones posibles: (¿Quieres té o prefieres café?, **Do you want tea or do you prefer coffee?**, Visitaremos Londres o Manchester, **We'll visit London or Manchester**. **Or** también se utiliza en frases negativas con el sentido de suma o adición: No me gusta el té ni el café, **I don't like tea or coffee**.

Yet expresa oposición con respecto a una oración anterior: Me encanta la playa, si bien no voy muy a menudo, **I love the beach, yet I don't go very often**.

So se utiliza para establecer consecuencia: Estoy muy cansado, así que voy a dormir, **I am very tired, so I'm going to sleep.**

¿Sabías que...?

Una forma sencilla para recordar las conjunciones coordinantes es con la regla mnemotécnica FANBOYS (For, And, Nor, But, Or, Yet, So).

Las conjunciones subordinantes más comunes son: después, **after**, como, mientras, **as**, porque, **because**, antes, **before**, desde, **since**, a menos que, **unless**, hasta que, **until**, cuando, **when**, y mientras, **while**. En los siguientes ejemplos puedes apreciar el uso de cada una de ellas.

She can go out after she finishes her homework: Ella puede salir después de que termine sus deberes.

You can do it as you want: Puedes hacerlo como quieras.

We are studying because we failed the exam: Estamos estudiando porque suspendimos el examen.

Wake me up before you go: Despiértame antes de que te vayas.

I can't sleep since I know the truth: No puedo dormir desde que sé la verdad.

I'll go to the party, unless I have no car: Iré a la fiesta, a menos que no tenga coche.

She didn't stop crying until you talked to her: No paró de llorar hasta que hablaste con ella.

Resumen

En esta unidad didáctica se ha aprendido que:

- Algunos nombres en inglés poseen un plural irregular, y otros solo se usan en plural o son incontables.
- Existen dos maneras de expresar la posesión: con el genitivo sajón o con los determinantes y pronombres posesivos.
- Es necesario conocer los usos de los adjetivos acabados en **-ing** y en **-ed**, así como la formación de la comparación en inglés. Los adjetivos pueden ser modificados por adverbios para enfatizar su significado.
- Entre los determinantes interrogativos más frecuentes en inglés están **what**, **which** y **whose**.
- Algunos de los determinantes indefinidos en inglés varían en función de si el nombre al que acompañan es contable (singular o plural) o incontable. Otros indefinidos poseen un significado concreto que es preciso reconocer para usarlos adecuadamente.
- Los pronombres personales de complemento se colocan detrás del verbo, pero su posición en las oraciones con preposición varía.
- Es necesario diferenciar entre el uso de los pronombres relativos **that** y **who**.
- Los principales verbos auxiliares en inglés son el verbo **to do** (para presente y pasado simples) y el verbo **to be** (para los tiempos continuos de presente y pasado). Este último, además, posee una forma impersonal que se traduce por «haber».
- Además del futuro simple con **will**, otras maneras de referirse al tiempo futuro son el presente continuo y el presente simple.
- El uso de los distintos verbos modales en inglés (**should**, **would**, **must**, **may**) depende de la intención comunicativa del mensaje, y está relacionado con significados de obligación o posibilidad, y con la cortesía en ofrecimientos o recomendaciones.
- Existen diferentes adverbios y locuciones adverbiales para indicar modo (**quickly**, **slowly**, **fast**), lugar (**here**, **there**, **everywhere**), tiempo (**now**, **yesterday**, **already**), frecuencia (**always**, **sometimes**, **never**) y canidad (**enough**, **a lot**, **more**).
- Entre los enlaces más habituales de la lengua inglesa se incluyen las preposiciones **at**, **on**, **in**, **with**, **without**, **about** y **by** y las conjunciones **for**, **and**, **nor**, **but**, **or**, **yet**, **after**, **as**, **because**, **before**, **since**, **unless**, **until**, **when** y **while**.

Reflexión final

Cuanto más dominio se posea de las características propias de cada clase de palabra en un idioma (nombres, determinantes, verbos, etc.) resultará más fácil expresar oraciones complejas y elaborar un discurso bien estructurado. Por ello, los contenidos gramaticales son una parte fundamental en el estudio de cualquier idioma.

Comprueba lo que has aprendido

1. Lee el siguiente texto y contesta a las preguntas que se te plantean a continuación.

Hachiko, an Akita Inu dog, was born in 1923 on a farm near the city of Odate, on the north of Honshu. A year later he was brought to Tokyo by his owner, Hidesaburo Ueno, a professor of agriculture at the University of Tokyo.

Every morning when Ueno went to work, Hachiko went with him to train station and waited for him on the same place at the Shibuya Station. This has become their daily routine. The tragedy occured in May of 1925 when Hachiko was eighteen months old. That day the professor didn't arrive by train as usual. At the university he suffered a stroke. He died and never came back to the station where his friend was waiting for him.

After Ueno's death, Hachiko was adopted by new owners but he escaped every time, returning to his old home where he used to live with Ueno. When Hachiko realized that the professor didn't live there anymore, he went back to the station. After that day, at four o'clock when the train arrived, Hachiko came to wait in hopes of seeing his owner.

This continued day after day, month after month, for the next ten years. Many people who passed through the station every day, brought food for Hachiko. One of Ueno's students who followed the dog home and learned about his story was fascinated with the story. The student visited Hachiko many times and he began to write articles about his died teacher and his dog.

In 1933, after one of his articles was published in the Japan's biggest newspaper, the dog became a national sensation. Teachers and parents around the country used Hachiko's love as an example for children to follow. Hachiko became national symbol of loyalty. His bronze statue was erected in front of the station.

Hachiko was found dead on March 8, 1935 on a street in Shibuya. He died because of heart infection. Today, the dog's statue stands in front of the Shibuya Station. It is waiting that his owner will come home.

Fuente: Daily Onigiri (http://bit.ly/IFAiw9) (adaptado)

En la oración **A year later he was brought to Tokyo by his owner**:

a. Hay un verbo en pasado continuo.
b. Hay un verbo en voz pasiva con un complemento agente introducido por **by**.
c. Hay un pasado simple.
d. El pronombre posesivo es **his**.

¿Por qué se utiliza la partícula **didn't** en la oración **That day the profesor didn't arrive by train**?

a. Porque es la forma negativa en pasado del verbo auxiliar **to do**.
b. Porque en esta oración el verbo principal con significado completo es **to do**.
c. Porque es la contracción de **do + not**.
d. Porque es el pasado del verbo **arrive**.

¿Qué tipo de determinante se usa en la oración **The student visited Hachiko many times**?

a. Se utiliza un determinante posesivo.
b. Se utiliza un determinante indefinido.
c. Se utiliza un determinante interrogativo.
d. Se utiliza un determinante numeral.

¿Qué estructuras del texto indican posesión?

a. Además de los determinantes posesivos su, sus, **his**, se utilizan genitivos en las frases la muerte de Ueno, Ueno's death, estudiantes de Uneo, **Ueno's students**, el periódico más grande de Japón, **the Japan's biggest newspaper**, el amor de Hachiko, **Hachiko's love**, o la estatua del perro, **dog's statue**.
b. Solamente indican posesión los determinantes posesivos de las frases su vieja casa, **his old home**, o su historia, **his story**.
c. Se utilizan múltiples pronombres posesivos a lo largo de todo el texto.
d. Se utilizan determinantes indefinidos.

Indica la afirmación correcta para la palabra **biggest** en el contexto de la frase **the Japan's biggest newspaper**.

a. **Big** es un adverbio.
b. **Big** es un adjetivo que en esta frase aparece en grado comparativo.
c. **Big** es un adjetivo que en esta frase aparece en grado superlativo.
d. Con el adjetivo **big** siempre se debe utilizar el artículo **the**.

Fíjate en la última oración del texto y explica el uso de los tiempos verbales que se usan en ella.

____
____
____.

Localiza en el texto:

a. Dos oraciones con pronombre relativo.

____.
____
____.

b. Una oración con una conjunción coordinante que indique oposición o negación.

____.

c. Una oración en la que la preposición **at** se use para indicar la hora.

____.

d. Una oración en la que la preposición **in** introduzca un mes.

____.

Indica si las siguientes afirmaciones sobre el texto son verdaderas o falsas.

	V	F
Hachiko era el perro de un profesor de universidad llamado Hidesaburo Ueno		
Hachiko acompañaba todos los días a su dueño a la estación de tren		
Cuando su dueño murió, Hachiko se quedó solo		
La historia de Hachiko se conoció a través de la televisión		
Hachiko murió ocho años después que su dueño		
La historia de Hachiko se considera un modelo de lealtad y es conocida en todo Japón		
La escultura de Hachiko se erigió enfrente de la casa que compartía con el profesor Ueno		

Soluciones

1. Lee el siguiente texto y contesta a las preguntas que se te plantean a continuación.

Hachiko, an Akita Inu dog, was born in 1923 on a farm near the city of Odate, on the north of Honshu. A year later he was brought to Tokyo by his owner, Hidesaburo Ueno, a professor of agriculture at the University of Tokyo.

Every morning when Ueno went to work, Hachiko went with him to train station and waited for him on the same place at the Shibuya Station. This has become their daily routine. The tragedy occured in May of 1925 when Hachiko was eighteen months old. That day the professor didn't arrive by train as usual. At the university he suffered a stroke. He died and never came back to the station where his friend was waiting for him.

After Ueno's death, Hachiko was adopted by new owners but he escaped every time, returning to his old home where he used to live with Ueno. When Hachiko realized that the professor didn't live there anymore, he went back to the station. After that day, at four o'clock when the train arrived, Hachiko came to wait in hopes of seeing his owner.

This continued day after day, month after month, for the next ten years. Many people who passed through the station every day, brought food for Hachiko. One of Ueno's students who followed the dog home and learned about his story was fascinated with the story. The student visited Hachiko many times and he began to write articles about his died teacher and his dog.

In 1933, after one of his articles was published in the Japan's biggest newspaper, the dog became a national sensation. Teachers and parents around the country used Hachiko's love as an example for children to follow. Hachiko became national symbol of loyalty. His bronze statue was erected in front of the station.

Hachiko was found dead on March 8, 1935 on a street in Shibuya. He died because of heart infection. Today, the dog's statue stands in front of the Shibuya Station. It is waiting that his owner will come home**.**

Fuente: Daily Onigiri (http://bit.ly/IFAiw9) (adaptado)

En la oración **A year later he was brought to Tokyo by his owner**:

a. Hay un verbo en pasado continuo.
b. Hay un verbo en voz pasiva con un complemento agente introducido por **by**.
c. Hay un pasado simple.
d. El pronombre posesivo es **his**.

¿Por qué se utiliza la partícula **didn't** en la oración **That day the profesor didn't arrive by train**?

a. Porque es la forma negativa en pasado del verbo auxiliar **to do**.
b. Porque en esta oración el verbo principal con significado completo es **to do**.
c. Porque es la contracción de **do + not**.
d. Porque es el pasado del verbo **arrive**.

¿Qué tipo de determinante se usa en la oración **The student visited Hachiko many times**?

a. Se utiliza un determinante posesivo.
b. Se utiliza un determinante indefinido.
c. Se utiliza un determinante interrogativo.
d. Se utiliza un determinante numeral.

¿Qué estructuras del texto indican posesión?

a. Además de los determinantes posesivos su, sus, **his**, se utilizan genitivos en las frases la muerte de Ueno, Ueno's death, estudiantes de Uneo, **Ueno's students**, el periódico más grande de Japón, **the Japan's biggest newspaper**, el amor de Hachiko, **Hachiko's love**, o la estatua del perro, **dog's statue**.
b. Solamente indican posesión los determinantes posesivos de las frases su vieja casa, **his old home**, o su historia, **his story**.
c. Se utilizan múltiples pronombres posesivos a lo largo de todo el texto.
d. Se utilizan determinantes indefinidos.

Indica la afirmación correcta para la palabra **biggest** en el contexto de la frase **the Japan's biggest newspaper**.

a. **Big** es un adverbio.
b. **Big** es un adjetivo que en esta frase aparece en grado comparativo.
c. **Big** es un adjetivo que en esta frase aparece en grado superlativo.
d. Con el adjetivo **big** siempre se debe utilizar el artículo **the**.

Fíjate en la última oración del texto y explica el uso de los tiempos verbales que se usan en ella.

En este fragmento se utiliza un presente simple, **the dog's statue stands** (la estatua del perro permanece), así como un presente continuo, **it is waiting** (está esperando) y una forma de futuro con la partícula **will**, **his owner will** come (su dueño volverá).

Localiza en el texto:

a. Dos oraciones con pronombre relativo.

Many people who passed through the station every day, brought food for Hachiko.
One of Ueno's students who followed the dog home and learned about his story from the new owners was fascinated with the story.

b. Una oración con una conjunción coordinante que indique oposición o negación.

Hachiko was adopted by new owners but he escaped every time.

c. Una oración en la que la preposición **at** se use para indicar la hora.

After that day, at four o'clock when the train arrived, Hachiko came to wait in hopes of seeing his owner.

d. Una oración en la que la preposición **in** introduzca un mes.

The tragedy occured in May of 1925 when Hachiko was eighteen months old.

Indica si las siguientes afirmaciones sobre el texto son verdaderas o falsas.

	V	F
Hachiko era el perro de un profesor de universidad llamado Hidesaburo Ueno	X	
Hachiko acompañaba todos los días a su dueño a la estación de tren	X	
Cuando su dueño murió, Hachiko se quedó solo		X
La historia de Hachiko se conoció a través de la televisión		X
Hachiko murió ocho años después que su dueño		X
La historia de Hachiko se considera un modelo de lealtad y es conocida en todo Japón	X	
La escultura de Hachiko se erigió enfrente de la casa que compartía con el profesor Ueno		X

3. Contenidos ortográficos

Contenidos

Objetivos

- Conocer el alfabeto y los caracteres ingleses.
- Identificar la representación gráfica de los principales fonemas y sonidos del inglés.
- Distinguir el uso de mayúsculas y cursivas en lengua inglesa.
- Reconocer los signos ortográficos más habituales del inglés y su uso.
- Comprender las normas ortográficas que afectan a la escritura de las palabras extranjeras en inglés.
- Conocer la estructura silábica de la lengua inglesa.

Reflexión inicial

La evolución histórica del inglés ha provocado que sus normas ortográficas difieran de las de otras lenguas. Esto se debe en gran medida a que este idioma no se lee tal y como se escribe, como sucede con el español, por lo que se han de estudiar las características propias de la ortografía de esta lengua.

3.1. Introducción

En esta unidad didáctica se estudiarán los aspectos relacionados con la ortografía, **spelling**, en inglés. Se explicarán, para ello, el alfabeto y sus caracteres, la representación gráfica de fonemas y sonidos, el uso de los caracteres en sus diversas formas (mayúscula y cursiva) y los signos ortográficos, como el acento, el apóstrofo y el guion.

Asimismo, se explicarán también la grafía relacionada con los extranjerismos en inglés y, en cuanto a la estructura silábica, la división de palabras al final de línea.

¿Sabías que...?

En EE. UU. son muy populares los concursos de deletreo, **spelling bee**, e incluso se retransmiten por televisión. En ellos participan niños y adolescentes de todos los estados, que superan diferentes fases antes de llegar a la final nacional. Puedes ver en qué consiste este tipo de concursos en el siguiente enlace: http://bit.ly/1NeSbwj.

3.2. Alfabeto y caracteres

La dificultad de la pronunciación del inglés radica en que una misma letra puede pronunciarse de varias formas, dependiendo del contexto fonético en el que se encuentre. Es decir, un carácter puede corresponder a varios fonemas. Saber pronunciar correctamente las letras del alfabeto es fundamental en inglés, entre otros aspectos, a la hora de deletrear una palabra.

El alfabeto que se emplea en inglés es el latino o romano. Consta de veintiséis letras, una menos que en español, ya que en la lengua inglesa no existe la «ñ». A continuación, se muestran las letras del alfabeto junto a su pronunciación entre barras.

Consulta

El alfabeto inglés ha sufrido cambios a lo largo de su historia, y algunos de los caracteres han desaparecido hasta conformar el actual, con veintiséis letras. Puedes ver qué caracteres formaron parte de él en el siguiente enlace: http://bit.ly/1HeJCQg.

Deletreo en inglés		
Letra	Transcripción fonética	Pronunciación en español
A	/eɪ/	ei
B	/bi:/	bi
C	/si:/	si
D	/di:/	di
E	/i:/	i
F	/ɛf/	ef
G	/dʒi:/	yi
H	/eɪtʃ/	eich
I	/ʌi/	ai
J	/dʒeɪ/	yei
K	/keɪ/	kei
L	/ɛl/	el
M	/ɛm/	em
N	/ɛn/	en
O	/əʊ/	ou
P	/pi:/	pi
Q	/kju:/	kiu
R	/ɑ:/	ar
S	/ɛs/	es
T	/ti:/	ti
U	/ju:/	iu
V	/vi:/	vi
W	/dʌb(ə)lju:/	dabl iu
X	/ɛks/	eks
Y	/wʌɪ/	wai
Z	/zɛd/ (BrE), /zi:/ (AmE)	zed (BrE), zsi (AmE)

En inglés hay cinco vocales (**a**, **e**, **i**, **o**, **u**) y dos semivocales (**w**, **y**). En cuanto a la letra **z**, se recomienda pronunciarla según la variante británica /zɛd/ para evitar confusiones con la **c**, /si:/. En cuanto a la **y** y la **w**, en inglés se consideran consonantes, aunque también tienen valor vocálico (llorar, **cry**, o cómo, **how**).

3.3. Representación gráfica de fonemas y sonidos

La forma de escribir una palabra en inglés no coincide siempre con su pronunciación, es decir, el inglés no es un idioma fonético, ya que no se lee tal y como se escribe, como sucede en español.

Los fonemas o sonidos también pueden representarse mediante símbolos. Conviene conocer estos símbolos para, por ejemplo, leer correctamente la transcripción fonética que suele aparecer entre barras junto a cada entrada del diccionario.

Es recomendable prestar atención a los diferentes acentos que se aprecian al escuchar vídeos, conversaciones en inglés, series o películas, etc. Esto provoca que la pronunciación vaya mejorando, puesto que el oído aprende a reconocer ciertos sonidos y de esta manera se reproducen fielmente, conforme a los estándares lingüísticos del inglés.

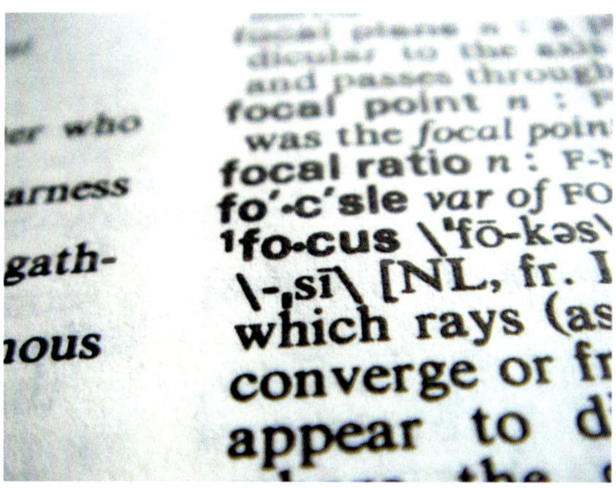

> **Consulta**
>
> Puedes consultar las tablas de representación de los fonemas vocálicos y consonánticos del inglés estándar en el epígrafe 4.2. de la unidad didáctica 4. Estas tablas resultarán de gran ayuda para leer cualquier palabra en lengua inglesa sin mayores problemas, siempre y cuando se cuente con su transcripción fonética.

A continuación se incluyen algunas circunstancias en las que es fundamental atender a la representación gráfica de fonemas:

- En inglés también existen palabras homógrafas, que se escriben igual pero se pronuncian de distinta manera. Esto sucede, por ejemplo, con el verbo leer, **to read**, que en presente simple se pronuncia /ri:d/ pero el pasado y el participio, pese a escribirse igual, se pronuncia /rɛd/. También pueden ser homógrafas palabras que pertenecen a categorías gramaticales diferentes, como **subject**, que en caso de funcionar como verbo (someter a, controlar) se pronuncia /səb'dʒɛkt/, pero cuando se utiliza como nombre (tema, asignatura, sujeto) se pronuncia /'sʌbdʒɪkt/.

- Muchas palabras inglesas se distinguen en el habla gracias a la prolongación de las vocales, que se marcan con el símbolo «:» en su representación fonética. Ocurre, por ejemplo, en las palabras servir, **fit**, y pies, **feet**, puesto que la primera se pronuncia /fɪt/ y la segunda /fi:t/.

- En ocasiones, las vocales al final de palabra son mudas. Ocurre en coger o llevar, **take**, /teɪk/; pastel, **cake**, /keɪk/; etc.

- También se debe tener en cuenta el estándar inglés utilizado. Por ejemplo, en BrE no se suelen pronunciar las **-r** finales de muchas palabras, por lo que coche, **car**, se dice /kɑ:/, pero en AmE dirían [kɑ:r], con un sonido /r/ al final.

> **Importante**
>
> En este manual se representa entre barras (/) la pronunciación del **RP**, pero las cuestiones fonéticas que afectan a acentos o variedades, como en el caso de la pronunciación de **car** en AmE, se incluyen entre corchetes ([]).

> **Consulta**
>
> Para escuchar los sonidos del inglés te recomendamos que consultes la **phonemic chart** interactiva del British Council, donde podrás apreciar los sonidos pronunciados de manera independiente y en diferentes palabras. Accede a esta tabla en el siguiente enlace: http://bit.ly/1fdv8EI.

3.4. Uso de mayúscula y cursiva

El uso de las mayúsculas en inglés puede plantear problemas, ya que en muchos casos las reglas ortográficas que se aplican para la elección de mayúsculas o minúsculas no coinciden con las del español. Se escribe con mayúscula, **capital letter**, la primera letra de una palabra en los siguientes casos:

- Días de la semana y meses del año: lunes, **Monday**, martes, **Tuesday**, miércoles, **Wednesday**, etc.; enero, **January**, febrero, **February**, marzo, **March**, etc.
- Nombres de países y nacionalidades (gentilicios): España, **Spain**, Francia, **France**, Italia, **Italy**, etc.; español, **Spanish**, francés, **French**, italiano, **Italian**, etc.
- Idiomas: chino, **Chinese**, ruso, **Russian**, alemán, **German**, etc.

Ejemplo

I am reading a novel called *Teacher Man:* Estoy leyendo una novela titulada *El profesor.*

Peter is Spanish, but he lives in France: Peter es español, pero vive en Francia.

Sam is working with First World War files: Sam está trabajando con archivos de la Primera Guerra Mundial.

- Ttítulos de libros o películas. En inglés se escriben en mayúscula la primera letra de cada palabra que lo compone. Por norma general, no se aplica esta norma a los determinantes, artículos, conjunciones ni preposiciones, a menos que sean la primera palabra del título (en ese caso sí se escribirían en mayúscula por iniciar la oración). Por ejemplo: *El señor de los anillos,* ***The Lord of The Rings***, o *El guardián entre el centeno,* ***The Catcher in the Rye***.
- Periodos históricos y acontecimientos bélicos destacados, como la Edad Media **the Middle Age**, Segunda Guerra Mundial, **Second World War**, etc.
- Pronombre personal correspondiente a la primera persona del singular, **I** (yo).

La cursiva, **italic**, hace referencia al tipo de letra que se usa, por ejemplo, cuando se escribe en el ordenador, inclinada a la derecha; mientras que **cursive** es el término que se correspondería con la escritura manuscrita.

Las reglas del inglés en cuanto al uso de la cursiva pueden variar, ya que en muchos casos la cursiva y el subrayado se emplean indistintamente.

¿Sabías que...?

La mayoría de las editoriales y periódicos del mundo cuentan con un manual de estilo, esto es, una serie de recomendaciones sobre cuestiones que afectan al formato de las palabras: mayúsculas, cursivas, etc. En Reino Unido, los más seguidos son los de los periódicos *The Guardian* y *The Economist* y los publicados por las universidades de Oxford y Cambridge. En EE. UU. tienen mucho éxito los de la **AP** (**Associated Press**) y el *Chicago Manual of Style,* que publica la Universidad de Chicago.

En general, los caracteres en cursiva, **italics typeface**, se usan en inglés para:

- Títulos de obras, como libros o películas: *Cien años de soledad,* ***A Hundred Years of Solitude***, o *El último mohicano,* ***The Last of the Mohicans***.
- Extranjerismos y tecnicismos. Al igual que sucede en español, cuando se escribe una palabra o expresión extranjera en inglés suele ir en cursiva. Por ejemplo, en la oración **My mother cooks *paella*, on Sundays** (Mi madre cocina paella los domingos), la palabra *paella* en inglés se considera un extranjerismo, porque es una palabra española, por eso se escribe en cursiva.
- Nombres de barcos, aviones, trenes e, incluso, naves espaciales. Por ejemplo, el nombre de la nave ***Voyager***.

3.5. Signos ortográficos

El apóstrofo, **apostrophe**, indica que se ha omitido una letra, como es el caso de las contracciones verbales o el **'s** empleado en el genitivo sajón: **I'm** (soy, estoy), **Susan's car** (el coche de Susan), etc. También se usa en la transcripción fonética delante de la sílaba que recibe la mayor fuerza de voz, es decir, la sílaba acentuada. Por ejemplo: hotel, **hotel**, se pronuncia /həʊˈtel/; el acento recae en /tel/ porque así lo indica el apóstrofo.

El guion, **hyphen**, se usa en palabras y números compuestos, así como en algunas expresiones que tienen unidad de significado. Veinticuatro, **Twenty-four**, cuñada, **sister-in-law**, o exmarido, **ex-husband**, son algunos ejemplos del uso del guion en inglés.

En inglés no existe el signo de la tilde (´) ni la diéresis (¨), aunque los suelen respetar en los préstamos lingüísticos, es decir, en palabras tomadas de otros idiomas que sí incluyen estos signos ortográficos, como cafetería, **café**.

¿Sabías que...?

Tras la conquista por parte de los normandos franceses en 1066, el inglés tomó muchos términos del francés. La influencia fue tal que tuvieron que pasar varios siglos hasta que el inglés volvió a ser considerado un idioma digno de ser hablado entre las clases nobles. Puedes leer un interesante artículo sobre esta influencia lingüística y ver un divertido vídeo en el siguiente enlace: http://bit.ly/1FGfcZU.

3.6. Ortografía de palabras extranjeras

A lo largo de su evolución, el inglés ha tomado numerosos préstamos lingüísticos de otras lenguas. Probablemente, el idioma que más le ha influido es el francés, por un lado, debido a la invasión, y por otro, a su prevalencia entre los siglos XI y XIV. De hecho, el 45 % del vocabulario de un hablante anglosajón, en la actualidad, proviene del francés.

Aunque el proceso de evolución y adaptación de los extranjerismos es arduo, por norma general, el BrE es más conservador que el AmE. Esto significa que los préstamos mantienen la grafía original, por ejemplo, cafetería, **café**, prometido o novio, **fiancé**, y paté, **pâté**, son algunos ejemplos.

No obstante, también hay casos de palabras que se han integrado de tal manera en el inglés que han perdido los acentos: régimen, **regime**, élite, **elite** u hotel, **hotel,** ejemplifican esta asimilación. Son palabras que, por lo general, aunque no tienen origen inglés, no son percibidas de forma consciente por los anglosajones como extranjerismos.

3.7. Estructura silábica. División de palabras al final de línea

En inglés se pueden encontrar, al igual que en español, palabras con diferente número de sílabas, **syllables**. Se debe estructurar silábicamente la palabra en función de los golpes de voz, puesto que en lengua inglesa no existe la marca ortográfica para distinguir diptongos o hiatos.

Original	Traducción	Pronunciación	División en sílabas
Dog	Perro	/dɒg/	Dog
Cute	Lindo	/kjuːt/	Cute
College	Facultad	/ˈkɒlɪdʒ/	Col-lege
Beautiful	Guapo, bonito	/ˈbjuːtɪfʊl/	Beau-ti-ful
Distraction	Distracción	/dɪˈstrækʃ(ə)n/	Dis-trac-tion

La división en sílabas dependerá, en ocasiones, de la pronunciación de la palabra. Esto ocurre con palabras que poseen una letra (normalmente una vocal) que se puede omitir, como ocurre en probablemente, **probably**, que se pronuncia /'präblē/ o /'prɒbəbli/, por lo que su estructura silábica será **prob-a-bly** (al pronunciar la **a**) o **prob-ably** (realizando la elipsis de la **a**).

Consulta

En el siguiente enlace se dan algunas claves para el reconocimiento del número de sílabas que componen una palabra a través de los sonidos vocálicos que posee: http://bit.ly/1CcV7GH.

En la mayoría de los diccionarios se puede consultar la estructura silábica de las palabras, pero el formato varía en función del país de habla inglesa que lo edite. Así, en los diccionarios americanos las sílabas se separan con puntos (**beau·ti·ful**) y en la mayoría de los británicos, con barras verticales (**beau|ti|ful**).

En cuanto a la división de palabras al final de línea, hay que recordar que la sílaba es un conjunto de letras que forman una unidad y que, por lo tanto, no deben separarse. Las reglas de separación que afectan a diferentes casos son:

- Las palabras de una sola sílaba no deben dividirse.
- Las sílabas formadas por una sola vocal no deben separarse del resto de la palabra.
- Las letras que forman parte de una misma sílaba no tienen que separarse.

División de palabras errónea	División de palabras correcta	Traducción
On Monday, I visited Anna. She doesn't fe-el very well	On Monday, I visited Anna. She doesn't feel very well	El lunes visité a Anna. No se sentía muy bien
When John called me yesterday, I haven't a-rrived home	When John called me yesterday, I haven't arrive home	Cuando John me llamó ayer, no había llegado a casa
Paul has a new girlfriend. I think she is be-autiful	Paul has a new girlfriend. I think she is beautiful	Paul tiene una novia nueva. Creo que es guapa

- Los afijos (prefijos y sufijos) forman sílabas por sí mismos, por lo que a la hora de dividir una palabra, se separarían de la raíz: precalentar, **pre-heat**, totalmente, **absolute-ly**, o cantando, **sing-ing**, se dividirían correctamente a final de línea si se cortan donde lo indica el guion.
- La separación en el caso de palabras que contienen alguna consonante duplicada debe hacerse entre ambas consonantes. Dos consonantes iguales no pueden formar parte de una misma sílaba: facultad, **col-lege**.

Es recomendable conocer estas normas para la separación de palabras a final de línea, si bien es cierto que su aplicación práctica solo se da en caso de que se escriba a mano. En la actualidad, la mayoría de los escritos que se realizan a ordenador utilizan herramientas de texto que separan de manera automática las líneas sin cortar las palabras, ajustando el espaciado o la alineación que el usuario escoja.

Resumen

En esta unidad didáctica se ha aprendido que:

- El alfabeto inglés consta de veintiséis letras (entre ellas cinco vocales y dos semivocales), pero a nivel fonético se asocian hasta cuarenta y cuatro sonidos a estos caracteres.

- Los fonemas o sonidos también pueden representarse mediante símbolos, que conviene conocer para pronunciar correctamente el inglés.

- En inglés, se escriben con mayúscula inicial: los días de la semana, los meses del año, los nombres de países y nacionalidades, los idiomas, los periodos históricos, los acontecimientos bélicos, el pronombre personal **I** y cada una de las palabras con significado pleno que componen el título de películas o libros.

- Los caracteres en cursiva, en inglés, se usan para títulos de obras, extranjerismos, tecnicismos y nombres propios de barcos, aviones, etc.

- El apóstrofo en inglés indica, por un lado, que se han omitido letras y, por otro, la sílaba con mayor fuerza de voz en una transcripción fonética.

- El guion se usa en la lengua inglesa en palabras y números compuestos.

- En inglés no se usan tildes ni diéresis, si bien en ocasiones se mantiene la grafía de los extranjerismos con estos signos ortográficos. Sin embargo, otros muchos préstamos se han integrado completamente y han adaptado su grafía al inglés.

Reflexión final

La ortografía inglesa se caracteriza por poseer un alfabeto de veintiséis caracteres y una estructura silábica particular, que puede ayudar a adquirir una mejor pronunciación. Como en cualquier idioma, es necesario conocer las normas ortográficas inglesas para escribir y hablar correctamente esta lengua.

Comprueba lo que has aprendido

1. Las siguientes oraciones poseen diversos fallos debido a la ausencia de signos ortográficos y al uso incorrecto de las formas de los caracteres. Destaca los fallos que encuentres y después corrige las oraciones incluyendo guiones, apóstrofos, mayúsculas y cursivas.

a. umberto eco is an italian writer who wrote a famous novel called the name of the rose.

______________________________.

____

b. when i was twenty six years old, i met peter s sister in the university of oxford.

______________________________.

____

c. my brother in law went to cinema. he watches star trek.

______________________________.

____

d. i speak three languages: english, italian and spanish.

______________________________.

____

2. Observa las siguientes transcripciones fonéticas y relaciónalas con alguna de las oraciones que se proponen. Si lo necesitas, consulta la **phonemic chart** del epígrafe 3.3.

1	/kən juː ‘spɛl ðɪs wəːd/
2	/ʌɪm frəm ‘ɪŋglənd/
3	/wiː gəʊ tə ‘skuːl ət eɪt ə’klɒk/
4	/juː ‘mʌst kɪk ðə bɔːl/
5	/ðɛː wɒznt ə ‘beɪkəri nɪə ðə ‘sɪnɪmə fʌɪv jɪəs ə’gəʊ/
6	/haʊ ‘mʌʧ ɪz ə mjuː’zɪəm ‘tɪkɪt/

a. There wasn’t a bakery near the cinema five years ago.
Transcripción fonética número: ______________.

b. I’m from England.
Transcripción fonética número: ______________.

c. How much is a museum ticket?
Transcripción fonética número: ______________.

d. You must kick the ball.
Transcripción fonética número: ______________.

e. We go to school at eight o’clock.
Transcripción fonética número: ______________.

f. Can you spell this word?
Transcripción fonética número: ______________.

3. Lee el siguiente texto y contesta a las preguntas que se plantean.

> The first English writing system using the Roman alphabet was developed in the 7th century, after St. Augustine brought church Latin to the saxons in Kent in 597. The language and spelling have changed a lot since then. They weren't similar to nowadays uses until 1348, when a series of plagues helped to end French domination over England and the English language. The origin of current English spelling conventions is the system used by the poet Geoffrey Chaucer, who died in 1400.
>
> English became re-instated as the official language of England around 1430, after the 100 Years War with France ended. But many of the scribes and clerks of court, who had written only French or Latin, had trouble with English language. Their difficulties are responsible for most of the still surviving French spellings in words of French origin (table, double, centre) and spelling inconsistencies (label-table, bubble-double, enter-centre). Most words of French have been changed with a new pronunciation and a new spelling (people, beef, battle, budge, count, government and mountain from *people, boeuf, bouger, bataille, compter, gouvernement* and *montagne*).
>
> Chaucer's spelling system was more seriously corrupted after 1476, when Caxton returned to London after 30 years on the Continent, to set up the first English printing press. To help him in this enterprise, he brought with him printers from Belgium who didn't speak English. They made numerous spelling errors (any, busy or citie for eny, bisy and cittie). They were also paid by the length, so they earned more money if the words are bigger. Many words with earlier simpler spellings became more complex and longer: frend-friend, hed-head, seson-season or shal-shall.
>
> Fuente: spellingsociety (http://bit.ly/1bxqovb) (adaptado)

El primer sistema inglés de escritura con el alfabeto romano se desarrolló...

a. En el siglo VII, después de la llegada de la iglesia latina de la mano de San Agustín a Kent.
b. En el 1348, tras la muerte de San Agustín.
c. En el 1400, tras la partida de los sajones.
d. En el 1430, tras la llegada de los sajones.

Las primeras convenciones sobre la ortografía del inglés se basaron en...

a. El sistema implantado por los sajones en el año 597.
b. Las aportaciones de San Agustín.
c. El sistema usado por el poeta Geoffrey Chaucer.
d. El latín que hablaban los romanos.

El inglés comenzó a ser reinstaurado hacia el 1430...

a. Después de que los escribanos y clérigos aprendieran a escribir en este idioma.
b. Tras la Guerra de los Cien Años contra Francia.
c. Tras la guerra entre franceses y latinos.
d. Tras la muerte ese mismo año de Geoffrey Chaucer.

¿Cuál es el motivo por el que sobrevivieron muchas palabras con ortografía francesa?

a. Porque los trabajadores de la imprenta de Chaucer desconocían el idioma y usaban términos franceses.
b. Porque se prefería usar los términos franceses, puesto que sonaban mejor.
c. La pervivencia de las palabras francesas se produjo de manera inconsciente.
d. Porque los escribanos y clérigos tenían dificultades para asimilar el nuevo idioma, ya que hasta el 1430 solo habían escrito en francés y latín.

¿Por qué muchas palabras se hicieron más complejas y largas tras 1476?

a. Porque los trabajadores de la imprenta de Caxton cobraban más cuanto más largas fueran las palabras.
b. Porque así eran más diferentes que las palabras francesas de origen.
c. Porque cometían muchos errores tipográficos.
d. Porque no les gustaba el sistema implantado por Chaucer y querían cambiarlo completamente.

Soluciones

1. Las siguientes oraciones poseen diversos fallos debido a la ausencia de signos ortográficos y al uso incorrecto de las formas de los caracteres. Destaca los fallos que encuentres y después corrige las oraciones incluyendo guiones, apóstrofos, mayúsculas y cursivas.

a. umberto eco is an italian writer who wrote a famous novel called the name of the rose.

Umberto Eco is an Italian writer who wrote a famous novel called *The Name of the Rose.*

(Umberto Eco es un escritor italiano que escribió una famosa novela llamada *El nombre de la rosa*)

b. when i was twenty six years old, i met peter s sister in the university of oxford.

When I was twenty-six years old, I met Peter's sister in the University of Oxford.

(Cuando tenía veintiséis años, conocí a la hermana de Peter en la Universidad de Oxford)

c. my brother in law went to cinema. he watches star trek.

My brother-in-law went to cinema. He watches *Star Trek.*

(Mi cuñado fue al cine. Vio *Star Trek*)

d. i speak three languages: english, italian and spanish.

I speak three languages: English, Italian and Spanish.

(Hablo tres idiomas: inglés, italiano y español)

2. Observa las siguientes transcripciones fonéticas y relaciónalas con alguna de las oraciones que se proponen. Si lo necesitas, consulta la **phonemic chart** del epígrafe 3.3.

1	/kən juː 'spɛl ðɪs wəːd/
2	/ʌɪm frəm 'ɪŋglənd/
3	/wiː gəʊ tə 'skuːl ət eɪt ə'klɒk/
4	/juː 'mʌst kɪk ðə bɔːl/
5	/ðɛː wɒznt ə 'beɪkəri nɪə ðə 'sɪnɪmə fʌɪv jɪəs ə'gəʊ/
6	/haʊ 'mʌʧ ɪz ə mjuː'zɪəm 'tɪkɪt/

a. There wasn't a bakery near the cinema five years ago.
Transcripción fonética número: 5.

b. I'm from England.
Transcripción fonética número: 2.

c. How much is a museum ticket?
Transcripción fonética número: 6.

d. You must kick the ball.
Transcripción fonética número: 4.

e. We go to school at eight o'clock.
Transcripción fonética número: 3.

f. Can you spell this word?
Transcripción fonética número: 1.

3. Lee el siguiente texto y contesta a las preguntas que se plantean.

> The first English writing system using the Roman alphabet was developed in the 7th century, after St. Augustine brought church Latin to the saxons in Kent in 597. The language and spelling have changed a lot since then. They weren't similar to nowadays uses until 1348, when a series of plagues helped to end French domination over England and the English language. The origin of current English spelling conventions is the system used by the poet Geoffrey Chaucer, who died in 1400.
>
> English became re-instated as the official language of England around 1430, after the 100 Years War with France ended. But many of the scribes and clerks of court, who had written only French or Latin, had trouble with English language. Their difficulties are responsible for most of the still surviving French spellings in words of French origin (table, double, centre) and spelling inconsistencies (label-table, bubble-double, enter-centre). Most words of French have been changed with a new pronunciation and a new spelling (people, beef, battle, budge, count, government and mountain from *people, boeuf, bouger, bataille, compter, gouvernement* and *montagne*).
>
> Chaucer's spelling system was more seriously corrupted after 1476, when Caxton returned to London after 30 years on the Continent, to set up the first English printing press. To help him in this enterprise, he brought with him printers from Belgium who didn't speak English. They made numerous spelling errors (any, busy or citie for eny, bisy and cittie). They were also paid by the length, so they earned more money if the words are bigger. Many words with earlier simpler spellings became more complex and longer: frend-friend, hed-head, seson-season or shal-shall.
>
> Fuente: spellingsociety (http://bit.ly/1bxqovb) (adaptado)

El primer sistema inglés de escritura con el alfabeto romano se desarrolló...

a. En el siglo VII, después de la llegada de la iglesia latina de la mano de San Agustín a Kent.
b. En el 1348, tras la muerte de San Agustín.
c. En el 1400, tras la partida de los sajones.
d. En el 1430, tras la llegada de los sajones.

Las primeras convenciones sobre la ortografía del inglés se basaron en...

a. El sistema implantado por los sajones en el año 597.
b. Las aportaciones de San Agustín.
c. El sistema usado por el poeta Geoffrey Chaucer.
d. El latín que hablaban los romanos.

El inglés comenzó a ser reinstaurado hacia el 1430...

a. Después de que los escribanos y clérigos aprendieran a escribir en este idioma.
b. Tras la Guerra de los Cien Años contra Francia.
c. Tras la guerra entre franceses y latinos.
d. Tras la muerte ese mismo año de Geoffrey Chaucer.

¿Cuál es el motivo por el que sobrevivieron muchas palabras con ortografía francesa?

a. Porque los trabajadores de la imprenta de Chaucer desconocían el idioma y usaban términos franceses.
b. Porque se prefería usar los términos franceses, puesto que sonaban mejor.
c. La pervivencia de las palabras francesas se produjo de manera inconsciente.
d. Porque los escribanos y clérigos tenían dificultades para asimilar el nuevo idioma, ya que hasta el 1430 solo habían escrito en francés y latín.

¿Por qué muchas palabras se hicieron más complejas y largas tras 1476?

a. Porque los trabajadores de la imprenta de Caxton cobraban más cuanto más largas fueran las palabras.
b. Porque así eran más diferentes que las palabras francesas de origen.
c. Porque cometían muchos errores tipográficos.
d. Porque no les gustaba el sistema implantado por Chaucer y querían cambiarlo completamente.

4. Contenidos fonéticos y fonológicos

Contenidos

Objetivos

- Reconocer los fonemas de la lengua inglesa.
- Pronunciar correctamente los fonemas vocálicos y consonánticos más complejos.
- Diferenciar las distintas pronunciaciones de las terminaciones de plural y de pasado.

Reflexión inicial

Cuando se comienza a estudiar la lengua inglesa es habitual recibir consejos por parte de amigos y profesores como escuchar música en inglés, ver películas o series en versión original, etc. Pero también conviene conocer el sistema de transcripción fonética y consultar diccionarios en línea para acostumbrarse a los característicos sonidos vocálicos y consonánticos de esta lengua.

4.1. Introducción

Esta unidad didáctica se centrará en la pronunciación de los fonemas o sonidos, prestando especial atención a aquellos que más dificultades suelen plantear a los hispanohablantes.

Es necesario conocer los diferentes sonidos de los caracteres en inglés, puesto que una correcta pronunciación es fundamental en la comunicación oral. Por ello, en los siguientes epígrafes se estudiarán los fonemas vocálicos y consonánticos, así como la pronunciación de dos de las terminaciones más habituales de los verbos: la de tercera persona de singular en presente simple (**-es** o **-s**) y la de pasado simple para verbos regulares (**-ed**).

Consulta

Los Oxford Dictionaries están disponibles en Internet y te permiten escuchar la pronunciación de todas las palabras que se proponen en esta unidad didáctica. Para reconocer la representación gráfica de los diferentes fonemas es conveniente que accedas al siguiente enlace: http://bit.ly/1FZdYr7Ç.

4.2. Reconocimiento y producción de los fonemas vocálicos y consonánticos. Diptongos con mayor dificultad

Todos los sonidos del inglés estándar, a excepción de las variedades de los diferentes acentos, se incluyen en tablas de representación fonética, **phonemic charts**. En total, son cuarenta y cuatro sonidos asociados al habla conocida como **British English** o pronunciación estándar. Normalmente se denomina **RP** (**Received Pronunciation** [pronunciación recibida o aceptada]), y se trata del acento asociado al sureste de Inglaterra, aunque no es exclusivo de esta zona. Los símbolos utilizados se corresponden con el **IPA** (**International Phonetic Alphabet**; AFI [Alfabeto Fonético Internacional]).

Mientras que las consonantes son estables en cuanto a su pronunciación, las vocales son variables; de hecho, una vocal puede realizarse hasta con cinco sonidos diferentes dependiendo del contexto fonético. El signo similar a los dos puntos que acompaña a determinadas vocales de la tabla fonética indica que estas se pronuncian alargadas.

iː Read	ɪ Pit	ʊ Took	uː Door
e Men	ə Teacher	ɜː Bird	ɔː Door
æ Cat	ʌ Up	ɑː Far	ɒ Dog

¿Sabías que...?

Al igual que los niños españoles, los ingleses se entretienen con trabalenguas, **tongue-twister**, que además les ayudan a mejorar su vocalización.

La representación fonética de las consonantes se recoge en la siguiente tabla. Los fonemas consonánticos son sonoros y sordos, **voiced and unvoiced**; los primeros poseen fondo blanco, mientras que los segundos se destacan sobre fondo gris. La pronunciación de algunos de estos fonemas puede resultar un poco compleja, por lo que se dedicará un epígrafe completo en esta unidad didáctica al estudio de su realización.

p Peace	b Bed	t Tea	d Do	tʃ Catch	dʒ June	k Kilo	g Garage
f Four	v Very	θ Thought	ð The	s See	z Zoo	ʃ Show	ʒ Casual
m Mask	n Nothing	ŋ Ring	h Hello	l Live	r Red	w Welcome	j Yes

Para aclarar la dificultad que suelen plantear los diptongos vocálicos a los hispanohablantes conviene recordar que en español se entiende por diptongo la consecución de dos vocales diferentes dentro de una misma sílaba. Sin embargo, en inglés una sola vocal puede pronunciarse como un diptongo; es lo que ocurre, por ejemplo, con gustar, **like**, que se pronuncia /lʌɪk/. En inglés existen en total ocho diptongos, que son los recogidos en la tabla.

ɪə Here	eɪ May	ʊə Tour	ɔɪ Toy
əʊ Go	eə Hair	aɪ My	aʊ Cow

Algunas palabras en las que se puede apreciar la pronunciación de estos diptongos se recogen en la siguiente tabla.

Sonido	Ejemplo		Pronunciación
	Original	Traducción	
/ɪə/	Year	Año	/jɪə/
/eɪ/	Eight	Ocho	/eɪt/
/ʊə/	Pure	Puro	/pjʊə/
/ɔɪ/	Boy	Chico	/bɔɪ/
/əʊ/	Arrow	Flecha	/'ærəʊ/
/eə/	Pear	Pera	/peə/
/aɪ/	Eye	Ojo	/aɪ/
/aʊ/	House	Casa	/haʊs/

Importante

El sonido /eə/ también puede representarse así: /ɛː/.

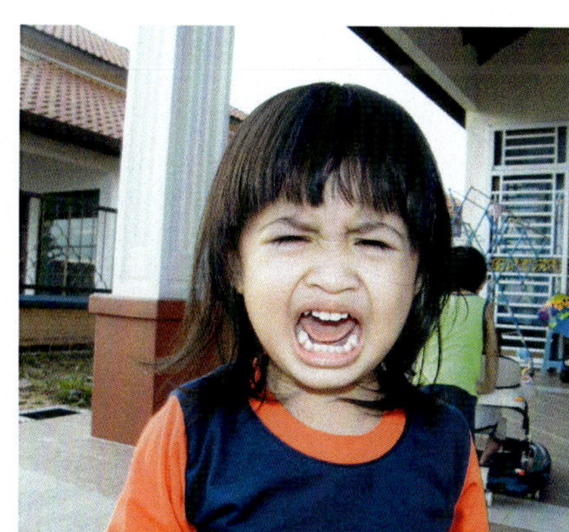

Otros ejemplos de palabras en las que aparecen dichos diptongos, junto con la pronunciación de las palabras completas, se recogen en la siguiente tabla.

Sonido	Ejemplo		Pronunciación
	Original	Traducción	
/ɪə/	Year	Año	/jɪə/
/eɪ/	Eight	Ocho	/eɪt/
/ʊə/	Pure	Puro	/pjʊə/
/ɔɪ/	Boy	Chico	/bɔɪ/
/əʊ/	Arrow	Flecha	/'ærəʊ/
/eə/	Pear	Pera	/peə/
/aɪ/	Eye	Ojo	/aɪ/
/aʊ/	House	Casa	/haʊs/

La pronunciación varía en función de la región o del país; así, los diptongos /ɪə/, /eə/ y /ʊə/ no existen en AmE.

Original	Traducción	Pronunciación BrE	Pronunciación AmE
Deer	Ciervo	/dɪə/	/dɪr/
Chair	Silla	/tʃeə/	/tʃer/
Tourist	Turista	/ˈtʊərɪst/	/ˈtʊrəst/

Ejemplo

Si queremos explicar que un amigo viajó en barco, **a friend of mine travelled by ship**, pero alargamos demasiado el sonido vocálico de la palabra **ship**, es posible que nuestro interlocutor interprete que viajó «en oveja».

4.3. Fonemas vocálicos de mayor dificultad

En este epígrafe se tratarán tres pronunciaciones vocálicas que es importante distinguir en inglés como son la realización larga o corta de la **i**, la de la **a** y el sonido /ə/, conocido como **schwa**.

La diferencia entre la **i** larga (cuyo fonema es /iː/) y la **i** corta (que se representa como /ɪ/) es en parte la longitud de la sílaba, aunque también hay que tener en cuenta otros factores.

La /iː/, apenas más cerrada, es bastante similar a la «i» española, pero no así la /ɪ/, cuya pronunciación sería intermedia entre una «i» y una «e». Mientras que en la /iː/ los labios se extienden, como si se estuviera sonriendo, en el caso de la /ɪ/ mantendrían una posición más neutra. Además, en el caso de la /iː/, la lengua se acerca más a los dientes, provocando que el sonido sea más tenso que cuando se pronuncia la /ɪ/.

Queso, **cheese**, se pronuncia /ʧiːz/, con vocal larga

Importante

Distinguir la pronunciación larga o corta de las vocales es muy importante para entender bien el inglés, puesto que el significado de las palabras puede variar solo con este matiz fonético.

Pez, **fish**, se pronuncia /fɪʃ/, con vocal corta

En la lengua oral hay pares de palabras que se distinguen solo por la **i** larga o corta y de ahí la importancia de pronunciarlas correctamente. Este es el caso de barato, **cheap**, /ʧiːp/, pronunciado con **i** larga, y patata frita, **chip**, /ʧɪp/, que se pronuncia con **i** corta. Otros pares fonéticos bastante comunes que se distinguen por la pronunciación vocálica son dejar, abandonar o irse, **leave**, /liːv/, y vivir, **live**, /lɪv/; y oveja, **sheep**, /ʃiːp/, y barco, **ship**, /ʃɪp/.

La pareja de sonidos /æ/ y /ʌ/ también suelen plantear problemas. Para pronunciar /æ/, **a** corta, hay que colocar los labios como si se estuviera sonriendo a la vez que se pronuncia la «a» española; el resultado es un sonido intermedio entre la «a» y la «e». Este sonido aparece en la palabra sombrero, **hat**, /hæt/.

En cambio, al sonido /ʌ/ se le conoce como **u** corta y se pronuncia bastante similar al sonido español /a/. En este caso hay que abrir la boca un poco mientras se mantienen los labios relajados y la lengua en posición baja. Este sonido se encuentra en taza, **cup**, /kʌp/. En general, se suele pronunciar este sonido en palabras en que la vocal **u** no es tónica, como repentinamente, **suddenly**, /ˈsʌdnlɪ/, o cuando es tónica pero se encuentra al final de sílaba como en autobús, **bus**, /bʌs/. Por ejemplo, las palabras gato, **cat**, /kæt/, y cortar, **cut**, /kʌt/, se diferenciarían precisamente por la pronunciación de las vocales **a** corta y **u** corta.

El sonido **schwa**, /ʃwa:/, se representa mediante la transcripción fonética /ə/; es el sonido vocálico más frecuente en inglés, pero en español no existe.

Cuando se dice que una vocal es **schwa** significa que su pronunciación es neutra o, en otras palabras, que se pronuncia de forma tan corta y suave que apenas se nota.

La mayoría de palabras de más de dos sílabas en inglés contienen alguna vocal de este tipo, que para pronunciarla la boca debe colocarse como si se fuera a pronunciar una «a» y decir una «e». Este sonido se encuentra en palabras como: sobre, **about**, /ə'baʊt/; restaurante, **restaurant**, /'restərɒnt/; y verdura, **vegetable**, /ˈvedʒɪtəbl/.

¿Sabías que…?

En el acento irlandés mantienen un sonido muy similar a la «u» española en palabras como autobús, **bus**, o cortar, **cut**.

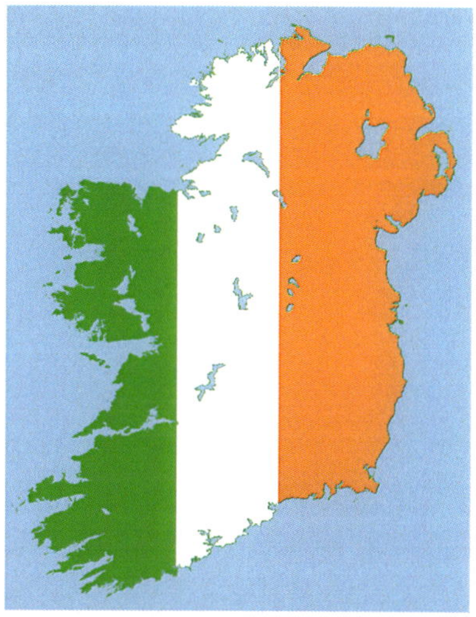

4.4. Fonemas consonánticos de mayor dificultad

Algunos sonidos consonánticos pueden presentar problemas porque varían en función de su posición en la palabra. En este epígrafe se tratarán algunas de las pronunciaciones difíciles del inglés, como el sonido /s/ al principio y los sonidos sordos y sonoros al final, así como los sonidos /ŋ/ y /h/.

Aunque el sonido /s/ es prácticamente el mismo en inglés que en español, una de las dificultades que se plantean a los hispanohablantes es la pronunciación de la **s-** inicial de palabra cuando precede a otra consonante (posiblemente porque esto no ocurre en palabras del español); por ejemplo: hablar, **speak** o español, **Spanish**. En estos casos, los hispanohablantes tienden a pronunciar una «e» que no se escribe en la palabra original pero que les sirve de apoyo. Para los dos ejemplos anteriores un estudiante de inglés podría decir algo como «esport» o «espain», pero para pronunciar correctamente el sonido /s/ inicial de palabra hay que evitar esta tendencia.

Consulta

Puedes consultar las diferentes pronunciaciones de la letra **s** en inglés en el siguiente enlace: http://bit.ly/1FBKkaq.

Los sonidos sordos y sonoros se diferencian en que en el caso de los primeros las cuerdas vocales no vibran, mientras que al pronunciar los segundos sí lo hacen. Serían sordos los sonidos /p/, /t/ y /k/, y sonoros /b/, /d/ y /g/.

Cuando se habla de una pareja sorda-sonora se hace referencia a dos consonantes que se articulan igual pero que se diferencian únicamente en la vibración de las cuerdas. Así, en inglés, se distinguen los pares de consonantes sordas-sonoras recogidos en la tabla.

Sonidos sordos	Sonidos sonoros	Articulación
/p/	/b/	Se articulan igual, pero en /p/ las cuerdas vibran y en /b/ no
/t/	/d/	Se articulan igual, pero en /t/ las cuerdas vibran y en /d/ no
/k/	/g/	Se articulan igual, pero en /k/ las cuerdas vibran y en /g/ no

Sin embargo, en posición final de palabra, la diferencia entre ambos sonidos no es tan clara, ya que en esta posición /b/, /d/ y /g/ pierden la sonoridad. Lo que permite diferenciar una sonora de una sorda en posición final de sílaba es que la vocal que precede a las consonantes sordas normalmente se pronuncia más corta; por ejemplo, la **a** de **bat** (murciélago) es más corta que la de **bad** (malo). Lo mismo ocurre en los casos recogidos en la tabla, en los que el sonido de la vocal **a** de la primera columna sería ligeramente más corto que en las palabras de la segunda.

Finalización en consonante sorda		Finalización en consonante sonora	
Original	**Traducción**	**Original**	**Traducción**
Lap	Vuelta	Lab	Laboratorio
Back	Espalda/Parte de atrás	Bag	Bolsa

El sonido /ŋ/ nunca aparece al principio de una palabra, pero sí en medio o al final. Anteriormente se ha explicado que el gerundio en inglés se forma con la terminación **-ing**. Este grupo consonántico, al final de palabra, se pronuncia con el sonido velar /ŋ/; la **-g** final, por tanto, no se pronunciaría.

Este sonido suele confundirse con el sonido /n/ y para distinguirlos es conveniente pensar que mientras /n/ se pronuncia colocando la lengua detrás de los dientes, /ŋ/ se pronuncia en la parte de atrás de la boca y, además, hay que sentir una vibración en la nariz mientras se emite este sonido.

Original	Traducción	Pronunciación
Singing	Cantando	/ˈsɪŋɪŋ/
Watching	Viendo	/wɒtʃɪŋ/
Going	Yendo	/ˈgəʊɪŋ/

Este sonido no solo aparece en los gerundios, sino también en otro tipo de palabras que contienen los grupos consonánticos **ng** o **nk**, bien en medio de la palabra o al final; por ejemplo: lengua, **tongue**, /tʌŋ/; pensar, **think**, /θɪŋk/; uno solo, soltero, **single**, /ˈsɪŋgəl/; cosa, **thing**, /θɪŋ/, gracias, **thanks**, /θaŋks/; y orilla, **bank**, /baŋk/.

Otro error que suelen cometer los hispanohablantes a la hora de pronunciar en inglés es pronunciar el sonido /h/, visible en palabras como afición, **hobby**, /ˈhɒbɪ/, como una jota española. En realidad, el sonido inglés no es tan fuerte, sino que se asemejaría más al que se hace cuando se intenta empañar un cristal con el aliento. Otras palabras con las que practicar este sonido son hola, **hello**, /hə'ləʊ/; él, **he**, /hi:/; y feliz, **happy**, /'hæpi/.

4.5. Pronunciación de las terminaciones -(e)s y -ed

La terminación de tercera persona del presente simple **-s** o **-es** puede tener hasta tres pronunciaciones diferentes dependiendo de la última letra del verbo en infinitivo; así:

- Se pronuncia /iz/ cuando el verbo en infinitivo termina en **-ch**, **-sh**, **-s**, **-g** o **-z**. En este caso la pronunciación /iz/ hace que se sume una sílaba final al infinitivo. Ejemplos: ve, **watches**; desea, **wishes**; termina, **finishes**; empuja, **pushes**; practica, **practices**; y aprueba, **passes**.

- Se pronuncia /s/, como la «s» española, cuando el verbo acaba en **-p**, **-t**, **-k**, **-th** o **-gh**; estas letras representarían sonidos sordos. Ejemplos: consigue, **gets**; camina, **walks**; trabaja, **works**; para, **stops**; y respira, **breaths**.

- Se pronuncia /z/ en el caso de verbos cuyo forma en infinitivo termina en **-n**, **-g**, **-v**, **-l**, **-m**, **-r**, vocal o **-y** cuyos correspondientes sonidos son sonoros. Ejemplos: dice, **says**; molesta, **disturbs**; juega o toca, **plays**; va, **goes**; y aprende, **learns**.

Pronunciación -(e)s
- /iz/ — Verbos terminados en **-ch**, **-sh**, **-s**, **-g** o **-z**
- /s/ — Verbos terminados en **-p**, **-t**, **-k**, **-th** o **-gh**
- /z/ — Verbos terminados en **-n**, **-g**, **-v**, **-l**, **-m**, **-r**, vocal o **-y**

En cuanto a la terminación **-ed**, que se usa como terminación de verbos regulares en pasado simple y participio pasado, hay que tener en cuenta que puede corresponderse con diferentes sonidos (/t/, /d/ o /ɪd/) dependiendo del sonido que produzca la letra que la preceda. Las reglas de pronunciación en estos casos serían las siguientes:

- Se pronuncia como /t/ cuando se añade a verbos que terminan con los sonidos /ʧ/, /ʃ/, /p/, /k/, /s/ o /f/.

Presente simple		Pronunciación	Pasado simple		Pronunciación
Original	Traducción		Original	Traducción	
Watch	Ver	/wɒʧ/	Watched	Vi/Veía	/wɒʧt/
Finish	Terminar	/'fɪnɪʃ/	Finished	Acabé/ Acababa	/'fɪnɪʃt/
Stop	Parar	/stɒp/	Stopped	Paré/Paraba	/stɒpt/
Ask	Preguntar	/ɑ:sk/	Asked	Pregunté/ Preguntaba	/ɑ:skt/
Dance	Bailar	/dɑ:ns/	Danced	Bailé/ Bailaba	/dɑ:nst/
Laugh	Reír	/lɑ:f/	Laughed	Reí/Reía	/lɑ:ft/

- Se pronuncia como /ɪd/ en los verbos que acaban con los sonidos /t/ o /d/. Este nuevo fonema al final del verbo añade una nueva sílaba a la palabra.

Consulta

Puedes apreciar las diferentes pronunciaciones de **-ed** final en el siguiente enlace: http://bit.ly/1DgVoYd.

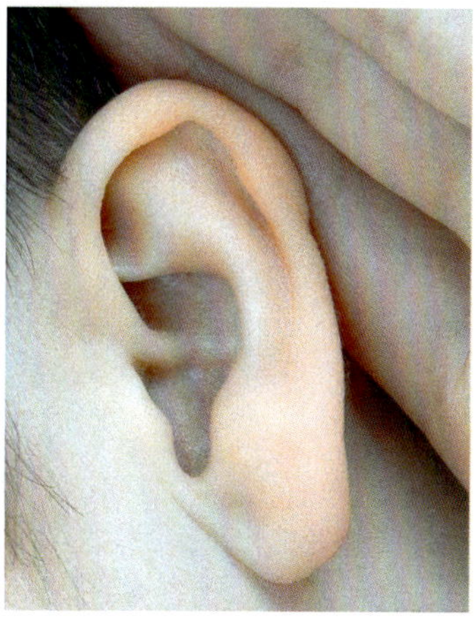

Presente simple		Pronunciación	Pasado simple		Pronunciación
Original	Traducción		Original	Traducción	
Want	Querer	/wɒnt/	Wanted	Quise/Quería	/ˈwɒntɪd/
Start	Empezar	/stɑːt/	Started	Empecé/ Empezaba	/ˈstɑːtɪd/
Need	Necesitar	/niːd/	Needed	Necesité/ Necesitaba	/ˈniːdɪd/
End	Terminar	/end/	Ended	Terminé/ Terminaba	/ˈendɪd/

- Se pronuncian con /d/ final el resto de verbos no incluidos en las casuísticas anteriores como, por ejemplo, los acabados con los sonido /m/, /n/, /v/ o /l/, o sonidos vocálicos (incluido el producido por **-y** en final de palabra).

Presente simple		Pronunciación	Pasado simple		Pronunciación
Original	Traducción		Original	Traducción	
Clean	Limpiar	/kliːn/	Cleaned	Limpié/Limpiaba	/kliːnd/
Play	Jugar/Tocar	/pleɪ/	Played	Jugué/Jugaba Toqué/Tocaba	/pleɪd/
Live	Vivir	/lɪv/	Lived	Viví/Vivía	/lɪvd/
Call	Llamar	/kɔːl/	Called	Llamé/Llamaba	/kɔːld/
Listen	Escuchar	/ˈlɪs(ə)n/	Listened	Escuché/ Escuchaba	/ˈlɪs(ə)nd/
Rain	Llover	/reɪn/	Rained	Llovió/Llovía	/reɪnd/
Travel	Viajar	/ˈtræv(ə)l/	Travelled	Viajé/Viajaba	/ˈtræv(ə)ld/
Tidy	Ordenar	/ˈtʌɪdi/	Tidied	Ordené/Ordenaba	/ˈtʌɪdid/
Use	Usar	/juːz/	Used	Usé/Usaba	/juːzd/

Pronunciación -ed

- /t/ — Verbos terminados en /ʧ/, /ʃ/, /p/, /k/, /s/ o /f/
- /ɪd/ — Verbos terminados en /t/ o /d/
- /d/ — Resto de verbos

Resumen

En esta unidad didáctica se ha aprendido que:

- En inglés, una vocal puede realizarse hasta con cinco sonidos diferentes dependiendo del contexto fonético. Además, una sola vocal puede pronunciarse como un diptongo; en inglés existen en total ocho diptongos.

- La realización larga o corta de la **i**, la de la **a** y el sonido /ə/, conocido como **schwa**, son algunos de los fonemas vocálicos más complejos del inglés.

- Algunas de las pronunciaciones consonánticas más complejas del inglés son el sonido /s/ al principio de palabra y los sonidos sordos y sonoros al final, así como los sonidos /ŋ/ y /h/.

- La terminación de tercera persona del presente simple **-s** o **-es** puede tener hasta tres pronunciaciones diferentes, esto es, /iz/, /s/ o /z/.

- La terminación **-ed** puede corresponderse con diferentes sonidos, es decir, /t/, /d/ o /ɪd/.

Reflexión final

Dominar la pronunciación en inglés es uno de los retos de cualquier persona que esté aprendiendo este idioma. Aunque en un principio esta pueda resultar complicada, conviene afrontarla olvidando los prejuicios o miedos, puesto que se rige por normas estables que se asimilan con el tiempo y la práctica.

Comprueba lo que has aprendido

1. El siguiente texto ofrece algunos consejos para mejorar la pronunciación del inglés. Léelo detenidamente e indica si las afirmaciones que se plantean a continuación son verdaderas o falsas.

If you want to speak English well, you cannot pronounce English words using the sounds of your native language. If you do so, your English will be difficult to understand.

Therefore, you have to:

1. Know all the English sounds.
2. Listen to how they sound in real words and sentences.
3. Practice your pronunciation; listen to English words and phrases, and try to repeat them as well as you can.

How to practice pronouncing English words

You should practice pronouncing English words in two main ways:

- Official practice. From time to time, sit down with the specific object of practicing pronunciation. Play some recordings of words and phrases in your preferred dialect of English and repeat what you hear. This doesn't have to take a long time (10-15 minutes).

- Incidental practice. You should regularly try to pronounce English words during other activities: while watching TV, listening to an audiobook, waiting for the bus, taking a shower, reading something on the Web, etc. Of course, before you practice a word, make sure you know how it should be pronounced; if you don't, look it up in a dictionary.

Tips for practicing English pronunciation

- It's not so important to spend a lot of time practicing; it's more important to do it regularly.
- Don't spend too much time practicing one sound.
- Some English sounds take months to learn, others can be learned in a day.
- In the beginning, speak slowly, make pauses between words, and exaggerate the sounds. By «exaggeration», I mean that you should put in more effort than usual to pronounce the sounds especially clearly.

Fuente: antimoon (http://bit.ly/1IMaXuj) (adaptado)

	V	F
Para que sea más fácil hablar bien inglés, se pueden pronunciar sus sonidos asimilándolos a los de la lengua materna		
Es necesario aprender los sonidos del inglés, escuchar cómo suenan en palabras y frases y practicar la pronunciación mediante la repetición		
La práctica oficial consiste en sentarse a escuchar la pronunciación del inglés durante 10-15 minutos y repetir lo que se escucha		
La práctica adicional se produce cuando una persona consulta el diccionario para aprender la transcripción fonética de determinadas palabras		
Uno de los consejos para practicar la pronunciación del inglés es repetir durante mucho tiempo un mismo sonido		
No es tan importante dedicarle mucho tiempo a la práctica como hacerlo de manera habitual		
Al principio del aprendizaje es recomendable hablar despacio, haciendo pausas entre las palabras y pronunciando muy claramente los sonidos		

2. Clasifica las siguientes palabras según se pronuncien con vocales cortas o largas. Recuerda que la mayoría de los diccionarios de inglés pueden ayudarte al incluir las transcripciones fonéticas.

Cheese	Bat	Clean
Cup	Cheap	Live
Ask	Stop	Leave
Fish	Need	Listen

Vocal corta	Vocal larga

3. Las dos palabras que se incluyen a continuación poseen alguna particularidad en sus fonemas consonánticos. Observa su transcripción fonética y explica brevemente en qué consisten esas particularidades que pueden hacer difícil su pronunciación.

a. Primavera, **spring**, /sprɪŋ/.

____

______________________________.

b. Mano, **hand**, /hænd/.

____

______________________________.

4. ¿Cuál es la pronunciación de la terminación **-ed** en el verbo tratar, **treat**?

a. /ed/.
b. /t/.
c. /ɪd/.
d. /d/.

5. ¿Cuál es la pronunciación de la terminación **-ed** en el verbo llamar o nombrar, **name**?

a. /d/.
b. /ed/.
c. /t/.
d. /ɪd/.

6. ¿Qué diptongo hay en la palabra nieve, **snow**?

a. /æɪ/.
b. /iː/.
c. /ɪə/.
d. /əʊ/.

7. Si se utiliza el verbo reír, **laugh**, en tercera persona de singular en presente simple, ¿qué sonido tendrá la **-s** que añade?

a. /iz/.
b. /s/.
c. /z/.
d. /ɪs/.

Soluciones

1. El siguiente texto ofrece algunos consejos para mejorar la pronunciación del inglés. Léelo detenidamente e indica si las afirmaciones que se plantean a continuación son verdaderas o falsas.

If you want to speak English well, you cannot pronounce English words using the sounds of your native language. If you do so, your English will be difficult to understand.

Therefore, you have to:

1. Know all the English sounds.
2. Listen to how they sound in real words and sentences.
3. Practice your pronunciation; listen to English words and phrases, and try to repeat them as well as you can.

How to practice pronouncing English words

You should practice pronouncing English words in two main ways:

- Official practice. From time to time, sit down with the specific object of practicing pronunciation. Play some recordings of words and phrases in your preferred dialect of English and repeat what you hear. This doesn't have to take a long time (10-15 minutes).

- Incidental practice. You should regularly try to pronounce English words during other activities: while watching TV, listening to an audiobook, waiting for the bus, taking a shower, reading something on the Web, etc. Of course, before you practice a word, make sure you know how it should be pronounced; if you don't, look it up in a dictionary.

Tips for practicing English pronunciation

- It's not so important to spend a lot of time practicing; it's more important to do it regularly.

- Don't spend too much time practicing one sound.

- Some English sounds take months to learn, others can be learned in a day.

- In the beginning, speak slowly, make pauses between words, and exaggerate the sounds. By «exaggeration», I mean that you should put in more effort than usual to pronounce the sounds especially clearly.

Fuente: antimoon (http://bit.ly/1IMaXuj) (adaptado)

	V	F
Para que sea más fácil hablar bien inglés, se pueden pronunciar sus sonidos asimilándolos a los de la lengua materna		X
Es necesario aprender los sonidos del inglés, escuchar cómo suenan en palabras y frases y practicar la pronunciación mediante la repetición	X	
La práctica oficial consiste en sentarse a escuchar la pronunciación del inglés durante 10-15 minutos y repetir lo que se escucha	X	
La práctica adicional se produce cuando una persona consulta el diccionario para aprender la transcripción fonética de determinadas palabras		X
Uno de los consejos para practicar la pronunciación del inglés es repetir durante mucho tiempo un mismo sonido		X
No es tan importante dedicarle mucho tiempo a la práctica como hacerlo de manera habitual	X	
Al principio del aprendizaje es recomendable hablar despacio, haciendo pausas entre las palabras y pronunciando muy claramente los sonidos	X	

2. Clasifica las siguientes palabras según se pronuncien con vocales cortas o largas. Recuerda que la mayoría de los diccionarios de inglés pueden ayudarte al incluir las transcripciones fonéticas.

Cheese	Bat	Clean
Cup	Cheap	Live
Ask	Stop	Leave
Fish	Need	Listen

Vocal corta	Vocal larga
Bat	Cheese
Cup	Clean
Live	Cheap
Stop	Ask
Fish	Leave
Listen	Need

3. Las dos palabras que se incluyen a continuación poseen alguna particularidad en sus fonemas consonánticos. Observa su transcripción fonética y explica brevemente en qué consisten esas particularidades que pueden hacer difícil su pronunciación.

a. Primavera, **spring**, /sprɪŋ/.
La palabra comienza con una **s-** seguida de consonante; no se debe colocar una **e** delante en su pronunciación. Además, el grupo **ng** se pronuncia como un sonido velar, en la parte posterior de la boca y con vibración.

b. Mano, **hand**, /hænd/.
El sonido de la **h-** en esta palabra es similar al que se hace cuando se intenta empañar un cristal con el aliento, pero no se debe asimilar con el de la «j» española, ya que no es tan fuerte.

4. ¿Cuál es la pronunciación de la terminación **-ed** en el verbo tratar, **treat**?

a. /ed/.
b. /t/.
c. /ɪd/.
d. /d/.

5. ¿Cuál es la pronunciación de la terminación **-ed** en el verbo llamar o nombrar **name**?

a. /d/.
b. /ed/.
c. /t/.
d. /ɪd/.

6. ¿Qué diptongo hay en la palabra nieve, **snow**?

a. /æɪ/.
b. /iː/.
c. /ɪə/.
d. /əʊ/.

7. Si se utiliza el verbo reír, **laugh**, en tercera persona de singular en presente simple, ¿qué sonido tendrá la **-s** que añade?

a. /iz/.
b. /s/.
c. /z/.
d. /ɪs/.

5. Competencias sociolingüísticas y socioculturales

Contenidos

Objetivos

- Distinguir las principales características culturales de las sociedades anglófonas que afectan a aspectos de la vida cotidiana, el ocio, las relaciones y las condiciones de vida y trabajo.

- Conocer las tradiciones más importantes, el humor y los referentes artísticos o culturales significativos de la sociedad anglófona.

- Aprender los principales aspectos del lenguaje corporal y las convenciones sociales para evitar confusiones o malentendidos.

- Reconocer las características sociolingüísticas de las comunidades de habla inglesa.

Reflexión inicial

Cuando se mantiene una conversación, en cualquier idioma, no solo se debe prestar atención a la lengua en sí, sino también a las convenciones sociales que rodean a la comunicación.

5.1. Introducción

Cuando se aprende un idioma es tan importante conocer los aspectos relacionados directamente con el uso de la lengua en sí (gramática, vocabulario, ortografía, etc.) como los conceptos socioculturales o sociolingüísticos, es decir, los que se relacionan con los usos y las costumbres de la sociedad que la habla.

En esta unidad didáctica se tratarán todos estos aspectos con relación a los países de habla inglesa, además de las cuestiones vinculadas a los horarios y a las comidas, a las relaciones humanas, al ámbito laboral y a los valores culturales y artísticos. También se aportarán algunas claves sobre las convenciones sociales como el lenguaje corporal, los tabúes y las normas de cortesía, y se introducirá una pequeña aproximación a la geografía de los países de habla inglesa.

5.2. Vida cotidiana

Los españoles y los anglosajones se comportan de forma muy diferente en muchos aspectos de la vida cotidiana como, por ejemplo, en lo que se refiere a los horarios de las comidas. Normalmente, las horas en las que tienen lugar las diferentes comidas del día dependen del horario laboral de cada persona. En los países de habla inglesa, el horario, a su vez, depende del trabajo que se desempeñe, aunque en general prevalece la jornada continua de 08.00 a 17.00 o 18.00 h.

¿Sabías que...?

En el trabajo los británicos tratan de **Mr** o **Ms** a sus jefes o superiores.

El desayuno completo inglés, **full English breakfast**, se toma habitualmente los fines de semana, cuando se dispone de más tiempo. En general, el desayuno inglés suele ser más fuerte que el español, ya que incluye alimentos como, por ejemplo, las salchichas o los huevos, que para los españoles serían más típicos del almuerzo. Entre semana el desayuno, **breakfast,** suele hacerse sobre las 07.30 h y a media mañana los anglosajones suelen tomar un refrigerio, **packed lunch**. En este refrigerio es habitual comer sándwiches y patatas fritas, acompañados de algún refresco, y algún postre como, por ejemplo, un dulce industrial. La pausa para el té, **tea break**, es un descanso de unos 15 min en los que aprovechan para tomar té o café y unos sándwiches.

Entre las 12.00 y las 14.00 h se suele tener un descanso de 30 o 60 min para el almuerzo, **lunch**. Dado que, comparado con la costumbre española, en Inglaterra se toma la merienda cena, **high-tea**, o cena, **dinner**, bastante pronto, entre las 18.30 y las 19.30 h, es frecuente tomar algún tentempié, **supper**.

Los ingleses son, junto con los rusos, los mayores consumidores e importadores de té en Occidente. Aunque, los ingleses toman té a cualquier hora del día, la hora del té, **teatime**, hace referencia a una costumbre de la alta sociedad británica implantada por la duquesa de Bredford que más tarde se extendió a la clase trabajadora. Se toma normalmente a las 17.00 h y se suele acompañar de pastas o galletas de mantequilla, entre las que destacan los panecillos dulces, **scones**.

Consulta

En el siguiente enlace puedes informarte sobre el origen del **teatime**: http://bit.ly/1xy6kCM.

Lo que más suele trascender de la comida británica y americana son los platos de comida rápida como, por ejemplo, el pescado frito con patatas fritas, **fish and chips**; no obstante, aunque no sea tan conocida, la gastronomía tradicional inglesa también cuenta con gran variedad de platos tradicionales y deliciosos como el pudin de Yorkshire, **Yorkshire pudding**, o las patatas asadas, **baked potatoes**.

El **Yorkshire pudding** es el acompañamiento perfecto de la carne asada, **roast beef**, que se come en la comida de los domingos, **Sunday roast**. Se cree que es originario del condado de Yorkshire, aunque hoy en día ya se conoce como una de las especialidades gastronómicas de todo el territorio británico. Este acompañamiento consiste en una oblea con forma de cuenco, hecha con una masa líquida, similar a la de las crepes, que se asa al horno.

Los ingleses suelen tomar a media mañana, especialmente los fines de semana, una especie de desayuno copioso que es una fusión entre el desayuno y el almuerzo, **brunch**. Aunque parece tener su origen en Nueva York, hoy en día es usual en países europeos, sobre todo, en las reuniones de negocios. En esta comida suelen tomarse alimentos típicos del desayuno como café, té, leche, zumos, bollería y algún plato más consistente como, por ejemplo, canapés.

También son muy típicos los pasteles rellenos de carne y verduras, **meat pie**, y las alubias con tomate, **baked beans**.

Consulta

En el siguiente enlace se recoge la receta del **Yorkshire pudding**: http://bit.ly/1CMgCPW.

Hours of operation

Tuesday	07.56 - 02.04
Wednesday	08.02 - 02.07
Thursday	07.58 - 01.59
Friday	07.52 - 02.03

Basic rule of thumb:
If the lights are on we are open
If the lights are off we are closed

Los horarios de los restaurantes son muy diferentes a los españoles; normalmente abren de 12.00 a 23.00 h, de lunes a sábado. Los pubs suelen cerrar alrededor de las 23.00 o 00.00 h y los clubs entre las 02.00 y las 03.00 h.

En cuanto a las festividades, las naciones que conforman Reino Unido cuentan con días festivos exclusivos, en el ámbito nacional, normalmente vinculados a su historia, y otros que se celebran mundialmente. En enero cabe destacar el día de Año Nuevo, **New Year's Day**, también festivo en este país, y que es recibido con un espectáculo de fuegos artificiales.

El 14 de febrero se celebra, como en muchos países, San Valentín, **Saint Valentine's Day**; y el 17 de marzo tiene lugar una festividad de origen irlandés, el día de San Patricio, **Saint Patrick's Day**, que se conmemora con desfiles y otros festejos en todo Reino Unido, especialmente en Irlanda.

En el mes de abril destacan las festividades religiosas. El día de los Santos Inocentes, **April Fool's Day**, se celebra en el mundo anglosajón el 1 de abril y la tradición de gastar bromas en este día es muy similar a la que tiene lugar el 28 de diciembre en España. En Viernes Santo, como en muchos países, también se desarrollan distintas celebraciones religiosas. En Inglaterra es festivo el Lunes de Pascua, **Easter Monday**, que se celebra tras el Domingo de Pascua. Además, el 23 de abril, mientras los españoles celebran el Día del Libro, los ingleses celebran el día de San Jorge, **Saint George's Day**, con motivo del aniversario de la muerte de este santo y soldado; esta festividad también se celebra en Cataluña y Aragón.

En mayo son días festivos el primer lunes, **May Day Bank Holiday**, y el último, **Spring Bank Holiday**. El primer lunes de junio también tiene lugar el **Bank Holiday** de junio. Cada 12 de julio se celebra el día de la Orden de Orange, en el que se conmemora la batalla del Boyne. En agosto son festivos el primer y el último lunes del mes, **Summer Bank Holiday**.

El 31 de octubre se celebra Halloween, **Halloween**, festividad que se celebra en casi todos los países anglosajones la víspera de Todos los Santos. El mes de noviembre destaca por la noche de las hogueras, **Guy Fawkes** (noche de las hogueras), durante la cual se conmemora la conocida como «conspiración de la pólvora», un intento de atentado con el que se trató de acabar con la sede del parlamento, en el Palacio de Westminster, por parte de un grupo de católicos.

En diciembre destacan las fiestas navideñas. Aparte de Nochebuena, **Christmas Eve**, y el día de Navidad, en Inglaterra cada 26 de diciembre se celebra lo que se conoce como **Boxing Day** o día de San Esteban, **Saint Stephen's Day**. Es precisamente en esta época cuando se suele otorgar a los comerciantes un aguinaldo como reconocimiento por el trabajo de todo el año. El año termina con la celebración de la Nochevieja, **New Year's Eve**.

Aparte de estos días festivos se celebran otras fechas como el martes anterior al Miércoles de Ceniza, **Shrove Tuesday** o **Pancake Day**, día en el que tradicionalmente se consumían los alimentos prohibidos durante la Cuaresma. En la actualidad, esta festividad se celebra de diferentes maneras en diversas zonas de Reino Unido.

¿Sabías que...?

En el día de San Patricio, que se celebra en todo el mundo anglosajón, es tradicional vestirse con alguna prenda verde. En la imagen puedes ver al astronauta Chris Hasfield ataviado para tal ocasión en la Estación Espacial Internacional.

Importante

Bank Holiday es el término que se utiliza en inglés para designar los días festivos.

Consulta

La celebración de la Navidad en Reino Unido difiere en algunas cuestiones de la española. Puedes consultar cuándo se envían postales navideñas, de dónde proviene el árbol de Trafalgar Square o qué son los petardos, **fire crackers**, en el siguiente enlace: http://bit.ly/1y02a6Z.

Debido a la globalización algunas fiestas de origen británico como **Halloween** se están extendiendo cada vez más a otros países.

La cultura inglesa destaca por ser muy ceremonial y protocolaria en diversos aspectos. Probablemente lo que más haya trascendido sea la tradicional ceremonia del té de las cinco, **Five o'clock Tea**, que se trata de una tradición de cientos de años de historia aún hoy muy asentada entre los ingleses. Como toda ceremonia, esta cuenta con una serie de pasos o rituales que abarcan desde la elaboración de un buen té al estilo inglés hasta la forma de servirlo. Además, es importante adquirir un buen té inglés (el más típico es el té negro fermentado) y una buena tetera.

El té inglés suele tomarse con leche, caliente o fría, la cual se sirve en una jarra especial aparte, o con una rodaja de limón. De acuerdo con el protocolo, la taza se sostendrá con la mano derecha y el platillo con la mano izquierda mientras se sirve la bebida.

¿Sabías que...?

La **pancake race** en Olney, Buckinghamshire, nace en el siglo XV, cuando un ama de casa se olvidó del oficio religioso al que acudía toda la comunidad por estar muy concentrada cocinando para celebrar el **Shrove Tuesday**.

Consulta

En el enlace http://bit.ly/1O1QXqo podrás saber más sobre la ceremonia del té.

Actividades de ocio 5.3.

Una de las actividades de ocio más comunes tanto en Reino Unido como en EE. UU. es el cine. De hecho, aparte de la industria cinematográfica de Hollywood, considerada la más importante del mundo en el sector, la británica destaca por ser una de las más influyentes y respetadas del mundo.

Las Islas Británicas destacan por ser el escenario utilizado en el rodaje de películas como las que conforman la saga de *Harry Potter, Braveheart, El código Da Vinci, Orgullo y prejuicio,* las distintas partes de James Bond, *Cuatro bodas y un funeral* o *The Queen.*

¿Sabías que...?

En Reino Unido hay alrededor de mil ochocientas salas de cine.

Entre los deportes resalta el fútbol, **football**, inventado por los ingleses. La equivalente a la primera división española, la **Premier League**, cuenta con equipos como el Manchester United, el Manchester City, el Liverpool o el Arsenal. Los partidos disputados entre los dos primeros equipos tienen la consideración de clásicos en Inglaterra.

El escocés Sir Alex Ferguson entrenó al Manchester United desde el 1986 hasta el año 2013

Aunque no tan trascendentes mundialmente, pero igual de populares dentro de Reino Unido, los otros dos deportes nacionales son el rugbi, **rugby**, cuya popularidad ha aumentado desde que Inglaterra se proclamó campeona del mundo en 2003, y el críquet, **cricket**. Ambos deportes se juegan en equipo.

El **rugby** es un deporte de contacto en el que lo más importante es avanzar hacia el campo contrario y lograr un ensayo, la máxima anotación; no debe confundirse este deporte con el fútbol americano. El **rugby** goza de gran popularidad no solo en Inglaterra, sino también en Escocia, Gales e Irlanda e, incluso, en excolonias británicas como Australia y Nueva Zelanda. El **cricket** se juega con un bate y una pelota sobre un campo de césped; es similar al béisbol y está muy extendido en Australia.

Las carreras de caballos es otro deporte que atrae a un gran número de seguidores en Inglaterra. Aunque hay carreras de caballos prácticamente cada día del año, uno de los mayores eventos de este tipo y con mayor repercusión social es la **Royal Ascot**, cita a la que la reina, como gran aficionada a este deporte, acude cada año y en la que el público luce sus mejores galas, incluidas las pamelas y los tocados.

En EE. UU. el deporte más popular es el fútbol americano, seguido por el béisbol, **baseball**. El baloncesto, **basketball**, también ha sido uno de los deportes tradicionalmente más arraigados en la sociedad norteamericana; la **NBA** (**National Basketball Association**, Asociación Nacional de Baloncesto) se considera la mejor liga mundial de este deporte y muchos jugadores aspiran a ser contratados por algún equipo estadounidense. La popularidad del **basketball** y de los bolos, **bowling**, en EE. UU. ha ido decayendo ante la de otros deportes en auge, como el hockey, **hockey**, deporte de invierno que cuenta con un buen número de aficionados en varias ciudades de EE. UU. y Canadá.

Los norteamericanos son grandes seguidores de las carreras de coches como la **NASCAR** (**National Association for Stock Car Auto Racing**, Asociación Nacional de Carreras de Automóviles de Serie).

Los medios de comunicación constituyen otro ámbito resaltable en la cultura anglosajona. En la prensa británica destacan, clasificados según el formato, los siguientes títulos:

- En formato sábana (hoja grande, de 600 x 750 mm), *The Daily Telegraph, Financial Times* y *The Sunday Times.*

- En formato berlinés (315 x 470 mm), *The Guardian* y *The Observer.*

- En formato compacto (280 x 430 mm), *The Independent* y el *The Independent on Sunday,* así como *The Times.*

También hay otros diarios como el *Daily Express,* el *Daily Mail* y el *Metro.* Este último es un diario de distribución gratuita en las estaciones de transporte público.

Es importante discernir los periódicos serios de los tabloides sensacionalistas que tanta repercusión tienen en la sociedad británica. Aunque el origen de la palabra «tabloide» se refería más a un tipo de formato, ha terminado convirtiéndose en sinónimo de «prensa del corazón» en Inglaterra.

Los tabloides son mucho más agresivos y cuentan con mayores seguidores en Inglaterra que en EE. UU., pero la prensa rosa no está tan presente en la televisión inglesa como en España o EE. UU. Normalmente este tipo de prensa cuesta menos que un periódico de los considerados «serios». La prensa sensacionalista, **yellow press**, británica es muy variada e incluye títulos como *The Sun, Daily Mail, Daily Mirror, The Daily Star, The People, The Daily Sport, The Sunday Sport, The Morning Star,* etc.

Aunque no tan influyentes como en Inglaterra, en EE. UU. hay tabloides como el *New York Post* o el *Daily News.* En los supermercados norteamericanos puede encontrarse otro tipo de tabloide más centrado en la vida de las estrellas de Hollywood como, por ejemplo, el *Star* o el *National Enquirer.*

La prensa norteamericana suele adquirirse por suscripción y entre los periódicos y diarios estadounidenses cabe destacar *The New York Times* (Nueva York) y *The Washington Post* (Washington); ambos de gran formato (600 x 400 mm). Asimismo, *The Wall Street Journal* destaca entre los de tirada nacional.

La televisión británica cuenta con muchos canales, **channels**, entre los que se pueden resaltar los de la BBC, de la ITV, el Channel 4, el Channel 5, y, desde la televisión digital, también la BSkyB.

Consulta

En el siguiente enlace encontrarás un listado con periódicos norteamericanos y británicos para leer en línea: http://bit.ly/1y0vutS.

Vocabulario

El término **yellow press** se originó durante la «batalla periodística» entre el diario *New York World* y el *New York Journal,* de 1895 a 1898.

¿Sabías que...?

La **TV license** es un impuesto que hay que pagar en Reino Unido para ver la televisión.

La BBC es el servicio público de radio y televisión en Reino Unido y su sede se encuentra en la capital londinense, aunque también puede consultarse en Internet.

Las principales cadenas norteamericanas son, por un lado, las clásicas como la CBS (la segunda en el ámbito mundial después de la BBC), la ABC y la NBC; y, por otro, las más modernas como la Fox y The CW.

5.4. Relaciones humanas y sociales

En cuanto a las relaciones familiares y al concepto de «hogar», los ingleses se caracterizan por ser desapegados. Los jóvenes británicos se independizan, por norma general, cuando aún son bastante jóvenes y parecen estar acostumbrados a vivir lejos de la familia y a compartir piso con otras personas a las que no les une ninguna relación familiar. No obstante, suelen aprovechar el **Sunday roast** o la Navidad para reunirse en familia.

Precisamente porque están más acostumbrados a independizarse pronto y a compartir piso más cerca de donde estudian o trabajan que de la familia, el concepto de «hogar» entre los británicos es diferente al de los españoles.

Aunque la religión no parece ser uno de los pilares más importantes dentro de la sociedad británica, sí lo es el respeto común hacia la familia real.

Otro aspecto cultural en el que difieren la cultura española y la británica es la ceremonia de boda, **wedding**. Por lo general, el acto de la ceremonia inglesa suele ser más íntima, pues solo se invita a los parientes más allegados y el resto de invitados acude directamente al banquete. En cuanto al regalo de boda, suelen ser detalles como algún artículo para la casa o dinero si los novios ya vivían juntos antes de casarse, aunque también es posible que cuenten con lista de bodas.

¿Sabías que...?

La película *Cuatro bodas y un funeral* nos da una idea bastante clara de cómo son las bodas en Reino Unido.

Los británicos son conocidos por ser muy formales y diplomáticos, sobre todo, en el terreno profesional. Normalmente, en las relaciones laborales se prefiere usar el apellido antes que el nombre de pila a la hora de dirigirse a otra persona.

Además, los británicos son muy sutiles cuando se trata de negociaciones, aunque este hecho parece estar cambiando. La sociedad británica ha sido conocida siempre por ser muy clasista y no ha sido menos en el mundo profesional y laboral, caracterizado tradicionalmente por una jerarquía muy rígida. Como muestra de ello, las empresas delimitaban muy bien los espacios en sus instalaciones con comedores y pisos diferenciados, dependiendo del puesto desempeñado, e incluso se acostumbraba a celebrar distintos tipos de eventos corporativos según a quién fuera dirigido.

La administración del Estado es un asunto complejo y muy variado, ya que según el propio Consejo Económico y Social de las Naciones Unidas (2007), no existe «ninguna unidad administrativa en común entre los integrantes del Reino Unido»; esto se debe a que cada país mantiene su propio sistema, así como la demarcación geográfica anterior a la unión. Dados los problemas que se plantean hay que recordar a qué se hace referencia cuando se habla de Inglaterra, Reino Unido y Gran Bretaña.

Por una parte, conviene distinguir las denominaciones políticas de las geográficas. Las Islas Británicas están formadas por dos islas principales y otras más pequeñas. La más grande es la isla de Gran Bretaña y la isla situada a la izquierda de esta es la isla de Irlanda. Gran Bretaña es la isla más grande de este archipiélago y abarca: Escocia, **Scotland**; Gales, **Wales**; e Inglaterra, **England**. La isla de Irlanda engloba dos países: la República de Irlanda, **Republic of Ireland**, e Irlanda del Norte, **Nothern Ireland**.

Por otra parte, políticamente estas islas abarcan tanto Reino Unido como la República de Irlanda. Reino Unido es un Estado soberano que engloba, a su vez, cuatro países: Inglaterra, Escocia, Gales e Irlanda del Norte; es decir, Reino Unido lo constituyen los países integrantes de Gran Bretaña más Irlanda del Norte. La República de Irlanda quedaría fuera del sistema del Estado soberano del Reino Unido.

Importante

Para utilizar correctamente las denominaciones de Reino Unido y sus países te puede ser útil saber que el nombre oficial de Reino Unido es Reino Unido de Gran Bretaña e Irlanda del Norte, **United Kingdom of Great Britain and Nothern Ireland**.

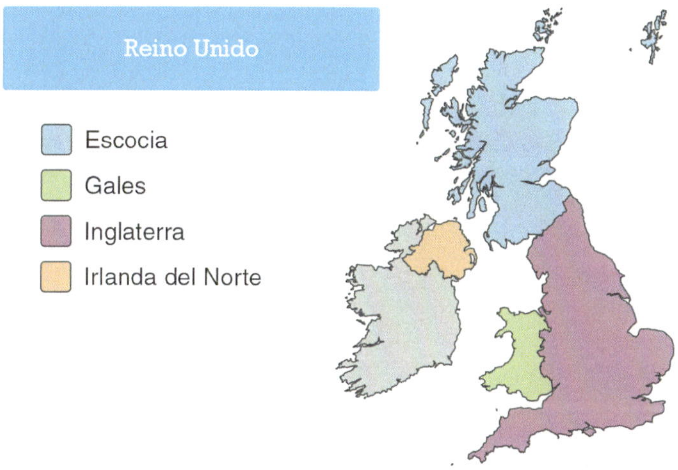

La forma de Gobierno de Reino Unido es la monarquía parlamentaria, cuya jefa de Estado es la actual reina Isabel II. El puesto de jefe de Gobierno lo ocupa el primer ministro, que es el miembro del parlamento que obtiene la mayoría de los votos en la Cámara de los Comunes. El Palacio de Westminster, uno de los lugares más emblemáticos de la capital londinense, es la sede del Gobierno.

El parlamento británico es una de las instituciones más antiguas del mundo y se divide en dos cámaras o casas: la Casa de los Lores o Cámara Alta y la Casa de los Comunes o Cámara Baja.

¿Sabías que...?

La Oficina de Información al Ciudadano, **Citizens Advice Bureau**, es una institución pública en Reino Unido, sin equivalencia en España, que ofrece a los ciudadanos asesoramiento legal sobre diversas cuestiones. Si, por ejemplo, buscas trabajo en Inglaterra, esta es una de las instituciones que deberías visitar. También suelen acudir a ella, por ejemplo, los ciudadanos que acaban de ser despedidos para conocer sus derechos. En el siguiente enlace puedes acceder a su página oficial: http://bit.ly/18BTYI2.

5.5. Condiciones de vida y trabajo

Debido a la desaceleración económica, las condiciones de vida y trabajo en el Reino Unido, como en muchos otros países, son menos favorables que en el pasado. Mientras que las tasas de desempleo más elevadas se concentran al norte de Inglaterra, en Escocia, en Irlanda del Norte y en Gales, la zona sudeste del país, en cambio, goza de un mayor crecimiento económico.

El mercado laboral de Reino Unido es bastante flexible en comparación con otros países. A la hora de buscar trabajo los requisitos pueden variar de un puesto a otro, aunque de forma general se suele valorar más la experiencia que la titulación académica.

El sistema de Seguridad Social inglés es similar al español, tanto para los trabajadores por cuenta ajena como para los autónomos, con la diferencia de que los británicos reciben el número de Seguridad Social, **National Insurance Number**, por correo al cumplir los dieciséis años. Los fondos de dichas contribuciones, en estos casos, también van destinados a las pensiones y al sistema sanitario.

En Reino Unido la salud y la seguridad de los trabajadores están reguladas por la Ley de salud y seguridad en el trabajo, **Health and Safety at Work Act**, de 1974, cuyo objetivo es proteger a la población en general.

Consulta

En el siguiente enlace puedes encontrar información sobre las condiciones laborales de Reino Unido y sobre cómo buscar empleo a través, entre otros medios, de los centros de trabajo, **Job Centre**: http://bit.ly/1CuqsBc.

5.6. Valores, creencias y actitudes

La cultura inglesa se caracteriza por ser bastante protocolaria y ceremoniosa, por lo que podría hablarse de muchas otras tradiciones, además de las que están relacionadas con la hora del té, los deportes o las festividades. El dominio del Imperio británico queda de manifiesto, aún a día de hoy, en el legado de costumbres y tradiciones de sus excolonias.

En la capital londinense tiene lugar a diario una serie de eventos, como el cambio de guardia del Palacio de Buckingham o la ceremonia de las llaves, muy vinculados a la historia y a las tradiciones más antiguas del país.

¿Sabías que...?

La ceremonia de las llaves se lleva practicando desde la Edad Media. Si tienes pensado ir a Londres, debes saber que es posible acudir a la misma, pero has de solicitar las invitaciones por adelantado. En el siguiente enlace se explica cómo pedir las invitaciones y cómo se desarrolla la ceremonia: http://bit.ly/1PiwOJd.

Los **Yeoman Warders** son los alabarderos o guardias del Palacio Real y de la Torre de Londres, que se conocen popularmente como **beefeaters**

La danza más representativa del país es la danza Morris, **Morris Dance**. Suele formar parte de fiestas culturales, en las que un grupo de bailarines, a veces acompañados de complementos como pañuelos, palos o espadas, se mueven al son de la música. Pese a que Inglaterra cuenta con muchas tradiciones y un folclore muy rico, no existe realmente una vestimenta típica del país. Los trajes folclóricos más populares podrían ser precisamente los de estos bailarines.

Consulta

Puedes ver en qué consiste la **Morris Dance** en el siguiente enlace: http://bit.ly/1CdPtlh.

En cambio, los escoceses cuentan con la famosa falda escocesa, **kilt**, que se suele acompañar de un cinturón y una faltriquera o zurrón de cuero. En la actualidad se reserva esta vestimenta para ocasiones importantes o eventos folclóricos.

Uno de los eventos más divertidos de la capital londinense es el carnaval de Notting Hill, **Notting Hill Carnival**, que se celebra cada año desde 1965 durante el último fin de semana de agosto.

Aunque los británicos son conocidos por su formalidad y su talante frío, todo el mundo ha oído hablar del humor inglés o humor británico. El genuino humor inglés se caracteriza, sobre todo, por el sarcasmo, que incluso se podría definir como humor negro. Aunque sus raíces se encuentran en obras literarias, hoy en día también se hallan manifestaciones del humor británico en producciones cinematográficas y en la televisión. En él se pueden distinguir dos corrientes, una más sofisticada y cercana a la fina sátira, que se encuentra, por ejemplo, en las comedias de la Ealing, **Ealing Comedies**; y otra que se identifica más con la farsa procaz. Los novelistas Sir P. G. Wodehouse y Tom Sharpe serían, respectivamente, los máximos exponentes de cada corriente.

Sir P. G. Wodehouse fue uno de los escritores humorísticos más prolíficos en Reino Unido

En el mundo del arte y la cultura se encuentran referentes de origen británico en casi todas las áreas. En la música, por ejemplo, destacan bandas de todos los estilos como The Beatles, Pink Floyd, The Rolling Stones, Queen, The Police, Depeche Mode, Eric Clapton o el grupo Oasis.

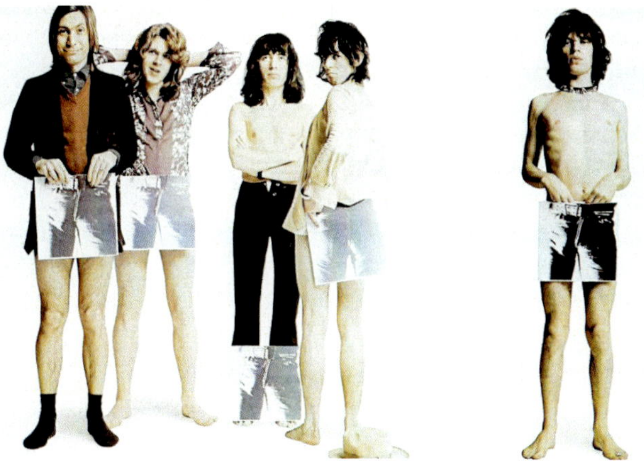

Consulta

En el siguiente enlace encontrarás un vídeo sobre el **Notting Hill Carnival** donde apreciarás cómo se preparan los disfraces, **costumes**, y se ensayan las coreografías: http://bit.ly/1DIEITH.

¿Sabías que...?

Los Ealing Studios produjeron múltiples películas cómicas entre los años 1947 y 1957. Después la compañía fue comprada por la BBC.

?? ¿Sabías que...?

El lenguaje de los gestos no es universal, ya que algunos de los gestos que se utilizan en una cultura pueden ser desconocidos o resultar poco adecuados en otras. Por ejemplo, el símbolo de la victoria (los dos dedos en forma de uve) con la palma de la mano hacia fuera es correcto, pero si se hace con la palma hacia dentro, se considera un gesto de desafío o burla tanto en Reino Unido como en sus excolonias. Al parecer, el origen de este gesto se remonta a la guerra de los Cien Años, durante la cual los arqueros franceses amenazaban a los ingleses con cortarles los dedos.

Importante

Cuando se aprende un idioma nuevo es preciso conocer los convencionalismos gestuales de la sociedad que lo habla para evitar posibles ofensas. En gestos simples como el que se hace para indicar dos, en España se levantan los dedos índice y corazón, pero en Reino Unido es mejor indicarlo con los dedos pulgar e índice porque de lo contrario se ofende a la persona a la que se le está haciendo dicho gesto.

Ejemplo

Hay que evitar realizar preguntas tan directas como **Do you want some tea?** (¿Quiere té?) y en su lugar es preferible **Would you like some tea?** (¿Le gustaría algo de té?).

La literatura inglesa es muy importante internacionalmente por autores como William Shakespeare, Charles Dickens, Lord Byron, Jane Austen, Oscar Wilde, Agatha Christie, J. R. R. Tolkien, Aldous Huxley o George Orwell. En la actualidad, otros escritores británicos disfrutan de un gran éxito de ventas, entre los que destacan la creadora de la saga de Harry Potter, J. K. Rowling, o Ken Follett.

5.7. Lenguaje corporal

Los británicos utilizan menos el contacto físico que los españoles y de ahí que tradicionalmente se les considere más fríos o distantes. Un ejemplo claro es la forma de saludar; por lo general, los abrazos y los besos se reservan para los familiares o amigos más íntimos. En el momento de las presentaciones, los británicos se estrechan la mano la primera vez que se conocen, tanto hombres como mujeres.

En cuanto a la proximidad, a los británicos les gusta tener su espacio, por lo que no conviene aproximarse demasiado. En cambio, sí es muestra de buena educación y de interés mirar a los ojos de quien se habla sin llegar a sobrepasarse, aunque mirar fijamente a alguien a quien no se conoce o con quien no se está hablando está muy mal visto.

Entre los británicos son comunes también otros gestos que guardan su propio significado como el de trazar una cruz delante del pecho para asegurar que se está diciendo algo de verdad; dibujar la letra ele por encima de la cabeza con la mano derecha para llamar a alguien perdedor, **loser**; tocarse la nariz con el índice se usa cuando se dice un secreto o para dar la razón a alguien; etc.

De la cultura italiana los ingleses también han copiado el gesto del destornillador, **cheek screw**, (con el dedo índice en la mejilla mientras se gira la muñeca) para indicar que una chica es guapa; en origen, este gesto también hace referencia a que un plato está exquisito. El gesto de colocar la lengua por dentro de la mejilla, **cheek in tongue**, expresa broma o burla; de hecho, **cheek in tongue** es una expresión idiomática que indica precisamente que se está diciendo algo de broma.

5.8. Convenciones sociales

Las costumbres que más pueden chocar a los españoles tienen que ver con las convenciones sociales. Los ingleses destacan por ser más formales y educados a la hora de dirigirse a personas que no conocen, por lo que es preferible optar por un lenguaje más formal cuando se trata con personas con las que no se tiene excesiva confianza.

Cuanto menos directa sea una pregunta, más formal será. **Could you open the window?** o **Would you mind to open the window?** (¿Le importaría abrir la ventana? o ¿Podría abrir la ventana?) serán siempre opciones más formales que **Can you open the window?** (¿Puede abrir la ventana?). Se deben evitar las peticiones o preguntas demasiado directas, lingüísticamente hablando, del tipo **Open the window** (Abre la ventana), ya que además de usar una estructura menos directa, un inglés acompañaría la expresión con un «por favor»: **Could you open the window, please?**

Fórmula recomendada	Fórmula no recomendada
Could you..., please?	Open..., bring..., close...
Would you like...?	Do you want...?

El saludo se limita al gesto de estrechar las manos y a alguna frase de cortesía del tipo **Nice/Pleased to meet you** (Encantado de conocerle). Otra expresión típica de los saludos, que no debe entenderse literalmente, es ¿Qué tal? **How are you?**, a la que se suele responder: Bien, gracias, ¿y tú?, **Fine, thanks, and you?**

Los británicos en general hacen uso habitual de expresiones como por favor, **please**; perdón, **sorry**; gracias, **thank you**; o disculpa, **excuse me**.

No se puede hablar de las normas de cortesía de la sociedad británica sin hacer referencia a la puntualidad. La expresión «puntualidad inglesa» deriva precisamente de la importancia que tiene para los británicos llegar puntual a una cita. Lo más común es que se presenten aproximadamente 10 min antes de la hora acordada. Además, cuando se es invitado a cenar en una casa particular en Reino Unido, conviene presentarse con algún detalle.

Los británicos son poco ruidosos y prefieren utilizar un tono de voz sosegado, sobre todo en establecimientos públicos.

Tan importante como lo que se debe hacer cuando se trata con un británico es lo que no se debe hacer. En la cultura británica hay una serie de tabúes o convenciones que es necesario considerar como, por ejemplo, que hablar con la boca llena de comida se considera una falta de respeto.

Las preguntas sobre el peso, la edad, el estado civil o el sueldo les resultan bastante indiscretas en general, pero sobre todo si se le plantean a una mujer.

No dejar propina cuando se ha recibido un servicio correcto está muy mal visto; además de en restaurantes, también se suele dejar propina en hoteles o taxis. Normalmente la propina supone un 10 % del importe total que se ha pagado por el servicio.

Aunque los británicos, en general, son muy formales durante la jornada laboral y poseen un gran sentido de la responsabilidad, saben divertirse al llegar la noche: es muy habitual que al salir del trabajo se reúnan en los pubs.

¿Sabías que...?

Las expresiones **I'm sorry** y **excuse me** tienen significados diferentes. La primera implica un arrepentimiento como, por ejemplo, cuando se ha pisado a alguien sin querer. La segunda equivale más a «disculpa» o «permiso» y se utiliza, por ejemplo, cuando se le solicita educadamente a alguien que se eche a un lado para dejar pasar.

Consulta

Puedes escuchar a Elton John cantar ***Sorry seems to be the hardest word*** (*«Lo siento» parecen las palabras más difíciles [de decir])* en el siguiente enlace: http://bit.ly/1oF0rP3.

5.9. Geografía básica

El clima de Reino Unido es el propio de las zonas situadas en latitudes medias, de tipo oceánico, caracterizado por veranos cálidos e inviernos frescos, y las precipitaciones suelen ser abundantes a lo largo de todo el año.

En Inglaterra las temperaturas oscilan entre los 6 °C en invierno y los 20 °C en verano, siendo más cálidas, en general, que en otros países de Reino Unido. No obstante, Gales disfruta de las temperaturas mínimas más tibias entre noviembre y febrero, e Irlanda del Norte de las máximas más cálidas entre diciembre y febrero. Escocia es el país más húmedo y frío, con temperaturas que van desde los -2 °C del invierno hasta los 16 °C del verano. En invierno la nieve cae sobre todo en las zonas orientales y del norte, como en Gales y en las montañas de Escocia, y debido al viento la nieve de estas áreas no suele durar más de una semana.

Verano en Londres (Inglaterra)

Invierno en Dornie (Escocia)

Además de en Reino Unido y sus excolonias y EE. UU., el inglés es lengua oficial o cooficial en más de cincuenta países de Europa, América, Asia, África y Oceanía.

Países en los que el inglés es lengua oficial o cooficial	
África	Botsuana, Camerún, Gambia, Ghana, Kenia, Lesoto, Liberia, Malaui, Mauricio, Nigeria, Ruanda, Sheychelles, Sierra Leona, Suazilandia, Sudáfrica, Sudán, Sudán del Sur, Tanzania, Uganda, Zambia y Zimbabue
América	Antigua y Barbuda, Bahamas, Barbados, Belice, Canadá, Dominica, EE. UU., Granada, Guayana, Jamaica, San Cristóbal y Nieves, San Vicente y las Granadinas, Santa Lucía, Trinidad y Tobago
Asia	Filipinas, India, Malasia, Pakistán y Singapur
Europa	Reino Unido, República de Irlanda y Malta
Oceanía	Australia, Fiyi, Islas Marshall, Kiribati, Micronesia, Nauru, Nueva Zelanda, Palos, Papúa Nueva Guinea, Samoa, Tonga, Tuvalu y Vanuatu

Aparte de los países citados en la tabla en los que el inglés es la única lengua oficial o una de ellas, este idioma lo habla gran parte de la población, sobre todo, en algunos países europeos.

A lo largo de las unidades didácticas anteriores se ha hecho hincapié en las diferencias lingüísticas entre el BrE y el AmE, y se ha hecho referencia al acento estándar o **RP**. Precisamente porque el inglés se habla en muchos países diferentes alrededor del mundo, cuenta con otras variedades además del americano y el británico como el inglés australiano, el canadiense, el caribeño, el que se habla en la India, el de Nueva Zelanda, el de Nigeria, el de Filipinas y el de Sudáfrica.

Dentro de Reino Unido existen diferentes variedades y acentos dependiendo de la zona, e incluso dentro de cada región pueden apreciarse variedades según el grupo socioeconómico y el nivel cultural de los hablantes. El término **cockney** se refiere a los habitantes de los bajos fondos de Londres y se usa también para designar la jerga y el acento distintivo de esta clase social.

Las principales variedades distinguen entre inglés de Inglaterra (el hablado al sur de Inglaterra, en las Midlands y al norte de Irlanda), el inglés de Gales y el inglés de Escocia, que no debe confundirse con el escocés. En cuanto al lenguaje

?? ¿Sabías que...?

La conexión atlántica entre los diferentes países de las Islas Británicas y otras regiones de Europa es objeto de múltiples estudios históricos. Uno de los últimos hallazgos es el que se produjo en el Ayuntamiento Betanzos (Galicia), donde se han identificado posibles inscripciones en gaélico. Puedes informarte sobre esta noticia en el enlace http://bit.ly/1Fp5LJ4 o en la página oficial del Proyecto Gaélico: http://bit.ly/1OcmHJn.

formal escrito, existe una cierta uniformidad dentro de los países constituyentes de Reino Unido bajo lo que se conoce como BrE.

También hay que distinguir otras lenguas dentro de las Islas Británicas como el irlandés, el galés y el escocés, que se constituyen como sistemas lingüísticos propios. El gaélico escocés, **Scots** o **Scotts**, es la lengua hablada en las tierras bajas de Escocia y en ciertas zonas de Irlanda del Norte. El galés es una lengua celta que se habla, de forma cooficial, en el país de Gales. El irlandés o gaélico irlandés moderno es el idioma de la familia de lenguas indoeuropeas que se habla en Irlanda.

Cartel bilingüe, en irlandés e inglés

Vocabulario

En irlandés no existen los términos «sí» y «no»; contestan con la forma afirmativa o negativa del verbo. Así, para contestar a *An dtuigeann tú?* (¿Entiendes?), ellos dirían *Tuigim* (Entiendo) o *Ni thuigim* (No entiendo).

Cartel trilingüe, en inglés, irlandés y escocés

Ejemplo

Para expresar en el fin de semana o durante el fin de semana los británicos dicen **at the weekend** y los americanos **on the weekend**.

Las diferencias del AmE con respecto al BrE, tal y como se muestra en la tabla, se ciñen sobre todo al vocabulario.

BrE	AmE	Traducción
Aeroplane	Airplane	Avión
Aubergine	Eggplant	Berenjena
Biscuit	Cookie	Galleta
Centre	Center	Centro
Chemist	Pharmacy/Drugstore	Farmacia
Chips	French fries	Patatas fritas
Colour	Color	Color

BrE	AmE	Traducción
Crisps	Chips	Patatas fritas (de bolsa)
Film	Movie	Película
Flat	Apartment	Piso
Jumper	Sweater	Suéter
Lift	Elevator	Ascensor
Number plate	License plate	Placa de matrícula
Petrol	Gas	Gasolina
Sweets	Candies	Caramelos, dulces
Trainers	Tennis shoes/Sneakers	Zapatillas de deporte
Trousers	Pants	Pantalones
Underground	Subway	Metro
Waistcoat	Vest	Chaleco

Aunque las principales diferencias entre el BrE y el AmE radican en el uso del vocabulario y en la pronunciación, hay otras diferencias que atañen a algunas estructuras gramaticales. Por ejemplo, para indicar la posesión, los británicos prefieren el uso de **have got** y los americanos solo **have**, por lo que un británico negaría el verbo tener con **haven't got** y un americano con el auxiliar **do (don't have)**.

Consulta

Las principales diferencias gramaticales entre el BrE y el AmE se recogen en el siguiente enlace: http://bit.ly/1Cs8v6K.

Una web para la búsqueda de empleo británica se promociona con la oración «Oh, maldita sea, es fin de semana.»

Resumen

En esta unidad didáctica se ha aprendido que:

- Existen aspectos de la vida cotidiana de las sociedades anglófonas, como los relacionados con horarios, hábitos gastronómicos, cuestiones laborales y celebraciones o festividades, que es conveniente conocer porque difieren de las costumbres españolas.

- En el mundo anglosajón las principales actividades de ocio están relacionadas con el cine, los deportes o el uso de medios de comunicación para el entretenimiento diario.

- Los conceptos de «familia» y «hogar» en los países de habla inglesa se caracterizan por una mayor independencia individual, y las relaciones humanas y profesionales suelen ser más distantes y están marcadas por un tratamiento cortés.

- En Reino Unido no existe una única Administración, sino que cada país miembro posee su propio sistema. Aun así, el parlamento británico es uno de los más antiguos del mundo, tiene su sede en Londres y se divide en dos cámaras: la Cámara Alta y la Cámara Baja.

- Las condiciones de vida y trabajo en los países anglosajones son favorables, aunque también sufren tasas de desempleo elevadas en algunas regiones a causa de la crisis económica mundial.

- Existen múltiples tradiciones en los distintos países de habla inglesa como, por ejemplo, las relacionadas con el folclore y la música. Además, los ingleses poseen un sentido del humor característico.

- Es necesario conocer algunas convenciones sociales relativas a las relaciones personales, como las relacionadas con el lenguaje corporal y los tabúes, para desarrollar un comportamiento adecuado con los angloparlantes.

- El inglés se habla en más de cincuenta países del mundo y cuenta con distintos estándares (el BrE y el AmE) y acentos. Además, en las Islas Británicas existen otras lenguas cooficiales como el gaélico escocés, el galés y el gaélico irlandés.

Reflexión final

Los aspectos culturales marcan, en gran medida, la manera en que se comunican las personas, más allá de la esfera lingüística.

Comprueba lo que has aprendido

1. Lee el siguiente texto en el que se dan algunos consejos para trabajar en Reino Unido y contesta a las preguntas que se plantean a continuación.

Work in the United Kingdom

Working in the UK can be a great way to improve your English, get work experience and earn some money. The UK has lots of opportunities for young people.

We have to be honest and advise you that the UK can be an expensive place to live especially in the main cities like London. Our advice is to prepare as best you can before you leave and research other cities, which may be cheaper. This will also increase your job opportunities. You should have a good level of the English language, so try to take some English lessons before. Remember that the UK includes Northern Ireland, England, Scotland and Wales when you're considering your options.

Try applying for jobs before your leave and check your visa requirements. You could try contacting local networks listed on social networking sites. For example, if you're Polish you may find a Polish group based in Manchester. These networks offer plenty of information on where to look for work, which pub is showing your local team's match and where to find that local gourmet food you're missing. Use them to ask questions and build your network before coming to the UK.

Fuente: Eurodesk (http://bit.ly/1PmRJQl) (adaptado)

Trabajar en Reino Unido es una buena opción para...

a. Conseguir experiencia laboral.
b. Ganar dinero.
c. Aprender inglés.
d. Todas las opciones anteriores son correctas.

¿Qué dos ideas fundamentales se extraen del segundo párrafo?

a. Vivir en Reino Unido puede ser genial pero debes conocer bien el idioma.
b. Vivir en Reino Unido es muy caro pero el idioma no es un inconveniente.
c. La vida en las principales ciudades de Reino Unido es cara y se debe tener un buen nivel de inglés.
d. La vida en Londres es más barata y en esta ciudad se puede acudir a clases de perfeccionamiento de inglés.

¿Cuál es la recomendación del tercer párrafo?

a. Utilizar Internet y las redes sociales para ponerse en contacto con gente que ya trabaja en Reino Unido.
b. Acudir a los pubs para socializar, ya que todo el mundo se reúne allí para ver los partidos de fútbol.
c. Crear una página web para que las personas que ya viven en Reino Unido nos ayuden a buscar trabajo.
d. Llevar siempre con nosotros un currículo y el pasaporte.

2. A continuación se recoge una de las respuestas en un foro a una persona que pregunta si leer periódicos es bueno para mejorar nuestro inglés. Léela y contesta a las cuestiones que se plantean posteriormente.

Question: Is reading newspaper good for improving English?

M. Kotykhov answered:

Yes and no. I can share my own experience with you. I was learning English myself long time ago. There was no videos or podcasts at that time, but there was plenty to read online. Therefore, I started to read *The New York Times, Los Angeles Times* and British newspapers almost daily. Yes, it did help me to some extent to improve my vocabulary, but there are two reasons to keep reading in moderation:

1. You need to start speaking, understanding and writing English. Reading does not help you. In fact, it drives you into belief that you will never start speaking.

> 2. They use a lot of slang and specific terminology in newspaper articles. If you focus on translating every single word, it is not the time well spent, because you won't see these words in daily conversations.
>
> So, again, yes and no. Read a lot to improve your vocabulary, but don't focus on reading only, because it is not the same as oral communication.
>
> Fuente: Quora (http://bit.ly/1NVN98g) (adaptado)

¿Cuál es el motivo por el que esta persona recomienda la lectura de periódicos en el aprendizaje del inglés?

a. Los periódicos aportan muchos conocimientos gramaticales.
b. Se puede adquirir mucho vocabulario nuevo con la lectura de periódicos.
c. En Internet hay muchos periódicos y son de lectura gratuita.
d. El inglés escrito es exactamente igual al inglés oral.

Por el contrario, las razones por las que opina que la lectura de periódicos en el aprendizaje del inglés no es la mejor opción son...

a. Es necesario hablar inglés para aprender el idioma, no solo leerlo; además, se usan muchos términos específicos o de argots que no son habituales en el habla diaria.
b. Se pierde mucho tiempo buscando el significado de las palabras que no se conocen.
c. El vocabulario es demasiado específico.
d. Es necesario suscribirse y puede resultar muy caro, por lo que es mejor utilizar otros recursos como vídeos.

3. Indica si las siguientes afirmaciones sobre cuestiones socioculturales son verdaderas o falsas.

	V	F
La gastronomía tradicional inglesa es bastante pobre y no existen platos destacados		
Los jóvenes británicos se independizan, por norma general, cuando aún son bastante jóvenes		
La sociedad británica se ha caracterizado siempre por ser muy clasista		
El genuino humor inglés se caracteriza, sobre todo, por el sarcasmo, que incluso se podría definir como humor negro		
A los británicos les gusta mucho el contacto físico y suelen aproximarse mucho cuando mantienen una conversación		
El lenguaje corporal de las sociedades de habla inglesa es igual al español, puesto que este es un lenguaje universal		

4. Escoge la opción que mejor se corresponda con la forma de saludar en Reino Unido.

a. Por lo general, los abrazos y los besos se reservan para los familiares o amigos más íntimos.
b. En el momento de las presentaciones, los británicos se estrechan la mano la primera vez que se conocen, tanto hombres como mujeres.
c. Una expresión típica de los saludos es **How are you?**, a la que se suele responder **Fine, thanks, and you?**
d. Todas las opciones anteriores son correctas.

Soluciones

1. Lee el siguiente texto en el que se dan algunos consejos para trabajar en Reino Unido y contesta a las preguntas que se plantean a continuación.

Work in the United Kingdom

Working in the UK can be a great way to improve your English, get work experience and earn some money. The UK has lots of opportunities for young people.

We have to be honest and advise you that the UK can be an expensive place to live especially in the main cities like London. Our advice is to prepare as best you can before you leave and research other cities, which may be cheaper. This will also increase your job opportunities. You should have a good level of the English language, so try to take some English lessons before. Remember that the UK includes Northern Ireland, England, Scotland and Wales when you're considering your options.

Try applying for jobs before your leave and check your visa requirements. You could try contacting local networks listed on social networking sites. For example, if you're Polish you may find a Polish group based in Manchester. These networks offer plenty of information on where to look for work, which pub is showing your local team's match and where to find that local gourmet food you're missing. Use them to ask questions and build your network before coming to the UK.

Fuente: Eurodesk (http://bit.ly/1PmRJQl) (adaptado)

Trabajar en Reino Unido es una buena opción para...

a. Conseguir experiencia laboral.
b. Ganar dinero.
c. Aprender inglés.
d. Todas las opciones anteriores son correctas.

¿Qué dos ideas fundamentales se extraen del segundo párrafo?

a. Vivir en Reino Unido puede ser genial pero debes conocer bien el idioma.
b. Vivir en Reino Unido es muy cara pero el idioma no es un inconveniente.
c. La vida en las principales ciudades de Reino Unido es cara y se debe tener un buen nivel de inglés.
d. La vida en Londres es más barata y que en esta ciudad se puede acudir a clases de perfeccionamiento de inglés.

¿Cuál es la recomendación del tercer párrafo?

a. Utilizar Internet y las redes sociales para ponerse en contacto con gente que ya trabaja en Reino Unido.
b. Acudir a los pubs para socializar, ya que todo el mundo se reúne allí para ver los partidos de fútbol.
c. Crear una página web para que las personas que ya viven en Reino Unido nos ayuden a buscar trabajo.
d. Llevar siempre con nosotros un currículo y el pasaporte.

2. A continuación se recoge una de las respuestas en un foro a una persona que pregunta si leer periódicos es bueno para mejorar nuestro inglés. Léela y contesta a las cuestiones que se plantean posteriormente.

Question: Is reading newspaper good for improving English?

M. Kotykhov answered:

Yes and no. I can share my own experience with you. I was learning English myself long time ago. There was no videos or podcasts at that time, but there was plenty to read online. Therefore, I started to read *The New York Times, Los Angeles Times* and British newspapers almost daily. Yes, it did help me to some extent to improve my vocabulary, but there are two reasons to keep reading in moderation:

1. You need to start speaking, understanding and writing English. Reading does not help you. In fact, it drives you into belief that you will never start speaking.

2. They use a lot of slang and specific terminology in newspaper articles. If you focus on translating every single word, it is not the time well spent, because you won't see these words in daily conversations.

So, again, yes and no. Read a lot to improve your vocabulary, but don't focus on reading only, because it is not the same as oral communication.

Fuente: Quora (http://bit.ly/1NVN98g) (adaptado)

¿Cuál es el motivo por el que esta persona recomienda la lectura de periódicos en el aprendizaje del inglés?

a. Los periódicos aportan muchos conocimientos gramaticales.
b. Se puede adquirir mucho vocabulario nuevo con la lectura de periódicos.
c. En Internet hay muchos periódicos y son de lectura gratuita.
d. El inglés escrito es exactamente igual al inglés oral.

Por el contrario, las razones por las que opina que la lectura de periódicos en el aprendizaje del inglés no es la mejor opción son…

a. Es necesario hablar inglés para aprender el idioma, no solo leerlo; además, se usan muchos términos específicos o de argots que no son habituales en el habla diaria.
b. Se pierde mucho tiempo buscando el significado de las palabras que no se conocen.
c. El vocabulario es demasiado específico.
d. Es necesario suscribirse y puede resultar muy caro, por lo que es mejor utilizar otros recursos como vídeos.

3. Indica si las siguientes afirmaciones sobre cuestiones socioculturales son verdaderas o falsas.

	V	F
La gastronomía tradicional inglesa es bastante pobre y no existen platos destacados		X
Los jóvenes británicos se independizan, por norma general, cuando aún son bastante jóvenes	X	
La sociedad británica se ha caracterizado siempre por ser muy clasista	X	
El genuino humor inglés se caracteriza, sobre todo, por el sarcasmo, que incluso se podría definir como humor negro	X	
A los británicos les gusta mucho el contacto físico y suelen aproximarse mucho cuando mantienen una conversación		X
El lenguaje corporal de las sociedades de habla inglesa es igual al español, puesto que este es un lenguaje universal		X

4. Escoge la opción que mejor se corresponda con la forma de saludar en Reino Unido.

a. Por lo general, los abrazos y los besos se reservan para los familiares o amigos más íntimos.
b. En el momento de las presentaciones, los británicos se estrechan la mano la primera vez que se conocen, tanto hombres como mujeres.
c. Una expresión típica de los saludos es **How are you?**, a la que se suele responder **Fine, thanks, and you?**
d. Todas las opciones anteriores son correctas.

6. Contenidos funcionales

Contenidos

Objetivos

- Reconocer las diferentes funciones de los actos comunicativos.
- Aprender fórmulas comunes en inglés para expresar asertividad, compromiso o para dar una orden, proposición o consejo.
- Distinguir las principales estructuras que ayudan a establecer o mantener el contacto social y expresar actitudes y sentimientos.

Reflexión inicial

Los matices expresivos están presentes en cualquier acto comunicativo y varían en función de la situación y de la intención del hablante. Adaptar el lenguaje al contexto y a la función del habla es fundamental para lograr un dominio completo del idioma.

6.1. Introducción

Cuando se habla una lengua no es solo importante conocer el significado de las palabras u oraciones, sino también reconocer la intención subyacente del del comunicador. Muchas de las dificultades comunicativas tienen que ver precisamente con no saber reconocer un acto de habla o la intención comunicativa del hablante en una situación concreta.

> **Importante**
>
> Los actos de habla, **speech-act**, son la unidad mínima de comunicación. Son un grupo de declaraciones con una función comunicativa concreta, como una petición, una orden, una promesa, etc.

Los contenidos funcionales tienen que ver con la pragmática, disciplina que opera en el nivel del significado y la intención comunicativa. De este modo, un acto de habla puede encerrar una intención que va más allá de su significado literal. Dependiendo de su función, puede clasificarse en: asertivo, compromisivo, directivo, fático y solidario, y expresivo. Estos serán los temas de estudio de esta unidad didáctica.

6.2. Actos asertivos

En los actos asertivos, **assertive acts**, el habla manifiesta una frase que para el comunicador es cierta. Se puede afirmar, por lo tanto, que se relacionan más con la actitud o creencia de este con respecto a lo que está expresando que con la realidad.

No one dances better than me: Nadie baila mejor que yo.

Funciones de los actos asertivos
Afirmar o negar
Anunciar
Clasificar
Describir
Mostrar acuerdo o desacuerdo
Expresar desconocimiento
Expresar opinión o creencia
Formular hipótesis o suposiciones
Identificar personas
Informar de algo
Recordar algo a alguien
Rectificar o corregir
Predecir
Confirmar la veracidad
Suponer

Algunos actos asertivos afirman o niegan, tal y como reflejan los siguientes ejemplos.

It's raining: Está lloviendo.

I don't believe you: No te creo.

Otros están presentes en las expresiones que tienen que ver con rituales o ceremonias de distinto tipo, esto es, con actos que anuncian algo.

I pronunce them husband and wife: Les declaro marido y mujer.

We find the defendant guilty: Encontramos al acusado culpable.

You're fired/out: Estás despedido.

También pueden usarse para clasificar o establecer categorías.

There are different speech acts in different cultures: Hay diferentes actos de habla en las distintas culturas.

We distinguished three species: Diferenciamos tres especies.

We have different categories of accommodation: Tenemos diferentes categorías de alojamiento.

Companies are classified as follows: Las empresas están clasificadas de la siguiente manera.

There are two kind of people in the world: Hay dos tipos de personas en el mundo.

> **Importante**
>
> La expresión **sort of** es usada por los británicos frente a **kind of**, más común entre los hablantes americanos. Ambas significan «clase» o «tipo de». Tipo, **type**, es usado por ambos.

Describir es otra de las funciones que se incluyen en los actos asertivos. Para realizar una correcta descripción, es recomendable conocer adjetivos relativos a diferentes temas (tiempo atmosférico o características físicas y psicológicas para la descripción de personas, por ejemplo).

It was a warm sunny day: Era un día cálido y soleado.

The earth is round: La Tierra es redonda.

Las descripciones también pueden encuadrarse dentro de los actos expresivos, pues, en ocasiones, contendrán matices de opinión personal que las convierten en actos subjetivos.

Otro acto asertivo consiste en informar de si se está de acuerdo o no con algo expuesto anteriormente.

You are right: Tienes razón.

You are wrong: Te equivocas/Estás equivocado.

I think so: Eso creo.

I don't think so: No lo creo.

I agree with you: Estoy de acuerdo contigo.

I don't agree with you: No estoy de acuerdo contigo.

En ocasiones, también se debe reconocer la ignorancia sobre algún tema particular cuando se está manteniendo una conversación.

I don't know: No lo sé.

I don't know how to do it: No sé cómo hacerlo.

I don't know what to do: No sé qué hacer.

I don't know anything about cars: No sé nada sobre coches.

I have no idea: No tengo ni idea.

I didn't know that you were married: No sabía que estabas casado.

Sorry, I can't help you there: Lo siento, no puedo ayudarte con eso.

I haven't got a clue: No tengo ni idea.

Los actos asertivos que manifiestan opinión suelen venir introducidos por expresiones tipo.

I think that...: Pienso que...

I believe that...: Creo que...

To my mind/In my opinion...: En mi opinión...

The way I see it...: A mi parecer...

Personally...: Personalmente...

As far as I am concerned...: En lo que a mí respecta...

I have the impression that...: Tengo la impresión de que...

I reckon that...: Estimo/Considero que...

If you ask me...: Si me preguntas...

If you want my opinion...: Si quieres mi opinión...

I feel very strongly that...: Creo firmemente que...

To be honest...: Para ser sincero...

Existen otras expresiones o frases que, en un contexto determinado, también expresan una opinión.

It's not fair: No es justo.

I don't like it: No me gusta.

¿Sabías que...?

Search me! es la expresión equivalente a la española «¡A mí que me registren!». En situaciones como la del siguiente ejemplo también expresa desconocimiento. El personaje femenino pregunta «¿Quién se comió mi pastel?» a lo que se responde «¡A mí que me registren! Yo acabo de llegar».

La hipótesis puede expresarse a través del condicional, en sus tres formas. Las siguientes oraciones son ejemplos de condicional del primer tipo.

If I get the job, I'll buy a new car: Si consigo el trabajo, compraré un coche nuevo.

If it's sunny tomorrow, we'll go to the beach: Si mañana hace sol, iremos a la playa.

Consulta

Puedes recordar en qué consisten las oraciones condicionales básicas en el siguiente enlace: http://bit.ly/1GagGtd.

También se pueden expresar hipótesis y deseos mediante la partícula **wish**, con **if only** (ojalá), **suppose**, **supposing** o **what if**.

I wish you were here: Desearía que estuvieras aquí.

If only you were here: Me gustaría que estuvieras aquí/Ojalá estuvieras aquí.

Suppose he doesn't come: Supón que no viene.

Supposing you don't pass the exam...: Suponiendo que no apruebes el examen...

What if you win the lottery?: ¿Y si ganas la lotería?

Otros actos asertivos sirven para identificar algo o a alguien o identificarse a uno mismo.

This is my new car: Este es mi nuevo coche.

Hi! This is Marcus: ¡Hola! Soy Marcus (al teléfono).

I'm the new teacher: Soy el nuevo profesor.

En este grupo se incluyen los actos del habla que se usan para informar de algo. Existen unas estructuras muy comunes para ello, aunque son bastante formales.

I would like to let you know that...: Quisiera hacerle saber que...

I/We inform you that...: Le/Les informo/informamos de que...

Let me tell you that...: Déjeme decirle que...

Importante

Hay una manera más formal de presentar a terceros, habitual en el ámbito laboral, mediante la expresión **Let me introduce you to** (Permíteme que te presente a).

Un ejemplo de este tipo de acto del habla se encuentra en el primer párrafo de las cartas y correos electrónicos que se escriben con la intención de dar una información.

I am writing to inform you about...: Le escribo para informarle sobre...

I am writing to let you know that...: Le escribo para hacerle saber que...

Las frases o expresiones que se usan para presentarse o presentar a terceros encierran actos de habla asertivos.

This is my friend Alex: Este es mi amigo Alex.

I'd like to introduce you to my brother: Me gustaría presentarte a mi hermano.

Let me introduce myself: Permíteme que me presente.

Al igual que aquellas que se emplean cuando se recuerda algo a alguien.

Don't forget the umbrella: No olvides el paraguas.

Remember to call me: Acuérdate de llamarme.

I hope you haven't forgotten the present: Espero que no te hayas olvidado del regalo.

We would like to remind you that the 1st of April is the deadline: Nos gustaría recordarte que el 1 de abril es la fecha tope.

I am writing to remind you to submit your proposal before next week: Le escribo para recordarle que debe entregar su propuesta antes de la semana que viene.

Es importante distinguir entre recordar y acordarse de algo, **remember**, y recordar algo a alguien, **remind**. Si bien los dos son equivalentes al verbo recordar en español, el primero solo se utiliza con complemento directo (recordar algo)

mediante la estructura **remember** + **something**, mientras que el segundo también se utiliza con complemento indirecto.

El complemento directo, ese algo que se recuerda, puede ser una persona. En las siguientes oraciones se ha subrayado.

I remember <u>you</u>: Te recuerdo/Me acuerdo de ti.

Do you remember <u>me</u>?: ¿Te acuerdas de mí?/¿Me recuerdas?

El complemento directo puede ser una cosa representada a través de un nombre o sustantivo, como **our anniversary** en la oración **She never remembers our anniversary**.

La función de complemento directo puede venir dada por una proposición u oración subordinada a la principal.

I remember <u>the first time I kissed you</u>: Recuerdo la primera vez que te besé.

Con el verbo **remind** la intención habitual es recordar a alguien algo, **remind** + **somebody** + **something**, por lo que existe un complemento indirecto y otro indirecto. En el ejemplo **Please, remind me your name** (Por favor, recuérdame tu nombre), **me** funciona como complemento indirecto y **your name** como directo.

Al igual que con **remember**, puede ocurrir que sea una proposición o frase la que cumpla la función de complemento directo.

Remind me <u>to take my glasses</u>: Recuérdame coger mis gafas.

En el caso de que se quiera utilizar un pronombre personal en sustitución del complemento directo, bien porque se haya nombrado antes o porque se entienda por el contexto, este iría en primer lugar después del verbo y antes del complemento indirecto precedido por la preposición **to**.

Remind it to me later, please: Recuérdamelo después, por favor.

Las expresiones que comúnmente se emplean para rectificar o corregir a alguien pertenecen también al ámbito de la asertividad.

That's right: Eso es correcto.

That's wrong: Eso es incorrecto.

I recognize I was wrong: Reconozco que me equivoqué.

I don't agree with you: No estoy de acuerdo contigo.

I disagree with you: Discrepo contigo.

It's not exactly what I mean: No es exactamente lo que quiero decir.

What I mean is that...: Lo que quiero decir es que...

What I meant was that...: Lo que quería decir era que...

It's not true that I had nothing to do: No es verdad que no tuviera nada que hacer.

To be exact/accurate...: Para ser exactos...

To be more exact/accurate...: Para ser más exactos...

¿Sabías que...?

Uno de los trucos que se usan mucho en el mundo anglosajón para acordarse de algo que hay que hacer es atarse un lazo en un dedo a modo de recordatorio, **reminder**.

> **Consulta**
> Puedes conocer algunas de las formas más comunes para expresar que estás de acuerdo o que discrepas con una opinión en el siguiente enlace: http://bit.ly/1JYIthk.

Los verbos estar de acuerdo, **agree**, y discrepar, **disagree**, plantean problemas a los hispanohablantes a la hora de conjugarlos, ya que en español la estructura se forma con el verbo estar (estar de acuerdo con o no estar de acuerdo con), mientras que en inglés se conjugan directamente el verbo sin acompañarlos del verbo **to be**. Por lo tanto, la expresión **to agree with** significa «estar de acuerdo con». Otras expresiones relacionadas son las que se exponen a continuación.

Correct me if I'm wrong: Corrígeme si me equivoco.

I must have misunderstood what you said: Debo de haber entendido mal lo que dijiste.

No, I mean/meant that...: No, quiero/quería decir que...

Going back to what you said about...: Volviendo a lo que dijiste sobre...

Para predecir y confirmar la veracidad de un hecho se suelen utilizar expresiones como las que siguen.

I suppose that...: Supongo que...

I imagine that...: Imagino que...

I have a feeling that...: Me da la sensación/impresión de que...

I am convinced that...: Estoy convencido de que...

I confirm it is true: Confirmo que es verdad.

I can't confirm it is true: No puedo confirmar que sea verdad.

Los verbos modales que indican probabilidad, como **may** y **might**, también se usan para predecir hechos.

It may rain tomorrow: Puede que llueva mañana.

We might go to the party: Quizá vayamos a la fiesta.

Otras expresiones que se usan en inglés para suponer algo, **have a guess**, son **I'd say** (Yo diría que) y, de forma coloquial, **Off the top of my head** (A bote pronto/Sin pensarlo mucho).

6.3. Actos compromisivos

Los actos compromisivos, **commisive acts**, son aquellos que pueden expresar ofrecimiento, intención, voluntad y decisión.

Funciones de los actos compromisivos
Expresar la intención o voluntad de hacer algo
Invitar u ofrecer algo a alguien
Ofrecerse para hacer algo
Realizar promesas o compromisos

Cuando se habla de planes, en realidad, se está expresando la intención o voluntad de hacer una determinada cosa.

I'm going to London tomorrow: Mañana voy a Londres.

We want to learn English: Queremos aprender inglés.

We would like to buy a new house: Nos gustaría comprar una casa nueva.

En el grupo de actos compromisivos también se incluyen las expresiones utilizadas para invitar u ofrecer algo a alguien.

Would you like some tea?: ¿Quiere té?

Can I offer you a cup of coffee/a wine of the house?: ¿Puedo ofrecerle una taza de café/un vino de la casa?

Would you like to go the cinema?: ¿Te gustaría ir al cine?

I was wondering if you'd like to go to the cinema: Me estaba preguntando si te gustaría ir al cine.

Let's go out tonight!: ¡Salgamos esta noche!

Shall we get some dinner tonight?: ¿Cenamos juntos esta noche?

Would you like to join us for dinner?: ¿Te gustaría cenar con nosotros?

We are going to the cinema this evening, would you like to join us?: Vamos a ir al cine esta noche, ¿te gustaría acompañarnos?

Que alguien se ofrezca para hacer algo también implica un acto compromisivo.

Shall I open the window?: ¿Abro la ventana?

Shall I help you?: ¿Te ayudo?

Otro ejemplo lo constituyen las expresiones utilizadas para promesas o compromisos.

I promise to call you tomorrow: Prometo llamarte mañana.

I'll be back: Volveré.

I'm going to do it right next time: Lo haré bien la próxima vez.

Actos directivos 6.4.

Los actos directivos, **directive acts**, son las funciones del habla que tienen como finalidad que el destinatario haga o no haga algo. Entre ellos, algunos cumplen la función de aconsejar, advertir, dar instrucciones o permiso o denegar.

Don't touch it!: ¡No lo toques!

Please, make the coffee: Por favor, prepara el café.

Hay expresiones directivas que tienen la función de aconsejar.

If I were you, I wouldn't touch it: Si fuera tú, no lo tocaría.

Otras, sin embargo, pretenden lanzar una advertencia.

I warn you to stop smoking: Te advierto que dejes de fumar.

En los manuales de instrucciones o recetas de cocina, por ejemplo, se encuentran varios ejemplos de actos directivos.

Switch on the oven by pressing the button: Encienda el horno presionando el botón.

After boiling the water, add the potatoes: Después de hervir el agua, añade las patatas.

El tiempo verbal que se emplea para expresar órdenes e indicaciones es el imperativo, aunque no es tan usado en inglés como en español.

¿Sabías que...?

El verbo **join**, que puede significar «unirse» o «acompañar», se usa mucho para invitar a alguien a hacer algo.

Importante

Recuerda que la expresión **Would you like...?** (¿Quieres/Te gustaría...?) es más formal que **Do you want to...?**

Importante

Recuerda que el modal **shall** se utiliza principalmente para ofrecimientos.

We won't do it again
(No lo volveremos a hacer)

Funciones de los actos directivos
Aconsejar
Dar instrucciones
Expresar órdenes
Pedir ayuda, información o instrucciones
Solicitar la opinión
Pedir permiso
Expresar prohibición

Los actos directivos también se manifiestan en acciones en las que se pide a alguien que haga algo.

Could you close the door?: ¿Podrías cerrar la puerta?

Would you make some coffee, please?: ¿Podrías hacer un poco de café, por favor?

Give me that pencil: Dame ese lápiz.

Could you lend me your pen?: ¿Podrías prestarme tu bolígrafo?

Can you reach the salt?: ¿Puedes pasarme la sal?

La estructura **I would appreciate if** es bastante formal, pero es posible escucharla en determinadas situaciones.

I would appreciate if you could give me an email address: Le estaría muy agradecido si me diera una dirección de correo electrónico/Le agradecería que me diera una dirección de correo electrónico.

A la hora de pedir algo, las estructuras anteriores son consideradas más correctas o formales que las que se plantean a continuación.

Close the door: Cierra la puerta.

Make some coffee: Haz café.

Las oraciones pueden adoptar uno u otro significado dependiendo del contexto. En este sentido, la expresión **I don't have any money** (No tengo dinero) puede convertirse en una petición, por ejemplo, cuando se lo dice un hijo a un padre, o en una forma de rechazo a una petición anterior.

Para pedir ayuda las dos expresiones más habituales son **Could you help me?** (¿Podría ayudarme?) y **I need your help** (Necesito tu ayuda), la primera más educada y la segunda empleada normalmente en contextos en los que existe confianza entre los interlocutores.

Pedir información es otro de los actos de habla comunes, por ejemplo, cuando se viaja al extranjero.

Could you tell me where the bus station is?: ¿Podría decirme dónde está la parada de autobús?

I would like to know more about the offer: Me gustaría saber más sobre la oferta.

¿Sabías que...?

En el lenguaje formal son preferibles las estructuras menos directas. Por ejemplo, a la hora de preguntar la hora es más educado decir **Do you know the time?** que decir, directamente, **What time is it?**; aunque el significado es el mismo, las dos preguntas poseen matices de cortesía diferentes.

I would like to receive more information about the course: Me gustaría recibir más información sobre el curso.

Do you know the time?: ¿Sabe qué hora es?

Las expresiones que se utilizan en inglés para pedir información suelen empezar de la siguiente manera, dependiendo del contexto y el grado de formalidad.

Can/Could you tell me...?: ¿Puede/Podría decirme...?

I'd like to know...: Me gustaría saber...

Do you know...?: ¿Sabe...?

Have you got any idea...?: ¿Tiene idea...?

Could anyone tell me...?: ¿Podría alguien decirme...?

I wonder if you could tell me...: Me pregunto si podría decirme...

Para pedir instrucciones se pueden utilizar las fórmulas que se presentan a continuación.

I would appreciate if you could give me some instructions: Agradecería/Estaría muy agradecido si pudiera darme algunas instrucciones.

What do you want me to do?: ¿Qué quieres/quiere que haga?

What can I do for you?: ¿Qué puedo hacer por usted?

Una vez más, dependiendo del contexto, una frase puede cumplir una u otra función y expresar cosas distintas.

I don't know how to do it: No sé cómo hacerlo.

I don't know what to do: No sé qué hacer.

En los actos de habla en los que se pide la opinión de alguien son frecuentes preguntas o expresiones como las siguientes.

What do you think about this situation?: ¿Qué piensas de esta situación?

I would like to know your opinion about...: Me gustaría saber tu opinión sobre...

I would like to know your opinion about the new rules: Me gustaría saber tu opinión sobre las nuevas normas.

What do you think of/about...?: ¿Qué piensas de/sobre...?

How do you feel about...?: ¿Cómo te sientes con respecto a...?

What do you reckon about...?: ¿Qué piensas de...?

What's your opinion of...?: ¿Cuál es tu opinión sobre...?

What are your views on...?: ¿Cuál es tu punto de vista sobre...?

Importante

La preposición **about** en la expresión **I would like to know your opinion about** puede sustituirse por la preposición **regarding**, puesto que ambas tienen el mismo significado.

Funciones de los actos fáticos y solidarios
Aceptar una invitación
Declinar una invitación
Agradecer
Atraer la atención
Dar la bienvenida
Despedirse
Exprocar aprobación
Felicitar
Interesarse por alguien
Lamentarse y pedir disculpas
Saludar

Para pedir permiso en inglés pueden emplearse las estructuras con los verbos modales **may** o **can** o con la expresión **Would you mind if**.

May I come in?: ¿Puedo entrar?

Can I go to the toilet?: ¿Puedo ir al baño?

Would you mind if I open the window?: ¿Le/Te importa que abra la ventana?

Además, en inglés se puede expresar la prohibición negando el verbo modal **can** y con **It is forbidden** o **It is not allowed to**.

You can't smoke here: No puedes fumar aquí.

Smoking is forbidden in this area: No está permitido fumar en esta zona.

Taking pictures is not allowed: No se permite sacar fotos.

Con **forbidden** se puede usar la estructura **It is forbidden to** o **It is forbidden that**.

It is forbidden to feed the animals: Está prohibido dar de comer a los animales.

It is forbidden that you step on the grass: Está prohibido pisar el césped.

It is forbidden to eat or drink in class: Está prohibido comer o beber en clase.

6.5. Actos fáticos y solidarios

Se puede hablar de actos fáticos y solidarios, **solidarity acts**, cuando el objetivo de la comunicación es establecer o mantener el contacto social y expresar actitudes con respecto a los demás.

En la categoría de actos fáticos y solidarios se incluyen los actos de habla en los que se acepta una invitación, como cuando se utiliza la expresión **Sure!**, que es de tipo informal pero muy común.

That's very kind of you: Es muy amable por su parte.

That would be great: Eso sería genial.

That would be very nice: Eso estaría muy bien.

That sounds like fun: Suena divertido.

Sure, when should I be there?: Sí, ¿cuándo debería estar ahí?

I'd love to, thanks: Me encantaría, gracias.

That sounds lovely, thank you: Suena genial, gracias.

What a great idea!: ¡Qué idea tan genial!

Es posible realizar una invitación de una forma más directa, como en el siguiente ejemplo, en el que se propone salir esta noche y se acepta.

Las expresiones con la partícula **let's** indican un imperativo en el que el mismo hablante se incluye en la acción verbal. Es muy usada para proponer o invitar. Aunque se trata de la contracción entre el verbo **let** y **us**, solo se emplea en su forma contraída, ya que **let** (permitir) se utiliza en otros contextos.

Let's start: Empecemos.

Let's toast!: ¡Brindemos!

Let's to the beach: Vayamos a la playa.

Let's dance: Bailemos.

Of course, **Certainly** y **Sure** (Claro/Por supuesto) pueden utilizarse para aceptar una invitación.

Original	Traducción
Marge: Are you coming to my birthday party?	Marge: ¿Vas a venir a mi fiesta de cumpleaños?
Peter: Of course! I look foward to it.	Peter: ¡Por supuesto! Lo estoy deseando.
(In the restaurant)	(En el restaurante)
Waiter: Can I offer you a drink on the house?	Camarero: ¿Puedo ofrecerle una bebida a cuenta de la casa?
Customer: Sure, that's very kind of you.	Cliente: Claro, es muy amable por su parte.

De la misma forma, las invitaciones también pueden ser declinadas con otras expresiones típicas.

Original	Traducción
Sarah: Would you like to come with us now?	Sarah: ¿Te gustaría venir con nosotros ahora?
Charles: It's too late.	Charles: Es demasiado tarde.
Sarah: Would you join us tonight?	Sarah: ¿Te vienes con nosotros esta noche?
Charles: I'm afraid that I can't, I'm too busy.	Charles: Me temo que no puedo, estoy demasiado ocupado.

Dependiendo del contexto, hay muchas otras formas de aceptar o declinar una invitación. Ejemplo de ello es el siguiente diálogo, en el que la proposición consiste en ir a la playa y para declinarlo se afirma que hace demasiado frío.

Existen múltiples formas de dar las gracias en inglés. Las más directas o sencillas serían **Thank you** o su forma coloquial **Thanks**. Muchas gracias podría expresarse de cualquiera de las siguientes maneras: en contextos formales, **Thank you very much** o **Thank you so much**; de manera coloquial, **Thanks a lot** o **Thanks a million**; y de forma neutra **Many thanks**.

También es común dar las gracias cuando se deniega una invitación.

Thank you anyways: Gracias de todas maneras.

Para especificar el motivo por el que se agradece algo se utiliza **Thanks for**.

Many thanks for your help: Muchas gracias por tu ayuda.

También hay otras expresiones relacionadas, como **Thank goodness**, **I owe you!** (Gracias a Dios, ¡Te debo una!) o **Thanks for being such a dear** (Gracias por ser tan encantador).

Una de las más comunes y formales cuando se quiere atraer la atención de alguien en inglés es **Excuse me** (Disculpe). Otras fórmulas se utilizan para recalcar que lo que se va a decir a continuación es importante.

Listen: Escucha.

Pay attention: Presta atención.

Heads-up: Espabila/Despierta.

La forma más usual de dar la bienvenida es a través de **Welcome**, como en **Welcome to Spain** (Bienvenido a España). Sin embargo, también se puede recurrir a expresiones más formales, como **It's a pleasure to have you here** (Es un placer tenerle aquí).

A la hora de despedirse, si se trata de un contexto cercano o de confianza, se puede emplear cualquiera de las siguientes.

Goodbye/Bye!: ¡Adiós!

Bye for now/Have a good one!: ¡Hasta luego!

Be seeing you/See you/See ya!: ¡Nos vemos!

See you soon!: ¡Te veo pronto!

Take care!: ¡Cuídate!

Catch you later!: ¡Hablamos!

En contextos formales, como establecimientos, es más habitual recurrir a otros estilos de despedida.

I hope to see you again: Espero volver a verle.

Come back again: Vuelva otra vez.

¿Sabías que...?

La expresión **That's very kind of you** puede utilizarse tanto para aceptar (si se usa sola) como para declinar el ofrecimiento realizado, si se acompaña de una excusa.

That's very kind of you, but we are in a hurry: Es muy amable por su parte, pero tenemos prisa.

Importante

La expresión **Heads-up** se utiliza como un imperativo para dar un toque de atención, por lo que es necesario ser cuidadosos en su uso y atender al contexto en el que se utiliza.

Para expresar aprobación en inglés se puede emplear alguna de las siguientes expresiones.

I agree: Estoy de acuerdo.

That seems fine to me: Me parece bien.

No problem: Sin problema/No hay problema.

I like the idea: Me gusta la idea.

It's a deal: Trato hecho.

I am satisfied with your decision: Estoy satisfecho con tu decisión.

I think that is an excellent idea: Me parece una idea excelente.

La expresión **Congratulations!** (¡Felicidades/Enhorabuena!) se emplea, en general, para felicitar por algo que se ha conseguido. Para especificar por qué se felicita se usa la preposición **on**, **Congratulations on** (Felicidades por). **Congrats** es la versión coloquial y abreviada.

A continuación se incluyen algunas de las felicitaciones para un cumpleaños o festividades concretas.

Happy birthday: Feliz cumpleaños.

Happy New Year: Feliz Año Nuevo.

Merry Christmas: Feliz Navidad.

I wish you a merry Christmas and a happy New Year: Te deseo una feliz Navidad y un próspero Año Nuevo.

Happy anniversary: Feliz aniversario.

Congratulations on your exam results: Enhorabuena por tus notas.

Consulta

En el siguiente enlace tienes más expresiones relacionadas con las felicitaciones y los buenos deseos: http://bit.ly/1GwHw1i.

En una conversación es importante mostrar interés por lo que la otra persona está diciendo, de modo que conviene utilizar algunas expresiones del tipo **That's interesting** (Es interesante), **Oh, I see** (Oh, ya veo/entiendo), **Right** (Verdad/Sí/Vale) o **Really?** (¿De verdad?/¿En serio?). También son muy comunes las muletillas del tipo **Uh-huh** (Ajá).

Are you ok/fine/alright?: ¿Estás bien?

How do you feel?: ¿Cómo te sientes?

Tell me more about you: Cuéntame más de ti.

How's the family?: ¿Cómo está la familia?

En este grupo, también se podría incluir cualquier pregunta que denote interés por algo o alguien.

Where did you buy that bag?: ¿Dónde compraste ese bolso?

Los actos de habla que se usan para lamentarse o pedir disculpas también pertenecen a esta categoría.

I am sorry that I lied to you: Siento haberte mentido.

I'm so/very/really/terribly sorry: Lo siento mucho/muchísimo.

How stupid/careless/thoughtless of me: Qué estúpido/descuidado/tonto soy.

Pardon (me): Perdón.

Sorry. It was my fault: Lo siento. Ha sido culpa mía.

Please, accept my apologies: Por favor, acepte mis disculpas.

I am afraid that it's too late to apologise: Me temo que es demasiado tarde para pedir disculpas.

I beg you pardon: Le/Te ruego que me perdone/perdones.

He isn't afraid of heights
(No tiene miedo a las alturas)

Hay que distinguir la expresión **To be afraid of** (Temerse que) de **To be afraid (that)** (Tener miedo a).

I am afraid of dogs: Le tengo miedo a los perros.

I am afraid (that) we are fully booked tonight: Me temo que ya está todo lleno para esta noche.

Para rehusar en inglés, lo más educado sería decir **No, thanks**, aunque otras expresiones también pueden adaptarse según el contexto.

I deny being part of that conspiracy: Me niego a formar parte de esa conspiración.

I refuse your offer: Rehúso tu oferta.

Los saludos también suponen un acto fático o solidario. Por un lado, estarían los formales: **Hello!** (Hola), **How do you do?** (¿Qué tal?) y **How are you?** (¿Cómo estás?). Dependiendo de la parte del día, también se saluda con **Good morning** (Buenos días), **Good afternoon** (Buenas tardes) o **Good evening** (Buenas noches). **Good night** (Buenas noches) se emplea en las despedidas durante las horas de la noche; para el saludo, sea la hora de la noche que sea, se dirá **Good evening**. Otro saludo más coloquial es **Hi!**, la versión abreviada e informal de **Hello!**

Las siguientes son expresiones equivalentes a **How are you?**, aunque más informales.

What's up?: ¿Qué tal/hay?

What's new?: ¿Qué hay de nuevo?

How are things?: ¿Cómo van las cosas?

Para presentarse se usan fundamentalmente dos estructuras: **I am** + nombre o **My name is** + nombre, aunque también se puede decir, por ejemplo, **Hello, I am the new teacher** (Hola, soy el nuevo profesor).

La presentación como identificación de uno mismo o de terceros puede ser considerada como acto asertivo, pero las expresiones de cortesía que se utilizan en estos casos también son muestras de respeto hacia los demás y, por lo tanto, pueden ser ejemplos de actos fáticos o solidarios.

Pleased/Nice to meet you: Encantado de conocerte.

It's a pleasure to have you here: Es un placer tenerle aquí.

Consulta

En el siguiente enlace diferenciarás las fórmulas más habituales para presentarse a uno mismo o presentar a una tercera persona, tanto en un contexto formal como en uno informal: http://bit.ly/1JlY5un.

6.6. Actos expresivos

Los actos expresivos, **expressive acts**, son aquellos que manifiestan cómo se siente el hablante.

La forma más simple de expresar alegría o felicidad en inglés es mediante **I am happy** (Estoy feliz/contento). Sin embargo, en el día a día existen muchas otras expresiones idiomáticas, **idioms**, que pueden manifestar distintos grados de felicidad o alegría.

To be over the moon: Estar loco de contento.

To be blown away: Estar muy feliz.

To be thrilled to bits: Estar emocionado.

Funciones de los actos expresivos
Expresar alegría o felicidad
Mostrar empatía o aprecio
Mostrar decepción
Expresar desinterés
Manifestar duda o desconocimiento
Mostrar esperanza
Expresar preferencia
Expresar satisfacción

To be on cloud nine: Estar en el séptimo cielo.

To be happy as a cloud: Estar feliz como una nube (equivale a la expresión española «Estar más contento que unas castañuelas»).

Para mostrar aprecio, empatía o alegría existen multitud de expresiones, algunas de ellas son las siguientes.

I love you: Te quiero.

To be fond of: Tener cariño/Querer.

You are the best!: ¡Eres el mejor!

I can understand you: Te entiendo.

I realize how complicated it is your job: Soy consciente de lo complicado que es tu trabajo.

I realize how complicated it is to work here: Sé lo complicado que es trabajar aquí.

I cannot imagine how upsetting it is to lose your dog: No puedo imaginarme lo terrible que es perder a tu perro.

I know how you feel: Sé cómo te sientes.

I'm glad you called: Me alegro de que llamaras.

I'm glad to hear from you: Me alegro de saber de ti.

Cuando se pretende manifestar decepción por algo se emplea la estructura **to be dissapointed that**, aunque también existen otras expresiones habituales.

I'm dissapointed that I have not got the job: Estoy decepcionado porque no he conseguido el trabajo.

That's such a disappointment: ¡Qué decepción!

What a pity!: ¡Qué pena!

Para expresar desinterés, entre otras cosas, se puede utilizar la interjección **Bah!**, que tiene exactamente la misma equivalencia en español.

Sin embargo, también es posible recurrir a la expresión idiomática **It's not my cup of tea** (No es de mi interés/No es de mi gusto) o decir **I'm not interested in** (No estoy interesado en/No me interesa).

Suspense movies are not everyone's cup of tea: Las películas de fantasía no son del interés de todo el mundo.

Sorry, but politics is not my cup of tea: Lo siento, pero no me interesa la política.

Las expresiones de duda o desconocimiento, como las que se citan a continuación, también serían ejemplos de actos fáticos y solidarios.

I'm not sure: No estoy seguro.

I don't know: No sé.

Maybe/Perhaps: Quizá.

Well...: Bueno...

You'll see...: Verás...

How to say...: Cómo decir...

I don't know how to explain...: No sé cómo explicar...

Let me think about it...: Déjame pensarlo...

Consulta

Uno de los aspectos más difíciles de expresar en cualquier idioma es la negación, pero también es importante aprender a decir que no. Puedes consultar cómo hacerlo en el siguiente enlace: http://bit.ly/1JlZktG.

Importante

Fíjate en que el «¡Qué..!» exclamativo que se usa en algunos tipos de oraciones puede expresarse en inglés con las estructuras **That's so**, **That's such a** o **What a**.

¿Sabías que...?

En inglés, para expresar duda, se utiliza alguna de las siguientes muletillas: **Err**, **Ahhmm**, **Ahh**, **Ehh**, etc.

La expresión **You know** es tan común en el habla que se usa al final de cada frase para darle un tono más coloquial.

I love music, you know: Me encanta la música, ¿sabes?

Cuando no se sabe muy bien cómo expresar o definir algo se suele emplear la expresión **It's like** (Es como).

La esperanza se expresa habitualmente con el verbo **to hope** (esperar). El uso de la partícula **that** tras este verbo es optativa.

I hope (that) you get better soon: Espero que te mejores pronto.

I hope (that) you pass the exam: Espero que apruebes el examen.

También se puede utilizar el verbo con **very much**, para darle mayor énfasis.

I hope very much: De verdad que espero.

Para expresar preferencia en inglés pueden usarse diversas estructuras.

I prefer fish to meat: Prefiero el pescado a la carne.

I prefer to dance rather than to run: Prefiero bailar a correr.

I would prefer to eat rather than to cook: Prefiero comer a cocinar.

I prefer cooking to eating: Prefiero cocinar a comer.

I would rather swim than skate: Prefiero nadar a patinar.

I like dancing better than singing: Prefiero bailar a cantar.

Las siguientes oraciones son comunes para expresar satisfacción.

I'm satisfied with...: Estar satisfecho con...

I'm glad with what you've done: Estoy contento con lo que has hecho.

It's really satisfying: Es muy satisfactorio.

Everything was satisfying/nice/delicious: Todo fue/estaba satisfactorio/agradable/delicioso.

It's very nice: Es muy bonito/agradable.

It's satisfying: Es satisfactorio.

It's good enough: Es bastante bueno/Está bastante bien.

Oh, yes!: ¡Oh, sí!

Resumen

En esta unidad didáctica se ha aprendido que:

- En los actos asertivos el habla expresa o manifiesta una frase que para el interlocutor es cierta.
- Entre los actos asertivos más destacados se encuentran aquellos que afirman o niegan, anuncian algo, clasifican, describen, muestran acuerdo o desacuerdo, expresan desconocimiento, opinan, plantean hipótesis, identifican algo o alguien, informan, recuerdan, rectifican o predicen.
- Los actos compromisivos son aquellos que pueden expresar ofrecimiento, intención, voluntad y decisión.
- A través de los actos compromisivos se habla de planes, se invita o se ofrece algo a alguien, se ofrece uno mismo para hacer algo, se realizan promesas o se establecen compromisos.
- Los actos directivos son las funciones o actos del habla que tienen como finalidad que el destinatario haga o no haga algo.
- Los actos directivos cumplen la función de aconsejar, advertir o denegar. Además, a través de ellos se pide ayuda, información, instrucciones, opinión o permiso, y se expresan prohibiciones.
- Se puede hablar de actos fáticos y solidarios cuando el objetivo de la comunicación es establecer o mantener el contacto social y expresar actitudes con respecto a los demás.
- En la categoría de actos fáticos y solidarios se incluyen los actos del habla en los que se acepta o declina una invitación, se agradece, se atrae la atención del interlocutor o se da la bienvenida. Despedirse, expresar aprobación, felicitar, mostrar interés, lamentarse, pedir disculpas, saludar y presentarse o presentar a alguien también se incluyen dentro de este grupo.
- Los actos expresivos son aquellos que manifiestan cómo se siente el hablante.
- Los actos expresivos expresan alegría o felicidad, empatía o aprecio, decepción, desinterés, duda o desconocimiento, esperanza, preferencia o satisfacción.

Reflexión final

El uso de diferentes estructuras u oraciones en distintos contextos del habla ayuda a que el mensaje que se pretende transmitir sea interpretado adecuadamente por nuestro interlocutor.

Comprueba lo que has aprendido

1. Lee con atención las siguientes conversaciones y contesta a las preguntas que se plantean.

Conversación 1

Matthew: Hey Alfredo, how are you?
Alfredo: Hey Matt, I'm fine, how about you?
Matthew: I'm fine, thank you.
Matthew: So, what are you going to do tomorrow night?
Alfredo: Ehh, I don't have anything to do. Why?
Matthew: I was wondering if you'd like to come to the Knicks game.
Alfredo: The Knicks? Do you have extra ticket?
Matthew: Yes, and I was going to go with Alice, but she got sick.
Alfredo: Oh, sounds great.
Matthew: Then, let's meet in my house tomorrow at eighteen o'clock.
Alfredo: OK, see you.

Conversación 2

Alice: Hey Barb, how's your day?
Barbie: Everything great. You?
Alice: Same here. I was wondering if you have plans for this weekend.
Barbie: Let me think about it. Why are you asking?
Alice: I wanted to invite you to go to the Ashley Simpson concert.
Barbie: Oh, I'd really like to go. I really like Ashley. But I'm afraid that I'm going to Aruba with my parents.
Alice: That's too bad. Who should I invite?
Barbie: Ask Elena, I think she'd like to go. She's a huge fan of Ashley, and she'll change her plans for that concert.
Alice: Yeah, you're right. I'll invite her. Well, thank you anyways.
Barbie: I'm sorry I can't go. But, shall we go out for a drink right now?
Alice: Sure!

Fuente: Ejemplode (http://bit.ly/1O6ewfM) (adaptado)

¿En cuál de las conversaciones se acepta la invitación y en cuál se rehúsa? Indica qué expresiones permiten identificar estos datos.

____
____
____
____
____.

En la primera conversación se usa la forma **Ehh** para expresar…

a. Confirmación.
b. Duda.
c. Enfado.
d. Ninguna de las opciones anteriores es correcta.

Alfredo responde con la expresión **sounds great**. ¿Cuál es el significado de esta expresión?

a. Suena bien.
b. Parece interesante.
c. No es agradable.
d. Es genial.

Tras quedar con Matthew, Alfredo se despide con **see you**. ¿Qué significa?

a. Hasta mañana.
b. Adiós.
c. Nos vemos.
d. Buenas tardes.

En la primera conversación, ¿qué otra expresión podría utilizar Matthew para proponerle a Alfredo su plan?

a. **Would you like to come to the Knicks game?**
b. **Shall we go to the Knicks game?**
c. **Would you like to join me for the Knicks game?**
d. Todas las opciones anteriores son correctas.

En la segunda conversación, ¿qué expresión usa Barbie para ganar tiempo antes de responder a Alice?

a. **Everything great.**
b. **Let me think about it.**
c. **I don't know.**
d. **Ehh.**

Barbie utiliza la expresión **I'm afraid that**. En el contexto de la conversación, ¿qué significado tiene?

a. Tengo miedo de.
b. Me gustaría muchísimo.
c. Me da miedo.
d. Me temo que.

¿Por qué Alice utiliza la expresión **thank you anyways** en la segunda conversación?

a. Porque han aceptado su invitación.
b. Porque Alice tiene prisa y debe irse.
c. Porque le da las gracias a Barbie aunque haya rehusado su invitación.
d. Ninguna de las opciones anteriores es correcta.

¿Qué significa la expresión **Sure!** en la segunda conversación?

a. ¡Hasta luego!
b. ¡Nos vemos!
c. ¡Ni en broma!
d. ¡Por supuesto!

2. Clasifica las siguientes expresiones en función de su uso.

1	I agree with you
2	The way I see it
3	I'll be back
4	I'm afraid that I can't
5	I hope that you get better soon
6	I have no idea
7	I have a feeling that
8	May I come in?
9	I don't know how to explain
10	I'm satisfied with

Expresar acuerdo o desacuerdo: ____.
Expresar satisfacción: ____.
Hacer una promesa: ____.
Expresar opinión: ____.
Expresar desconocimiento: ____.
Declinar una invitación: ____.
Expresar duda: ____.
Predecir un hecho: ____.
Expresar esperanza: ____.
Pedir permiso: ____.

Soluciones

1. Lee con atención las siguientes conversaciones y contesta a las preguntas que se plantean.

Conversación 1

Matthew: Hey Alfredo, how are you?
Alfredo: Hey Matt, I'm fine, how about you?
Matthew: I'm fine, thank you.
Matthew: So, what are you going to do tomorrow night?
Alfredo: Ehh, I don't have anything to do. Why?
Matthew: I was wondering if you'd like to come to the Knicks game.
Alfredo: The Knicks? Do you have extra ticket?
Matthew: Yes, and I was going to go with Alice, but she got sick.
Alfredo: Oh, sounds great.
Matthew: Then, let's meet in my house tomorrow at eighteen o'clock.
Alfredo: OK, see you.

Conversación 2

Alice: Hey Barb, how's your day?
Barbie: Everything great. You?
Alice: Same here. I was wondering if you have plans for this weekend.
Barbie: Let me think about it. Why are you asking?
Alice: I wanted to invite you to go to the Ashley Simpson concert.
Barbie: Oh, I'd really like to go. I really like Ashley. But I'm afraid that I'm going to Aruba with my parents.
Alice: That's too bad. Who should I invite?
Barbie: Ask Elena, I think she'd like to go. She's a huge fan of Ashley, and she'll change her plans for that concert.
Alice: Yeah, you're right. I'll invite her. Well, thank you anyways.
Barbie: I'm sorry I can't go. But, shall we go out for a drink right now?
Alice: Sure!

Fuente: Ejemplode (http://bit.ly/1O6ewfM) (adaptado)

¿En cuál de las conversaciones se acepta la invitación y en cuál se rehúsa? Indica qué expresiones permiten identificar estos datos.

En la primera conversación se acepta la invitación; puede deducirse por expresiones como **Oh, sounds great** u **OK, see you,** y porque quedan a una hora concreta en casa de Matthew, **let's meet in my house tomorrow at eighteen o'clock**. En la segunda conversación no se acepta la invitación, ya que la persona ya tiene planes; se aprecia en la oración **I'd really like to go. I really like Ashley. But I'm afraid that I'm going to Aruba with my parents**.

En la primera conversación, se usa la forma **Ehh** para expresar…

a. Confirmación.
b. Duda.
c. Enfado.
d. Ninguna de las opciones anteriores es correcta.

Alfredo responde con la expresión **sounds great**. ¿Cuál es el significado de esta expresión?

a. Suena bien.
b. Parece interesante.
c. No es agradable.
d. Es genial.

Tras quedar con Matthew, Alfredo se despide con **see you**. ¿Qué significa?

a. Hasta mañana.
b. Adiós.
c. Nos vemos.
d. Buenas tardes.

En la primera conversación, ¿qué otra expresión podría utilizar Matthew para proponerle a Alfredo su plan?

a. **Would you like to come to the Knicks game?**
b. **Shall we go to the Knicks game?**
c. **Would you like to join me for the Knicks game?**
d. Todas las opciones anteriores son correctas.

En la segunda conversación, ¿qué expresión usa Barbie para ganar tiempo antes de responder a Alice?

a. **Everything great.**
b. **Let me think about it.**
c. **I don't know.**
d. **Ehh.**

Barbie utiliza la expresión **I'm afraid that**. En el contexto de la conversación, ¿qué significado tiene?

a. Tengo miedo de.
b. Me gustaría muchísimo.
c. Me da miedo.
d. Me temo que.

¿Por qué Alice utiliza la expresión **thank you anyways** en la segunda conversación?

a. Porque han aceptado su invitación.
b. Porque Alice tiene prisa y debe irse.
c. Porque le da las gracias a Barbie aunque haya rehusado su invitación.
d. Ninguna de las opciones anteriores es correcta.

¿Qué significa la expresión **Sure!** en la segunda conversación?

a. ¡Hasta luego!
b. ¡Nos vemos!
c. ¡Ni en broma!
d. ¡Por supuesto!

2. Clasifica las siguientes expresiones en función de su uso.

1	I agree with you
2	The way I see it
3	I'll be back
4	I'm afraid that I can't
5	I hope that you get better soon
6	I have no idea
7	I have a feeling that
8	May I come in?
9	I don't know how to explain
10	I'm satisfied with

Expresar acuerdo o desacuerdo: 1.
Expresar satisfacción: 10.
Hacer una promesa: 3.
Expresar opinión: 2.
Expresar desconocimiento: 6.
Declinar una invitación: 4.
Expresar duda: 9.
Predecir un hecho: 7.
Expresar esperanza: 5.
Pedir permiso: 8.

7. Contenidos discursivos

Contenidos

Objetivos

- Conocer los principios de coherencia y cohesión textual que hacen comprensible el discurso oral o escrito.
- Identificar las características principales de los diferentes tipos de textos, las variedades de la lengua y los distintos registros del habla.
- Reconocer la importancia de la selección léxica y sintáctica en la elaboración del discurso.
- Utilizar adecuadamente fórmulas para contextualizar en el espacio y en el tiempo la información que se aporta en el texto oral o escrito.
- Saber organizar el contenido del discurso a través de la división en parte inicial, desarrollo y conclusión.
- Usar correctamente la entonación en el texto oral y la puntuación en el texto escrito como recursos de cohesión textual.

Reflexión inicial

Ser coherentes y saber cohesionar adecuadamente las ideas facilita la transmisión de la información. Aunque el emisor tenga muy claro en su cabeza qué es lo que pretende comunicar, ha de saber desarrollar el discurso de la manera adecuada para que el receptor lo entienda.

7.1. Introducción

Esta unidad didáctica se dedicará a la coherencia y cohesión textuales, características fundamentales para lograr que el mensaje que se intenta comunicar sea entendible.

Por un lado, se tratarán aspectos que atañen a la coherencia textual. Se estudiarán cuestiones como el tipo y el formato de texto, las variedades lingüísticas y los diferentes registros que se pueden usar en los diferentes discursos. También se aportarán las claves sobre el enfoque del tema, la selección léxica y gramatical más adecuada al contenido y el uso de referencias espacio-temporales.

Por otro lado, se explicará la organización interna del texto a través de las características que definen el inicio, el desarrollo y la conclusión del discurso. Además, se estudiarán dos recursos fundamentales: la entonación en el discurso oral y la puntuación en el texto escrito.

7.2. Coherencia textual

Este epígrafe se centrará en la coherencia textual, entendida como la propiedad de los textos de adecuarse al contexto o situación comunicativa al que pertenecen.

Un mensaje cualquiera puede ser completamente correcto desde un punto de vista gramatical, pero puede resultar poco adecuado a la situación comunicativa en la que se emite, bien porque no se ajusta al registro que la situación exige, bien, por ejemplo, porque no es relevante desde el punto de vista comunicativo.

Ejemplo

La oración **The king of France visited us yesterday** (El rey de Francia nos visitó ayer) es gramaticalmente correcta, aunque incoherente, pues se sabe que actualmente en Francia no existe la figura del rey.

Es necesario conocer los mecanismos de coherencia de los que dispone un idioma para conseguir comunicarse de forma efectiva, entre los que destacan la existencia de diferentes tipologías textuales y variedades y registros lingüísticos, así como el uso de los conectores.

7.2.1. Tipos y formatos de texto

Entre los tipos de texto que deben dominarse, los más habituales son las cartas o correos electrónicos, **letters and emails**; los formularios, **forms**; los anuncios presentes en señales o letreros, **warnings**; y las biografías, **biographies**.

Consulta

En el siguiente enlace encontrarás ejemplos de diferentes textos como cartas de presentación e incluso de amor: http://bit.ly/1CTDYiz.

En primer lugar, es necesario saber cómo escribir una carta informal, **how to write a informal letter**. Ahora explicaremos cómo escribir este tipo de carta a un amigo, familiar o a cualquier persona con la que se tenga confianza.

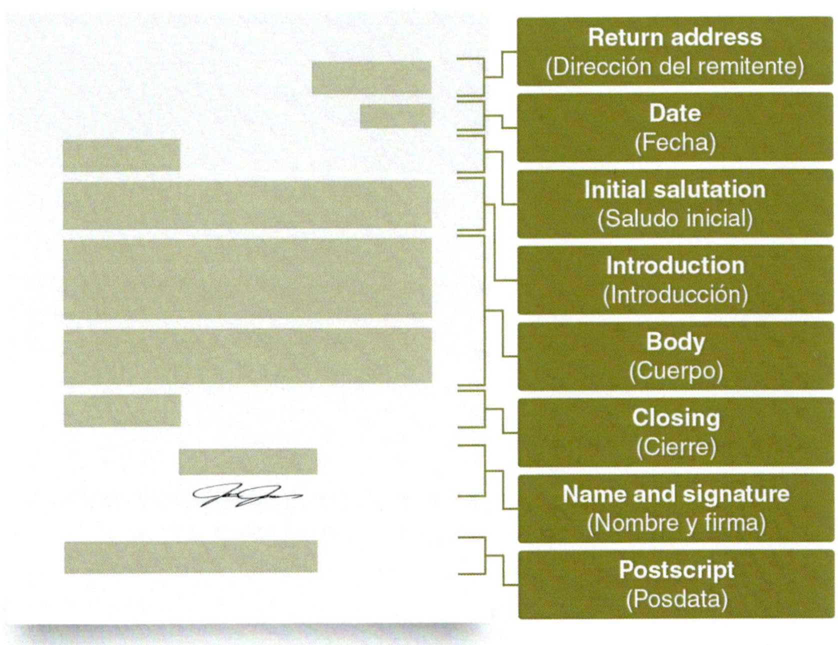

Generalmente, se comienza con la dirección del remitente, **return address**, y la fecha en la que se emite la carta, **date**.

El saludo inicial, **initial salutation**, suele incluir alguna fórmula como «Querido/a señor/señora», **Dear Sir/Madam** o **Dear Mr/Mrs**, y el nombre de dicha persona. **Dear** se usa tanto para cartas formales como informales; en la formal sería equivalente a «Estimado/a» o «Querido/a», dependiendo del contexto. En la carta informal, es habitual es que vaya seguido del nombre propio: **Dear Jane** (Querida Jane), **Dear David** (Querido David) o **Dear friend** (Querido amigo). En inglés, tras este saludo inicial debe colocarse una coma (,) y no dos puntos (:) como en español.

Consulta

En el siguiente enlace puedes encontrar los tratamientos formales del inglés, además de otras consideraciones que afectan a la redacción de correspondencia: http://bit.ly/1bosVIs.

Tras el encabezado, dentro del cuerpo, **body**, se usan expresiones típicas a modo de introducción, **introduction**.

How are you? I hope you're well: ¿Cómo estás? Espero que estés bien.

How are you? I'm fine: ¿Cómo estás? Yo bien.

Sorry I haven't written for so long: Lamento haber tardado tanto en escribir.

I've got so much to tell you: Tengo tanto que contarte.

I am writing to tell you...: Te escribo para decirte, contarte que...

I am writing to ask you about...: Te escribo para preguntarte por...

I am writing to say sorry about...: Te escribo para pedirte perdón por...

I am writing to find out about...: Te escribo para conocer más detalles sobre...

Si la carta es en respuesta a otra anterior, son frecuentes otro tipo de oraciones.

It was nice/great/lovely to hear from you: Fue muy agradable saber de ti.

Thanks for you letter: Gracias por tu carta.

Es necesario dominar las expresiones de cierre, **closing**, más frecuentes para poder así concluir el texto.

Write soon: Escribe pronto.

I'll be in touch soon: Contactaré contigo pronto.

I hope to hear from you soon: Espero saber de ti pronto.

I look forward to hearing from you soon: Estoy deseando saber de ti.

Give my regards/love to your family: Dale recuerdos a tu familia de mi parte.

That's all for now: Eso es todo por ahora.

Take care: Cuídate.

En la despedida de una carta se usa **Best wishes/regards** (literalmente «Mis mejores deseos», equivalente a «Saludos» o «Saludos cordiales») para saludos formales o **Love** o **Lots of love** (Con amor/cariño) es la fórmula para amigos o familiares cercanos.

La carta acabaría con el nombre y firma del remitente, **name and signature**, y, si este lo cree conveniente con una posdata, **postscript**.

En la carta informal se permiten más licencias que en otros tipos de texto escrito, como el uso de las contracciones (no solo aceptables sino que preferibles), es importante respetar la estructura y usar las fórmulas de saludo correctas dependiendo del grado de confianza que se guarde con el destinatario.

La siguiente sería un ejemplo de carta informal en inglés escrita a un amigo.

Original

103 Country Lane
North Baysville, CA 53286
15th August 2015

Dear Jane,

How are you? I'm fine. Sorry I haven't written for so long but I've had a lot of work lately.

I remember I promised to talk you about my winter holidays. Well, I went to the Canary Islands with some friends a few months ago. We went to the carnival and I have to say it was great! There were people who were dressed up in funny costumes everywhere and bands that played music all night.

In spite of being February, we only were summer clothes! We also went to the beach a couple of times. As for the food, it was yummy! We tasted some typical dishes that were really delicious.

And you? What about your winter holidays? Did you enjoy yourself?

Write soon.

Give my love to your family.

Lydia

Traducción

103 Country Lane
North Baysville, CA 53286
15 de agosto de 2015

Querida Jane:

¿Qué tal? Yo estoy bien. Siento haber tardado tanto en escribir pero he tenido mucho trabajo últimamente.

Recuerdo que prometí hablarte de mis vacaciones de invierno. Bueno, fui a las Islas Canarias con unos amigos hace un par de meses. Fuimos al carnaval y tengo que decir que ¡Estuvo genial! Había gente con disfraces muy divertidos por todas partes y bandas que tocaban toda la noche.

A pesar de ser febrero, ¡Solo llevábamos ropa de verano! También fuimos a la playa un par de veces. En cuanto a la comida, ¡era muy rica! Probamos algunos platos típicos que eran realmente deliciosos.

¿Y tú? ¿Qué tal tus vacaciones de invierno? ¿Te lo pasaste bien?

Escribe pronto.

Recuerdos a tu familia.

Lydia

Para saber cómo escribir una carta formal, **how to write a formal letter,** hay que tener en cuenta que su formato es similar a la de la carta informal, con la diferencia de que tras la fecha, alineada a la izquierda, se escribe la dirección del destinatario, **recipient address**.

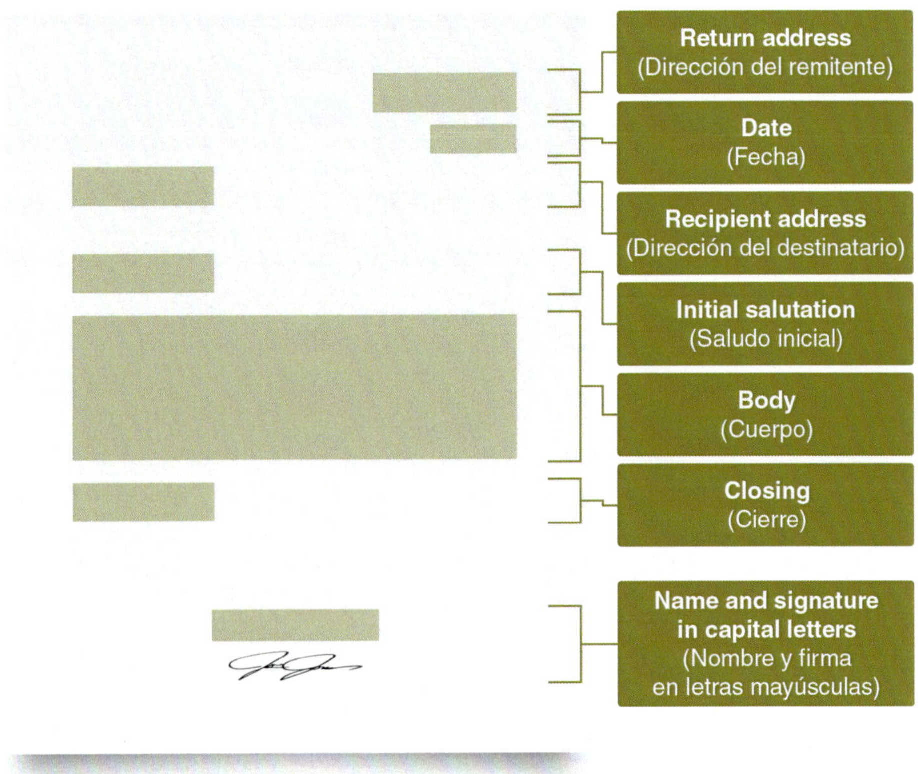

El saludo del encabezamiento se suele hacer con las fórmulas **Dear Sir/Madam** (Querido/Querida señor/señora) o **Dear Mr/Mrs** (Estimado/Estimada señor/señora) seguidas siempre de una coma, no de dos puntos.

En las cartas formales, si no se conoce al destinatario, en el saludo inicial se incluirá la expresión **Dear Sir/Madam** y en el cierre **Your faithfully**; mientras que si se conoce, se saludará con **Dear Mr/Ms** y se empleará en la despedida la expresión **Yours sincerely**. Estas dos expresiones de despedida suelen traducirse por «Le saluda atentamente» o «Sinceramente». También se puede usar la forma plural **Dear Sirs** (BrE) o **gentlemen** (AmE). En este tipo de carta deben evitarse las contracciones.

Las cartas suelen comenzarse explicando el motivo por el que se escribe, **I am writing to** (Le escribo para). Dependiendo de cuál sea este motivo, en inglés se podrán emplear las siguientes expresiones formales.

I am writing to inform you that...: Le escribo para informarle de que...

I am writing to enquire about...: Le escribo para preguntarle por...

I am writing to apologize for...: Le escribo para pedirle disculpas por...

I am writing to apply for...: Le escribo para solicitar...

I am writing to complain about...: Escribo para quejarme de...

I am writing to ask about...: Escribo para preguntar sobre...

I am writing to make a reservation: Escribo para hacer una reserva.

I am writing to apply for...: Escribo para solicitar...

I am writing to let you know that...: Le escribo para hacerle saber que...

I am delighted to tell you that...: Me complace decirle que...

We regret to inform you that...: Lamentamos informarle de que...

I am writing with regard to/in connection with...: Le escribo con respecto a/en relación con...

Further to/With reference to...: En referencia a...

I am writing to you on behalf of...: Le escribo en representación de...

I read your advertisement for...: Leí su anuncio de...

En este apartado inicial del cuerpo de la carta también son útiles expresiones como **I read your advertisement for...** (Leí su anuncio de...). Si la carta se escribe en respuesta a otra anterior, se puede decir **Thank you for your quick answer** (Gracias por su pronta respuesta) o **Thank you for you availability** (Gracias por su disponibilidad).

En el cuerpo de la carta, si el motivo de esta es solicitar algo, se pueden emplear diferentes expresiones.

Could you please...?: ¿Podría por favor...?

I would be grateful if you could...: Le estaría agradecido si pudiera...

I would appreciate it, if you could...: Apreciaría que pudiera...

I would appreciate information on...: Agradecería que me informaran sobre.../Me gustaría recibir información sobre...

¿Sabías que...?

En las abreviaciones de tratamiento de cortesía los americanos ponen punto después de **Mr** o **Mrs**, pero los británicos no usan este signo ortográfico tras estas abreviaturas.

Importante

Las formas contraídas de los verbos, como **I'm** (Soy/Estoy) o **You're** (Eres/Estás), son válidas para cartas informales, pero en las formales han de escribirse las formas completas: **I am** o **You are**.

Consulta

En el siguiente enlace puedes encontrar diferentes expresiones para encabezar y cerrar cartas formales: http://bit.ly/1CHwz5i.

En ofrecimientos es habitual encontrarse con la oración **We will be pleased/ happy to send you** (Nos complace enviarle). El mismo significado pero en una expresión más informal lo tiene la oración **I'll send you** (Le enviaré).

Las expresiones más comunes utilizadas en el cierre de cartas formales son las que se incluyen a continuación.

I look forward to receiving a reply: A la espera de una respuesta.

I would be very grateful if you could send me further information about...: Le estaría muy agradecido si pudiera enviarme más información sobre...

Thank you in advance: Gracias por adelantado.

Original	Traducción
103 Country Lane North Baysville, CA 53286 15th August 2015	103 Country Lane North Baysville, CA 53286 15 de agosto de 2015
54 State Island Northgate CA 53292	54 State Island Northgate CA 53292
Dear Sir/Madam,	Estimado/Estimada señor/señora:
I am writing to enquire about your Spanish courses for beginners. Would you mind giving me more details about the following matters?	Le escribo para preguntarle sobre sus cursos de español para principiantes. ¿Le importaría darme más información sobre los siguientes asuntos?
Firstly, I would like to know if the price includes accommodation or extra activities for students. Secondly, could you also give me some general information about your schools and cities?	En primer lugar, me gustaría saber si el precio incluye alojamiento o actividades extra para los estudiantes. En segundo lugar, ¿podría darme más información general sobre las escuelas y ciudades?
Lastly, I would like to know if I have to pass a level test before starting the course.	Por último, quisiera saber si tengo que hacer un test de nivel antes de iniciar el curso.
Thank you in advance.	Gracias por adelantado.
Yours faithfully,	Atentamente.
Peter Sea	Peter Sea

En la actualidad, es muy importante saber cómo escribir un correo electrónico, **how to write an email**. Muchas de las expresiones explicadas para las cartas pueden ser usadas también en correos electrónicos. Aunque el formato de este tipo de correo es universal, conviene saber el nombre que reciben en inglés los campos o partes en que se divide:

- **Address** es la dirección. El campo es **To** (Para), en el que se escribirá la dirección de correo electrónico a la que se enviará el correo.

- **Subject line** es el campo de asunto. En este apartado se resumirá en una frase o pequeña oración el motivo del correo electrónico.

- **Initial salutation** es el saludo inicial. Es el campo de texto del correo electrónico en sí. En esta primera línea, igual que en las cartas, se saluda al destinatario.

- **Body of the text** es el cuerpo del texto, donde se aporta toda la información, preferiblemente estructurada en párrafos.

- **Closing and signature** es el cierre o despedida y la firma, parte en la que se produce la despedida y el remitente se identifica con el nombre (equivalente a la firma manuscrita de las cartas).

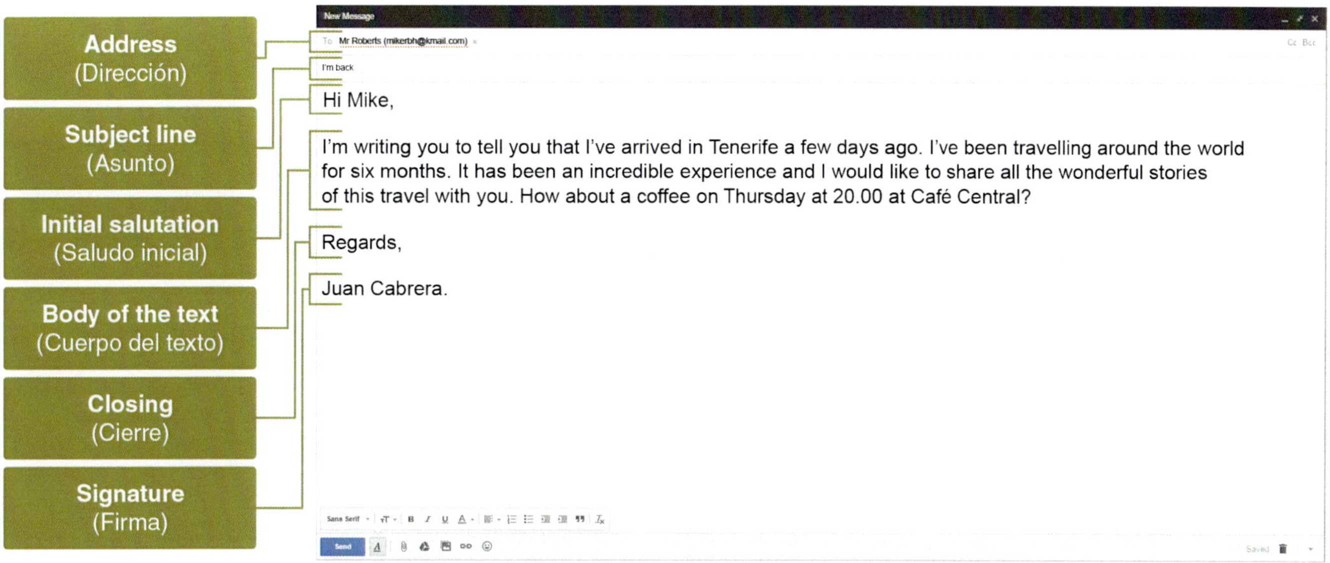

En inglés se dice **I've cc'd/cc'ed/copied** + nombre de la persona + **on this email** para informar al destinatario de que se ha enviado copia de ese correo electrónico a otra persona. Por ejemplo: **I've cc'd Jim in this email** (He enviado una copia de este correo electrónico a Jim).

En cuanto a los botones y mensajes más comunes que se pueden encontrar en un correo electrónico, destacan los siguientes.

Discard: Descartar.

Draft autosaved at (time): Borrador recuperado a las (hora).

Save/Saved: Guardar/Guardado.

Send: Enviar.

Los correos electrónicos también pueden ser formales; esto variará las expresiones utilizadas en el saludo y la despedida así como el lenguaje empleado. De esta forma, en un correo informal, se podrá saludar simplemente con un **Hi, Robert!**, mientras que en el formal se puede usar el mismo encabezado **Dear Sir/Madam/ Mr/Mrs** que se vio en las cartas. También es habitual la expresión **To whom it may concern** (A quien corresponda).

Para los archivos adjuntos, **attachments**, se pueden usar cualquiera de expresiones que se recogen a continuación.

Please, find attached my resume: Por favor, vea adjunto mi currículo.

Hereby attached...: Adjunto encontrará...

Please find enclosed: Se adjunta en anexo.

Algunas de las expresiones antes de despedirse son las siguientes.

If you need any further information, please contact me: Si necesita más información, por favor póngase en contacto conmigo.

Don't hesitate to contact me: No dude en contactar conmigo.

Feel free to contact me: Siéntase libre de contactar conmigo.

Las fórmulas de cortesía más usuales en las despedidas de correos electrónicos son **Best regards** (Saludos cordiales) **Yours faithfully** (Le saluda atentamente).

¿Sabías que...?

Las siglas **CC**, que usamos para enviar el correo con otra persona destinataria en copia, provienen de la expresión inglesa **Carbon Copy**. Copia oculta, **BCC**, proviene de la expresión inglesa **Blind Carbon Copy**.

¿Sabías que...?

En cuanto a las fórmulas de cortesía más usuales en las despedidas, cada vez más empresas optan por estructuras menos formales como **Kind regards** o **Regards** con el fin de dar un trato más cercano a sus clientes o candidatos a puestos de trabajo.

El siguiente es un ejemplo de correo electrónico formal en inglés, en el que se le pregunta a un candidato que ha hecho llegar su currículo a la empresa si podría acudir a una entrevista.

Original
From: abcompany@kmail.com
To: Mr Roberts (jroberts@hitmail.com)
CC:
Subject: Interview
Hello Mr Roberts, We have received your resume correctly. We would like to invite you for an interview with the Human Resources Department next Monday morning. Would you be available at 10? I look forward to meeting you. Yours faithfully, Ms Brown

Traducción
De: abcompany@kmail.com
Para: Sr. Roberts (jroberts@hitmail.com)
CC:
Asunto: Entrevista
Hola señor Roberts: Hemos recibido su currículo correctamente. Nos gustaría invitarle a una entrevista con el Departamento de Recursos Humanos el próximo lunes por la mañana. ¿Estaría disponible a las 10? Espero verlo. Le saluda atentamente. Sra. Brown

A continuación también se incluye un ejemplo de correo electrónico informal.

Original
From: susanne@kmail.com
To: Telma (telmimor@hitmail.com)
CC:
Subject: See you in Madrid
Hi Telma, How are you? I hope you're well. Thanks for your last email. It was really nice to hear from you. This time I'm writing you because I'm going to Madrid on a business trip next month and I would like to meet up with you again. I'll arrive the 20th and stay until the 23rd. How does it sound to you? Love, Susan PS: If possible, I'd like to meet in the afternoon.

Traducción
De: susanne@kmail.com
Para: Telma (telmimor@hitmail.com)
CC:
Asunto: Verte en Madrid
Hola Telma: ¿Qué tal? Espero que bien. Gracias por tu último correo electrónico. Fue muy agradable saber de ti. Esta vez te escribo porque voy a Madrid de viaje de trabajo el próximo mes y me gustaría volver a quedar contigo. Llegaré el día 20 y estaré solo hasta el 23. ¿Qué te parece? Con cariño. Susan P. D.: Si es posible, preferiría quedar por la tarde.

Otra tipología textual es la biografía, **biography or life story**. Este es el término inglés que se utiliza para el tipo de texto que narra la vida de una persona. Normalmente, se redacta en **past simple**, siguiendo un orden cronológico. Fíjate en el siguiente ejemplo sobre William Shakespeare.

Original	Traducción
William Shakespeare, often called the National English poet, is considered the greatest dramatist of all time. He was born in April of 1564, in the village of Stratford-upon-Avon in Warwickshire. The exact date of birth is uncertain. Shakespeare's father, John Shakespeare, came from a family of yeomen. His family's financial situation was prosperous.	William Shakespeare, también conocido como el poeta nacional de Inglaterra, está considerado el mayor dramaturgo de todos los tiempos. Nació en abril de 1564, en el pueblo de Stratford-upon-Avon en Warwickshire. La fecha exacta del nacimiento es incierta. El padre de Shakespeare, John Shakespeare, provenía de una familia de propietarios rurales. La situación financiera de la familia era próspera.
He was educated in the local school. In fact, not much more information is known about his youth. It is believed that his father took him to see theater plays when he was a child.	Fue instruido en la escuela local. En realidad, no se sabe mucho más sobre su juventud. Se cree que su padre le llevaba a ver obras de teatro de niño.
When he was 18 years old, Shakespeare was married to Anne Hathaway. That was in 1582. They had three children, Susanne and the twins, Hamnet and Judith.	Cuando tenía 18 años, Shakespeare se casó con Anne Hathaway. Eso fue en 1582. Tuvieron tres niños, Susanne y las gemelas, Hamnet y Judith.
By the early 1590s, he was an important member of the Lord Chamberlain's Men, an acting company in London. Except for *Romeo and Juliet,* Shakespeare's first plays were mostly written in the early 1590s too. His early works were mostly histories and comedies such as *Henry V* or *A Midsummer Night's Dream.* But he also wrote tragedies and tragicomedies such as *Hamlet* or *Romeo and Juliet.*	A principios de 1590, era un miembro importante de Lord Chamberlain's Men, una compañía de interpretación en Londres. Excepto *Romeo y Julieta,* las primeras obras de Shakespeare también fueron escritas a principios de 1590. Sus primeros trabajos fueron sobre todo historias y comedias como *Enrique V* o *El sueño de una noche de verano.* Pero también escribió comedias y tragicomedias como *Hamlet* o *Romeo y Julieta.*
The English poet died on April 23rd 1616.	El poeta inglés murió el 23 de abril de 1616.

Es necesario tener en cuenta algunos consejos, **some tips**, al redactar cualquier tipo de texto en inglés. Conviene seleccionar siempre de antemano el vocabulario específico relacionado con el tema, **topic**, del que se va a hablar, así como realizar un borrador, **draft**, donde anotar las ideas principales de cada apartado.

Las señales, advertencias o avisos, **signs, notices and warning**, que pueden encontrarse en la calle o en establecimientos públicos constituyen otra tipología textual. En general, **signs** son anuncios de tipo informativo. Algunos de los más comunes son los siguientes:

- **Out of order** significa «Fuera de servicio». Pueden encontrarse ejemplos de este tipo de anuncio informativo en un cajero, en un ascensor o en cualquier otro tipo de servicio.

- **No vacancy** se traduce por «Lleno» o «Sin disponibilidad». Se usa, sobre todo, en hoteles.

- **Sold out** significa «Agotado»; es un anuncio muy común en tiendas o almacenes.

> **Importante**
>
> **Notice** es un **false friend**, puesto que no significa «noticia», sino «aviso».

Los avisos, **notices**, suelen tener que ver más con prohibiciones. El inglés tiene diferentes formas para expresar la prohibición, y suelen aparecer en este tipo de avisos.

No smoking: No fumar.

Smoking prohibited: Prohibido fumar.

Thank you for not smoking: Gracias por no fumar.

No parking: No aparcar.

Keep off the grass: No pisar la hierba.

Please do not disturb: Por favor no molestar.

Keep this medicine out of the reach of children: Mantener fuera del alcance de los niños.

Do not feed the animals: No dé de comer a los animales.

Do not leave luggage unattended: No deje su equipaje sin supervisión.

No pisar la hierba

Best if used before (date): Usar preferiblemente antes de (fecha).

Do not exceed recommended dosage: No exceder la dosis recomendada.

Not to be taken by mouth: No ingerir.

Algunas señales y carteles suelen ser advertencias, **warnings**. Tienen que ver con prestar atención a algo.

Caution! Watch your step: Cuidado con el escalón.

Mind the gap: Cuidado con el hueco.

Caution! Wet floor: ¡Cuidado/Precaución! Suelo húmedo.

Beware of pickpockets: Cuidado con los carteristas.

Fragile, handle with care: Frágil, manejar con cuidado.

En estos casos el tiempo verbal suele ser el imperativo.

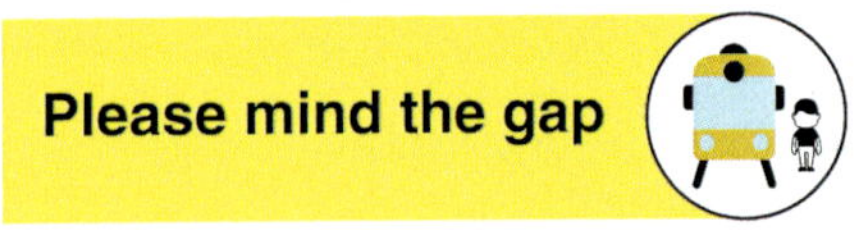

¡Cuidado con tu cabeza y con el escalón! ¡No emplees mucho tiempo leyendo esto o chocarás con la cabeza y tropezarás con el escalón!

7.2.2. Registro

Los usuarios de un idioma no lo utilizan de la misma forma en todas las situaciones. No se habla de la misma manera cuando alguien se encuentra en una entrevista de trabajo o en el médico que cuando está con un grupo de amigos. Por ejemplo, el saludo **What's up?** (¿Qué hay/pasa?) es apropiado en un contexto informal, pero no se debe saludar así a la persona que realiza una entrevista de trabajo.

El concepto de registro lingüístico, **language register**, se refiere al nivel del estilo de lengua que se emplea. Puede ser formal, informal o neutral.

El registro lingüístico formal, **the formal language register**, es el más apropiado al escribir cartas, **letters**, o escritos profesionales, **professional writings**, como por ejemplo: cartas comerciales, **business letters**; cartas de reclamación, **letters of complaint**; ensayos/disertaciones, **essays**; informes, **reports**; discursos oficiales, **official speeches**; o correos electrónicos profesionales, **professional emails**.

Cada tipología textual responde a un formato y expresiones comunes concretas. Así, el registro informal o coloquial, **the informal/casual or intimate register**, es más propio de la lengua oral, aunque también puede aparecer en textos escritos que van dirigidos a personas con las que se tiene más confianza, como amigos o familiares. Es, en definitiva, el registro que se usa en: conversaciones **conversations**; cartas entre amigos, **friendly letters**; mensajes de texto telefónicos, **phone texts**; notas, **short notes**; *blogs* personales, **personal blogs**; agendas, **diaries**; y diarios, **journals**.

Importante

Los textos que se emitan en cualquier idioma, ya sean orales o escritos, deben adaptarse a la situación comunicativa en la que se encuentre el emisor.

El registro neutro, **the neutral registrer**, puede entenderse como un punto intermedio de los dos anteriores. Algunos escritos, como los técnicos, **technical writing**, no están redactados en un estilo formal ni informal, sino neutro. Algunas tipologías textuales que suelen presentar este tipo de lenguaje son: críticas, **reviews**; artículos, **articles**; algunos tipos de cartas, **some kind of letters**; y algunos tipos de redacciones/ensayos, **some kind of essays**.

Selección léxica, sintáctica y de contenido relevante 7.2.3.

En cuanto a la estructura sintáctica, los textos formales se caracterizan por ser más impersonales que los informales, por lo que deben evitarse los pronombres de primera y segunda persona (**I**, **you**, **we**, **us**) excepto cuando se trata de una cita textual. En lugar de los pronombres, lo que se suele usar es **one** (uno), por ejemplo, **One can invest in the business** (Uno puede invertir en el negocio).

Aunque en inglés se usa más la voz pasiva que en español, en la escritura formal es preferible la voz activa, por ejemplo, es mejor decir directamente **The journalist wrote the report** (El periodista escribió el informe) que utilizar el verbo en pasiva, **The report was written by the journalist** (El informe fue escrito por el periodista).

En los textos formales las frases deben ser más elaboradas. También conviene evitar iniciarlas con expresiones como **and** (y), **like** (como), **so** (así), **but** (pero), **also** (también), etc.

En cuanto al léxico o vocabulario, en este tipo de textos, debe evitarse la jerga coloquial, **slang**, y las palabras baúl como **thing** (cosa) o **say** (decir).

Beat: Muy cansado.

Check it out: Echar un vistazo.

Cool: Guay.

Hang out: Pasar el rato.

Okay/OK: De acuerdo.

¿Sabías que...?

Las palabras baúl son aquellos términos con gran amplitud semántica, cuyo significado general hace que puedan ser utilizadas en muchos contextos pero cuyo abuso denota la pobreza léxica del texto o discurso enunciado.

En el lenguaje formal no solo hay que evitar las contracciones verbales, sino también las abreviaturas de palabras o acrónimos como **USA**, por **United States of America** (Estados Unidos de América), o **flu**, de **influenza** (gripe). También es fundamental evitar las abreviaciones propias de mensajes de texto telefónicos como **LOL**, **laugh out loud** (carcajada), expresión usada para indicar que provoca mucha gracia, o **C2**, **see you** (nos vemos).

Además, en el lenguaje formal se deben escribir con letras los números inferiores a cien: **sixteen** (dieciséis), **twenty-eight** (veintiocho), **fifty-two** (cincuenta y dos), **eighty-nine** (ochenta y nueve) etc.

El **informal register**, sin embargo, no responde a unas reglas específicas. Es más flexible en cuanto al léxico, ya que admite **slang**, palabras baúl, símbolos y abreviaturas o expresiones idiomáticas. También es más laxo en la estructura sintáctica. Las principales características del registro informal son:

- Expresiones y vocabulario informal, **informal vocabulary and expressions**, como **slang** o palabras baúl.

- Uso más simbólico o figurativo de la lengua reflejado en la abundancia de expresiones idiomáticas, **idioms**, como **Kiss and make up** (Hacer las paces) o **To over the moon** (Tocar el cielo).

- Uso de abreviaturas, **abbreviations**; acrónimos, **acronyms** o símbolos, **symbols**.

- Tendencia a utilizar frases cortas e incompletas, **short and incomplete sentences**.

- Uso del pronombre personal de primera y segunda persona del singular **usage of the personal pronoun in the first and second person singular,** (yo y tú) (**I and you**).

- En textos escritos informales, se utilizan también signos de puntuación extras, **extra punctuation marks**, como en la pregunta **Can you help me???** (¿¿¿Puedes ayudarme???).

Existen diferencias en cuanto a la forma de estructurar los textos formales e informales escritos. Los formales responden a una estructura más ordenada, en párrafo, mientras que la estructura de un texto escrito, como un correo electrónico a un amigo, es más libre.

En cuanto al contenido, los formales suelen tener un tono más solemne, oficial, distante o incluso rebuscado, mientras que los informales tienden a ser más cercanos y amistosos. Por ejemplo, en una carta o correo electrónico formal de invitación a un evento, se podría leer **Dear colleagues, we would like to invite you to attend the meeting scheduled for Monday, April 3rd** (Estimados compañeros, nos gustaría invitarles a asistir a la reunión programada para el lunes, 3 de abril), mientras que en una carta o correo entre amigos es más común invitar en un tono más informal.

Original	Traducción
Dear Bill, I want to invite you to my wedding!!! It's the day I've been dreaming of my whole life. Please come. PS: You don't have to bring a gift.	Querido Bill: Quiero invitarte a ¡¡¡Mi boda!!! Es el día con el que he soñado toda mi vida. Por favor, ven. P. D.: No tienes que traer ningún regalo.

7.2.4. Contexto espacio-temporal

La referencia espacial permite situar la acción en el espacio. Esto se consigue a través del uso de los adverbios de lugar, **place adverbs**, y de expresiones espaciales. El adverbio de lugar responde a la pregunta ¿Dónde?, **Where?**

Las preposiciones de lugar como **near** (cerca) o **above** (sobre) también pueden funcionar como adverbios dentro de la oración.

El siguiente listado es un ejemplo de adverbios de lugar (referencia espacial).

Above: Encima.

Ahead: Adelante.

All over: Por todas partes.

Around: Alrededor, por aquí.

Aside: A un lado, aparte.

Away: Lejos.

Back/Behind: Detrás.

Beneath/Underneath: Debajo, por debajo.

Beyond: Más allá.

¿Sabías que...?

In front es un ejemplo de **false friend**, ya que su significado no es «enfrente» (eso sería **opposite** en inglés), sino «delante».

Down: Abajo.

Far: Lejos.

Here: Aquí.

In front: Delante.

In/Inside: Dentro.

Opposite: Enfrente.

Out/Outside: Fuera.

Over: Encima, por encima.

Sidewayse: Hacia un lado, de lado.

There: Ahí, allí.

Up: Arriba.

Con **here** y **there** pueden formarse otras expresiones que hacen referencia al contexto espacial.

Down here: Aquí abajo.

Down there: Ahí abajo.

Over here: Por aquí.

Over there: Por ahí.

Right here: Justo aquí.

Right there: Justo ahí.

Up here: Aquí arriba

Up there: Ahí arriba.

Las palabras **town** (ciudad), **stairs** (escaleras) y **hill** (cuesta) también se usan para formar expresiones de lugar.

Downhill: Cuesta abajo.

Downstairs: En el piso de abajo.

Downtown: En el centro de la ciudad.

Uphill: Cuesta arriba.

Upstairs: En el piso de arriba.

Uptown: En la zona residencial.

Los sufijos -**ward**/-**wards** también forman adverbios de lugar.

Backwards: Hacia atrás.

Downwards: Hacia abajo.

Forward: Hacia delante.

Homeward/Homewards: A casa/De camino a casa.

Inwards: Hacia adentro.

Onwards: Hacia delante.

Outwards: Hacia fuera.

Upwards: Hacia arriba.

Consulta

Coco enseñó a muchos niños españoles en las décadas de los ochenta y noventa la diferencia entre las preposiciones y los adverbios más importantes. Su homólogo en el mundo anglosajón, **Grover**, también hizo lo mismo: http://bit.ly/1jGcKW0.

Importante

Aunque en inglés existen diferentes preposiciones para las equivalentes a «encima», **over** y **above**, y «debajo», **below** y **under**, sus usos varían en función de la posición relativa que ocupen los objetos de los que se está hablando. De este modo, **over** indica que un objeto está sobre otro (existe contacto físico), mientras que cuando un objeto no está directamente sobre el otro, se usa **above**. Lo mismo ocurre con **under** y **below**: cuando hay contacto físico se prefiere **under** y cuando no lo hay, **below**.

Este tipo de adverbios se coloca normalmente detrás del verbo u objeto que recibe la acción, si lo hay.

You can leave it here: Puedes dejarlo aquí.

The toilet is over there: El baño está por ahí.

The child was hidden behind the tree: El niño estaba escondido detrás del árbol.

On Saturdays we usually go downtown: Los sábados solemos ir al centro de la ciudad.

Los adverbios de lugar no solo tienen por qué establecer una referencia física, también pueden usarse para referirse a elementos que ya han aparecido antes en el texto. Es lo que ocurre en la oración **Sarah is moving to Chicago**. **Her boyfriend lives there** (Sarah se va a mudar a Chicago. Su novio vive allí).

Otras palabras que pueden indicar lugar son **home** (casa/hogar) y **abroad/ overseas** (extranjero): **I've lived abroad for so long, I look forward to go back home** (Llevo tanto tiempo viviendo en el extranjero que estoy deseando volver a casa).

La referencia temporal puede venir indicada por el tiempo verbal, sin necesidad de otros adverbios o expresiones temporales. Por ejemplo, en la siguiente oración ya se sabe que se trata de una acción situada en el pasado únicamente por el uso del verbo comer, **eat**, en pasado, **ate**: **We ate very quickly** (Comimos muy rápido). De la misma forma, en el siguiente ejemplo, el tiempo verbal nos indica que se trata de una acción futura: **They will call you to let you know** (Te llamarán para informarte).

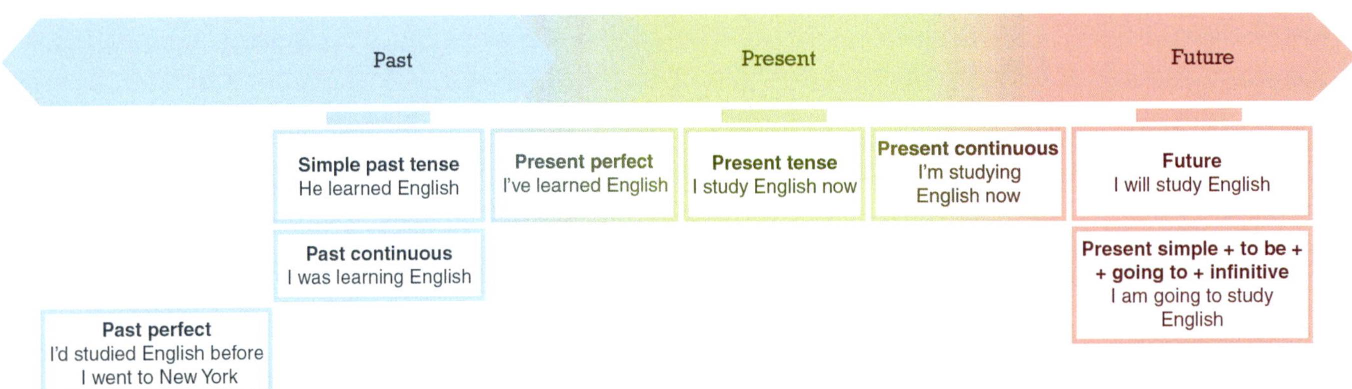

Consulta

La correspondencia de los verbos españoles con los tiempos verbales ingleses no es perfecta, pero en el siguiente enlace puedes encontrar algunas recomendaciones al respecto: http://bit.ly/1J5HdeG.

Importante

Recuerda que al final de este libro puedes consultar las formas irregulares de los verbos para el **past simple**.

Los tiempos verbales que sitúan la acción en pasado son:

- **Simple past tense:** equivalente tanto al pretérito imperfecto como al indefinido del español. Se forma con la siguiente estructura: sujeto + **past simple**. La forma de pasado varía en inglés, al existir verbos irregulares (los regulares forman el pasado añadiendo la partícula **-ed** a la forma de infinitivo). Además, la forma negativa se indica con la partícula **didn't** o sobre el propio verbo en el caso del verbo **to be**.

  He bought a new car: Él se compró un coche nuevo.

  They walked slowly: Ellos caminaban despacio.

  We were very happy: Nosotros estábamos muy contentos.

- **Past continuous:** el equivalente al pasado continuo. La estructura es sujeto + + **was/were** + verbo terminado en **-ing**. Para las oraciones negativas se utilizaría **wasn't** o **weren't**.

  The children were sleeping: Los niños estaban durmiendo.

  He was cooking: Él estaba cocinando.

- **Past perfect:** tiempo verbal equivalente al pretérito pluscuamperfecto en español. La estructura es sujeto + **had** + **past participle**. En caso de que la oración sea negativa, se utiliza **hadn't**.

  She had never been to an all inclusive hotel: Ella nunca había estado en un hotel con todo incluido.

  We had studied a lot for the exam: Habíamos estudiado mucho para el examen.

- **Present perfect:** equivale al pretérito perfecto de la lengua española. La estructura es sujeto + **have/has** + **past participle**, y en oraciones negativas se niega el verbo auxiliar **to have** con las partículas **haven't** o **hasn't**.

  My son has just arrived: Mi hijo acaba de llegar.

  Mary and John have cooked a cake: Mary y John han cocinado un pastel.

Los tiempos verbales que sitúan la acción en presente son:

- **Present tense**: equivalente al presente simple del español. La estructura es sujeto + verbo en infinitivo sin **to**. En este tiempo verbal es necesario tener en cuenta que la tercera persona de singular añade **-s** o **-es**; en oraciones negativas se utiliza el verbo **to do** como auxiliar, con **don't** o **doesn't**.

  I run very fast: Corro muy rápido.

  He eats chicken: Él come pollo.

- **Present continuous**: equivalente al presente continuo. En español se forma con la perífrasis estar + verbo en gerundio, al igual que en inglés, sujeto + + **present simple** del verbo **to be** + verbo terminado en **-ing**. Para crear oraciones negativas, se niega el verbo **to be**.

  The girls are singing: Las chicas están cantando.

  My dad is reading: Mi padre está leyendo.

Los tiempos que sitúan la acción en futuro son:

- **Future**: equivalente al futuro simple del español. Se forma con sujeto + + **will** + verbo principal en infinitivo sin **to**. Para las oraciones negativas se utiliza la partícula **won't**.

  We will attend the meeting: Asistiremos a la reunión.

  You will back soon: Volverás pronto.

- **Present continuous**: que también puede referirse a una acción futura pero próxima. En español equivale a una perífrasis verbal (ir a + infinitivo) o por el futuro simple.

  We're going to the cinema: Vamos a ir/Iremos al cine.

  She's travelling to London: Va a viajar/Viajará a Londres.

- **Present simple + to be + going to + infinitive**: la estructura que utiliza **going to**, equivalente a «ir a hacer algo». Se crea con sujeto + **present simple** del verbo **to be** + **going to** + verbo principal en infinitivo. También se traduce por una perífrasis en español (ir a + infinitivo).

  Michael and Peter are going to buy your gift: Michael y Peter van a comprar tu regalo.

  Susan is going to sell her house: Susan va a vender su casa.

También existen adverbios que sitúan la acción en el tiempo. Es decir, responden a la pregunta ¿Cuándo? **When?** Los principales son: **now** (ahora); **ever** (alguna vez); **soon** (pronto); **again** (otra vez/de nuevo); **after** (después); y **after that/thereafter** (después/después de eso).

Referencia temporal			
Adverbios relacionados con el día	Adverbios relacionados con la actualidad	Adverbios para acontecimientos recientes	Otros adverbios
Today (Hoy) Yesterday (Ayer) Tomorrow (Mañana) The day before yesterday (Anteayer) The day after tomorrow (Pasado mañana) The previous day/week (El día/La semana anterior) The following day/week (El día/La semana siguiente)	These days (En estos días) Nowadays (Hoy en día) At present (En el presente, en la actualidad) Currently (Actualmente)	Lately/Latterly (Últimamente) Recently (Recientemente) Formerly (Anteriormente)	Still (Todavía) Already (Ya) Yet (Ya/Aún) Not yet (Aún no) No longer/Not any more (Ya no) Just (Justo, recién)

Las frases que se incluyen a continuación son algunos ejemplos de locuciones temporales que cumplen la misma función que los adverbios anteriores.

In the future: En el futuro.

In the past: En el pasado.

Last week/month/year: La semana pasada/El mes pasado/El año pasado.

Meanwhile: Mientras tanto, entretanto.

Next week/month/year: La semana/El mes/El año que viene.

Shortly: Enseguida, en poco tiempo.

Someday: Algún día.

This week/month/year: Esta semana/Este mes/Este año.

Para especificar la parte del día también existen expresiones concretas.

At night: Por la noche.

In the afternoon: Por la tarde.

In the evening: Por la tarde, noche.

In the morning: Por la mañana.

Last night: Anoche.

This morning/afternoon/evening: Esta mañana/tarde/noche.

Tomorrow afternoon: Mañana por la tarde.

Tonight: Esta noche.

Yesterday morning: Ayer por la mañana.

El adverbio **ago**, equivalente a la expresión impersonal «hace», también sitúa acciones en el pasado.

An hour ago: Hace una hora.

Five minutes ago: Hace cinco minutos.

Long ago/A long time ago: Hace mucho tiempo.

Two days ago: Hace dos días.

Las expresiones de tiempo introducidas por **in** indican futuro.

In a week's time/In a week: En una semana/Dentro de una semana.

In an hour's time/In an hour: En/Dentro de una hora.

In five minutes' time/In five minutes: En/Dentro de cinco minutos.

La preposición **for** señala la duración de la acción.

I'm going to London for one week: Voy a Londres una semana.

They've been married for a long time: Han estado casados durante mucho tiempo.

Cohesión textual 7.3.

Si la coherencia textual tiene que ver con la adecuación del texto a la situación comunicativa, la cohesión se refiere, a grosso modo, a la organización interna del texto.

En este sentido, los conectores textuales, **linkers**, ayudan a entrelazar las ideas y las frases y párrafos de un texto. Tanto en el discurso escrito como en el oral, el uso de los **linkers** ayudan a estructurar el texto. De hecho, en las pruebas escritas de idiomas, junto al buen uso de la gramática y el vocabulario, el uso correcto de los **linkers** suelen ser uno de los factores que se valoran.

En los apartados de este epígrafe se tratarán los principales recursos para la estructuración interna del texto, así como los enlaces habituales para marcar el inicio, el desarrollo y la conclusión del texto oral y escrito.

Inicio del discurso 7.3.1.

Los **linkers** que se utilizan para iniciar un discurso, ya sea oral u escrito, son fundamentales para atraer la atención del interlocutor.

At first sight...: A primera vista...

First of all...: Antes de nada...

First...: Primero...

In the first place...: En primer lugar...

To start with...: Para empezar...

Para que un texto sea comprensible no solo es importante estructurar y organizar sus partes, sino que estas dentro de la oración también deben resultar gramaticalmente correctas. El orden de las palabras dentro del sintagma nominal inglés puede resumirse de la siguiente manera: determinante + adjetivo (si lo hay) + sustantivo o nombre.

The red house: La casa roja.

My blue bag: Mi bolso azul.

These flowers: Estas flores.

¿Sabías que...?

Los cuentos en inglés suelen empezar con las expresiones **Once upon a time...** (Había una vez...) o A **long, long time ago...** (Hace mucho, mucho tiempo...).

Importante

Para que un texto sea comprensible no solo debe ajustarse a la realidad o ser coherente desde un punto de vista pragmático, también debe estar estructurado u organizado de tal manera que su mensaje resulte comprensible al receptor.

El uso de los determinantes no siempre coincide en inglés y en español. Cuando se refiere a cosas, objetos o ideas en general, en inglés no hace falta el artículo determinado **the**. Sí se usaría, en cambio, cuando se quiere concretar. Por ejemplo, la oración **Children are lovely** (Los niños son encantadores) se refiere a los niños en general; en cambio, si se dice en inglés **The children are lovely** (Los niños son encantadores), se está haciendo referencia a un grupo de niños concretos, que serán fácilmente identificables por el contexto. Por tanto, si se quisiera decir de los niños en general que son encantadores, en inglés no se debería usar el artículo **the**, aunque como se ve, la traducción al español no cambia.

Consulta

Los marcadores discursivos ayudan a cohesionar las diferentes ideas que se presentan a lo largo de un discurso. Puedes consultar los más habituales en inglés en el siguiente enlace: http://bit.ly/1aNNYTr.

En cuanto al orden de palabras, en las frases afirmativas y negativas iría primero el sujeto y después el predicado, como en español. El orden sería el siguiente: sujeto + verbo + complemento directo + otros complementos.

Observa los siguientes ejemplos. La primera oración, **I love chocolate** (Me encanta el chocolate), posee un sujeto, un verbo y un complemento directo. La segunda, **I buy bread every day** (Compro pan todos los días), además, posee un complemento circunstancial de tiempo.

I	love	chocolate
Suj.	Vbo.	CD

I	buy	bread	every day
Suj.	Vbo.	CD	CCirc.

Como puede verse en el ejemplo anterior, el complemento directo aparece, por norma general, inmediatamente detrás del verbo. Tal y como ocurría con el sujeto, el inglés también permite complementos sin estar acompañados del artículo. Esto sucede cuando se habla de generalidades, como en la oración **I love chocolate**.

I love music: Me gusta la música (en general).

I love the music: Me gusta la música (refiriéndose a una concreta, por ejemplo, a la música que está sonando en una película).

En cambio, al contrario que en español, el inglés no permite la colocación de adverbios entre el verbo y el complemento: **I like music very much** o **I very much like music** (Me gusta mucho la música). En inglés, sería incorrecto decir ***I like very much music**.

Los adverbios de frecuencia, **adverbs of frequency**, se sitúan entre el sujeto y el verbo, a excepción del verbo **to be**.

I <u>sometimes</u> go to the beach: A veces voy a la playa.

You are <u>always</u> tired: Siempre estás cansado.

Los **adverbs of frequency** también deben ir detrás de los verbos que funcionan como auxiliar (**have**, **has**, **do**, **don't**, **will**, modales como **can**, etc.).

I don't <u>usually</u> go to bed early: No suelo irme a la cama temprano.

You can <u>never</u> find my glasses: Nunca encuentras mis gafas.

En la oración **I don't usually go to bed early** el complemento de lugar se situaría, por norma general, antes que el de tiempo. Ocurre también en el siguiente ejemplo: **He's been in the hospital since January** (Ha estado en el hospital desde enero).

El orden habitual cambia cuando se trata de oraciones interrogativas, en las que el verbo se adelanta: **Are you happy?** (¿Estás contento?).

Cuando en la oración hay un verbo auxiliar, ya sea en presente simple, en verbos compuestos o con modales, se adelantaría el auxiliar.

Does she still lives here?: ¿Ella aún vive aquí?

Have you ever seen the snow?: ¿Alguna vez has visto la nieve?

Can your brother play the guitar?: ¿Tu hermano sabe tocar la guitarra?

Importante

Recuerda que el inglés, a diferencia del español, siempre necesita de un sujeto antes del verbo. Aunque en español se puede retrasar el sujeto como en la oración «Quizá Sara venga», el inglés exige que el sujeto vaya antes que el verbo: **Sarah may come**. Otro ejemplo es **The shop is likely to close** (Puede que la tienda cierre).

Otros factores discursivos son la tematización y la focalización, es decir, el tema del que se habla y lo que se dice de este. Los conectores iniciadores sirven para comenzar el discurso, pero para seguir enumerando ideas o puntos dentro de un texto, y organizarlos de manera adecuada, se deben usar los **sequencing linkers**, que se encargan de mostrar la secuencia u ordenar los distintos elementos. Aparte de los ya vistos **First...**, **At first...** y **First of all...**, los más habituales son **Secondly...** (En segundo lugar...) y **Thirdly...** (En tercer lugar...), y los organizadores **On the one hand...** (Por una parte...) y **On the other hand...** (Por otra parte...).

Desarrollo del discurso 7.3.2.

Hay una serie de recursos que permiten el mantenimiento del tema a lo largo de todo el discurso. Estos recursos son la correferencia, la elipsis, la repetición, la reformulación y el énfasis.

La correferencia es la relación que mantienen los distintos elementos del discurso gracias al uso de artículos, pronombres, demostrativos e incluso tiempos verbales.

This morning <u>a woman</u> knocked on the door. <u>The woman</u> left after a while: Esta mañana una mujer llamó a la puerta. La mujer se fue después de un rato.

Yesterday, I saw <u>a child</u> crying in the park. I asked <u>him</u>: «**What's the matter?**»: Ayer, vi a un niño llorando en el parque. Le pregunté: «¿Qué pasa?».

La primera vez que un elemento aparece en el discurso se usa el artículo indeterminado **a/an** y las siguientes veces que se alude a él, el determinado **the**.

Consulta

En el siguiente enlace se recogen los cinco conectores más habituales del inglés durante el desarrollo de un discurso, con explicaciones sobre su uso y diversos ejemplos: http://bit.ly/1Dxlqor.

No obstante, la elipsis u omisión de una palabra en la estructura sintáctica también puede contribuir en el desarrollo temático.

I study French. My sister, English: Yo estudio inglés. Mi hermana, francés.

Aunque no aparezca, se entiende que el verbo de la segunda oración es el mismo que el de la primera (estudiar). Normalmente, la elipsis viene señalada por una coma (,).

La repetición de las palabras es otro mecanismo de mantenimiento del discurso.

She bought a new car. The car is red: Ella se compró un coche nuevo. El coche es rojo.

La reformulación, es decir, el uso de otras palabras para explicar algo que ya se ha dicho anteriormente, se consigue en inglés a través de expresiones como **In other words** (En otras palabras), **That is/That is to say** (Es decir) o **I mean** (Lo que quiero decir).

Las **cleft sentences** sirven para enfatizar una parte concreta de la oración o discurso. La parte que se quiere enfatizar es introducida por partículas como **What**, **All** o **It is**.

All you need is love: Todo lo que necesitas es amor.

What upsets me is that you lied to me: Lo que me preocupa es que me mentiste.

Importante

El uso de conectores facilita la comprensión del mensaje por parte del interlocutor y, en muchas ocasiones, facilita la creación de un discurso educado y respetuoso.

Para cambiar de tema o expresar digresión son útiles otros conectores. A continuación se citan los más comunes.

As far as...: En cuanto a...

By the way...: A propósito...

In connection with...: En conexión con...

In relation/regard to...: Con relación/respecto a...

In turn...: Por su parte...

So/In that way...: Así/De este modo...

With regard to...: Por lo que se refiere a...

En cuanto al mantenimiento y seguimiento del discurso oral, conviene conocer ciertas oraciones convencionales.

To take one's turn to speak/To be one's turn to speak: Tomar el turno de palabra.

To give the floor to.../To turn the floor over to...: Ceder la palabra a...

Si la persona que pretende hablar no le cuesta romper el hielo, podría emplear alguna de las siguientes expresiones.

Can/May I speak first?: ¿Puedo hablar primero?

May I?: ¿Puedo?

I'd like to start by...: Me gustaría empezar por...

En el caso de que se le haya cedido la palabra a alguien, es recomendable que comience su intervención dando las gracias, **accepting the turn**.

Thanks/Thank you. What I have to say is.../What I wanted to say was...: Gracias. Lo que tengo que decir es.../Lo que quería decir era...

I will be brief: Seré breve.

I won't take long: No me llevará mucho.

I'll say what I have to say in very few words: Diré lo que tengo que decir en pocas palabras.

Si, en cambio, esa persona pretende interrumpir a los demás, **interrupting others**, o a su interlocutor, algunas fórmulas adecuadas para ello serían las siguientes.

May I interrupt?: ¿Podría interrumpirte?

If you let me say something...: Si me dejas decir algo...

If you allow me to speak for a moment...: Si me permites hablar un momento...

Excuse me/Sorry for interrupting, but...: Disculpa/Perdona por interrumpir, pero...

Una vez se haya tomado la palabra, si se quiere continuar o seguir añadiendo puntos sobre un tema se pueden emplear las siguientes fórmulas.

Just one more thing...: Solo una cosa más...

I just want to make one more point...: Solo quiero hacer un apunte más...

Before your say...: Antes de que tome la palabra...

Before you reply...: Antes de que responda...

If you'd allow me to finish...: Si me dejaras terminar...

Las siguientes expresiones son de utilidad a la hora de ceder el turno de palabra.

I'll let you go first: Tú primero.

Please, after you: Por favor, después de ti.

I'd be very interested to hear what you have to say about...: Estaría muy interesado en escuchar lo que tienes que decir sobre...

Ejemplo

Existen otras expresiones más formales que son habituales en discursos en público:

I do not want to close this speech without...: No quiero terminar mi discurso sin...

I would like to end by saying (that)...: Quisiera terminar diciendo que...

Es importante que, aun cuando se escuche al interlocutor, se intervenga de cuando en cuando para mostrarle que se le está siguiendo. Es lo que se conoce como función fática del lenguaje. Algunas de las expresiones habituales que permiten denotar este interés por lo que se está escuchando son **I see** (Ya veo), **I understand** (Entiendo), **I know** (Lo sé) y **I know what you mean** (Sé lo que quieres decir). Además, en caso de que no se le haya entendido, se pueden usar las expresiones **Sorry?/Pardon?** (¿Perdón?), **Excuse me?** (¿Disculpa?) o **I beg you pardon but I don't understand** (Te ruego me disculpes pero no entiendo), así como las preguntas **Can/Could you repeat that, please?** (Puedes/Podrías repetir eso, por favor?) o **Can/Could you speak slower, please?** (¿Puedes/Podrías hablar más despacio, por favor?).

7.3.3. Conclusión del discurso

Cuando se ha terminado el discurso o se pretende cerrar un texto en el que se han expuesto una serie de ideas, en ocasiones es necesario recapitular o resumir la información que se ha dado. Esto es importante especialmente si se han tratado varios temas pero se pretende destacar una idea concreta.

Los **linkers** más utilizados para recapitular y cerrar el discurso en inglés son los siguientes.

Finally...: Finalmente...

In conclusion: En conclusión...

In summary...: En resumen...

To sum up...: Para resumir...

7.3.4. Entonación

La entonación desempeña en un papel especialmente importante en la comunicación. No utilizar correctamente los patrones de entonación, tan diferentes en inglés y en español, puede llegar a ocasionar malentendidos.

En inglés la entonación no es solo un añadido, sino que depende de la intención comunicativa del hablante. No obstante, la entonación no afecta al significado de las palabras aisladas, aunque sí al enunciado completo. Sobre todo, lo que indica la entonación es la actitud del hablante: si está preguntando, exclamando o afirmando.

Las reglas que atañen a los patrones de entonación en inglés pueden resumirse en las siguientes:

- En oraciones afirmativas e imperativas, e incluso en preguntas formales, la entonación tiende a ser descendente. También en respuestas contundentes, cuando se piden disculpas o, simplemente, cuando se carece de entusiasmo. Las siguientes oraciones se pronunciarían, por lo tanto, en tono descendente.

  I like football: Me gusta el fútbol.

  Open the door: Abre la puerta.

  Sorry: Lo siento.

- La entonación ascendente impera en los enunciados en los que el hablante está seguro de lo que dice. En el resto de preguntas o en enunciados incompletos, la modulación de la voz también tiende a ser ascendente.

  What are you doing?: ¿Qué estás haciendo?

  How are you?: ¿Cómo estás?

  Is she coming?: ¿Está viniendo?

  I was thinking that...: Estaba pensando que...

Consulta

En el siguiente enlace puedes escuchar ejemplos de los dos tipos de entonación, ascendente y descendente: http://bit.ly/1zdF87X.

Puntuación 7.3.5.

El uso de los signos de puntuación en inglés es similar al que poseen en español, pero existen algunas diferencias, como las que afectan a los signos de exclamación e interrogación o a los apóstrofos, que deben conocerse para lograr elaborar un texto bien cohesionado.

El punto, **full stop** (BrE) o **period** (AmE), encierra frases que guardan una unidad de sentido, normalmente sujeto y predicado.

La coma, **comma**, se usa dentro de una misma frase para enumeraciones, para encerrar cláusulas explicativas y detrás de conectores a principio de frase.

She speaks English, French, German and Japanese: Ella habla inglés, francés, alemán y japonés.

William Shakespeare, the national English Poet, wrote *Hamlet*: William Shakespeare, el poeta inglés, escribió *Hamlet*.

She studied a lot. However, she failed the exam: Ella estudió mucho. Sin embargo, suspendió el examen.

El punto y coma, **semi-colon**, se utiliza, por un lado, para separar frases que guardan más relación que las separadas por punto y, por otro, para enumeraciones que encierran frases y no palabras sueltas.

Some students passed the exam; others, failed: Algunos alumnos aprobaron; otros, suspendieron.

First, read the text; then, underline the new words; finally, answer the questions: Primero, lee el texto; después, subraya las palabras nuevas; finalmente, responde a las preguntas.

Los dos puntos, **colon**, se usan delante de enumeraciones, y también para explicaciones o antes de introducir el estilo directo en diálogos.

Mary bought: apples, pears, bananas and strawberries: Mary compró: manzanas, peras, plátanos y fresas.

Look at the following example: Mary is singing: Observa el ejemplo siguiente: Mary está cantando.

Sherlock Holmes: «Elementary, dear Watson»: Sherlock Holmes: «Elemental, mi querido Watson».

Las comillas, **dialogue or speech marks**, se usan fundamentalmente para encerrar diálogos.

Los signos de exclamación e interrogación, **exclamation and question marks**, encierran frases exclamativas, que indican fundamentalmente emociones como sorpresa, indignación, etc., o preguntas. En inglés solo se usan los signos de cierre, al final de la frase. El uso de varios signos seguidos al final es más propio del lenguaje escrito coloquial, con el fin de enfatizar.

What a surprise!: ¡Qué sorpresa!

How interesting!: ¡Qué interesante!

Al igual que en español, no se debe colocar punto detrás de un signo de exclamación o interrogación si con este signo termina la oración.

El apóstrofo, **apostrophe**, (') se usa básicamente en contracciones verbales, propias del lenguaje informal (**I'll**, **She's**, **He'd**, **They're**, etc.) y en el genitivo sajón para indicar posesión.

We're waiting for you: Estamos esperándote.

Susan's house is very cute and cosy: La casa de Susan es muy mona y acogedora.

Resumen

En esta unidad didáctica se ha aprendido que:

- Los tipos de textos más habituales son las cartas o correos electrónicos, **letters and emails**; los formularios, **forms**; los anuncios presentes en señales o letreros, **warnings**; y las biografías, **biography**.

- Las cartas pueden ser formales o informales, y cada tipología requiere el uso de un vocabulario y de expresiones propias de cada uno de los contextos. Ocurre lo mismo con los correos electrónicos.

- Conviene seleccionar siempre de antemano el vocabulario específico relacionado con el tema, **topic**, del que se va a hablar, así como realizar un borrador, **draft**, donde anotar las ideas principales de cada apartado de los textos o discursos.

- Los usuarios de un idioma no lo utilizan de la misma forma en todas las situaciones. El concepto de registro lingüístico se refiere al nivel del estilo de lengua que se emplea, que puede ser formal, informal o neutral.

- En los textos formales la estructura sintáctica se caracteriza por ser más impersonales que los informales, con frases más elaboradas y un léxico o vocabulario cuidado que evita la jerga coloquial y las palabras baúl.

- El registro informal es más flexible en cuanto al léxico, y también es más laxo en la estructura sintáctica.

- Los textos o discursos formales responden a una estructura más ordenada, en párrafo, mientras que la forma de estructurar un texto escrito informal, como un correo electrónico a un amigo, es más libre.

- El contenido de los textos formales suelen tener un tono más solemne que en una carta o correo entre amigos, tipologías en las que es más común utilizar un tono más informal.

- La referencia espacial permite situar la acción en el espacio. Esto se consigue a través del uso de los adverbios de lugar y de expresiones espaciales.

- La referencia temporal puede venir indicada por el tiempo verbal, sin necesidad de otros adverbios o expresiones temporales.

- Los conectores textuales ayudan a entrelazar las ideas, las frases y los párrafos de un texto.

- Un texto bien cohesionado debe poseer un inicio, un desarrollo y una conclusión; cada una de estas partes posee unas expresiones o recursos lingüísticos propios.

- La entonación desempeña en un papel especialmente importante en la comunicación en inglés.

- El uso de los signos de puntuación en inglés es similar al que poseen en español, y deben conocerse para lograr elaborar un texto bien cohesionado.

Reflexión final

Si se conoce la tipología textual apropiada, el registro lingüístico y se utilizan recursos de cohesión como los conectores, la entonación o los signos de puntuación, el acto comunicativo se lleva a cabo con la seguridad de que el mensaje será entendido de manera adecuada por el receptor.

Comprueba lo que has aprendido

1. Identifica cuál de los siguientes correos electrónicos es informal y cuál formal.

> Hello Mr Roberts,
>
> We have received your resume correctly. We would like to invite you for an interview with the Human Resources Department next Monday morning. Would you be available at 10?
>
> I look forward to meeting you.
>
> Yours faithfully,
>
> Ms Brown

> Hi Telma,
>
> How are you? I hope you're well. Thanks for your last email. It was really nice to hear from you.
>
> This time I'm writing you because I'm going to Madrid on a business trip next month and I would like to meet up with you again. I'll arrive the 20th and stay until the 23rd. How does it sound to you?
>
> Love,
>
> Susan
>
> PS: If possible, I'd like to meet in the afternoon.

2. Explica brevemente cuándo se utiliza cada uno de los registros lingüísticos.

3. Clasifica las siguientes expresiones según sean típicas del inicio, del desarrollo o de la conclusión del discurso.

In relation/regard to... At first sight... In conclusion...

By the way... To start with... Finally...

Inicio del discurso	Desarrollo del discurso	Conclusión del discurso
At first sight... To start with...	In relation/regard to... By the way...	In conclusion... Finally...

4. Coloca los signos de puntuación que faltan en el siguiente texto.

> This summer more than 130 students from all over the world will get together in the city of Dresden They were all chosen to be in the German Language Olympics in Dresden because they are so good at German
>
> Ai Nakishima is eighteen years old she studies at Kyoto University She has learnt German for four years and has come to the Language Olympics together with two other students from Japan There are 132 young people here she says We re sleeping at a school in a village not far from Dresden Every morning we take the bus to the language school near the city centre Before lunch we work together on projects for the competition There are five of us in my team all from different countries We re writing a play and we ll perform it in front of an audience of German teachers She d love to win the first prize It s a two-week holiday in Berlin next year
>
> Ai Nakishima says that in the afternoons they go on trips and visit the old town the opera and three museums I liked the boat trip on the River Elbe best We went as far as the mountains It was really great she says
>
> Fuente: Educalab (http://bit.ly/1H7zIBO) (adaptado).

5. ¿Cuáles son las principales características lingüísticas del registro informal?

- ____.
- ____.
- ____.
- ____.
- ____.
- ____.

6. Clasifica las siguientes expresiones según faciliten la identificación del contexto espacial o temporal.

Away	Someday	Onwards
Nowadays	Over here	Two days ago
Inside	Tomorrow	Downstairs
Uphill	Meanwhile	Still

Contexto espacial	Contexto temporal

Soluciones

1. Identifica cuál de los siguientes correos electrónicos es informal y cuál formal.

> Hello Mr Roberts,
>
> We have received your resume correctly. We would like to invite you for an interview with the Human Resources Department next Monday morning. Would you be available at 10?
>
> I look forward to meeting you.
>
> Yours faithfully,
>
> Ms Brown

Correo electrónico formal

> Hi Telma,
>
> How are you? I hope you're well. Thanks for your last email. It was really nice to hear from you.
>
> This time I'm writing you because I'm going to Madrid on a business trip next month and I would like to meet up with you again. I'll arrive the 20th and stay until the 23rd. How does it sound to you?
>
> Love,
>
> Susan
>
> PS: If possible, I'd like to meet in the afternoon.

Correo electrónico informal

2. Explica brevemente cuándo se utiliza cada uno de los registros lingüísticos.

El registro lingüístico formal, **the formal language register**, es el más apropiado al escribir cartas, **letters**, o escritos profesionales, **professional writings**.

El registro informal o coloquial, **the informal/casual or intimate register**, es más propio de la lengua oral, aunque también puede aparecer en textos escritos que van dirigidos a personas con las que se tiene más confianza, como amigos o familiares.

El registro neutro, **the neutral registrer**, puede entenderse como un punto intermedio de los dos anteriores. Algunos escritos, como los técnicos, **technical writing**, no están redactados en un estilo formal ni informal, sino neutro.

3. Clasifica las siguientes expresiones según sean típicas del inicio, del desarrollo o de la conclusión del discurso.

In relation/regard to... At first sight... In conclusion...

By the way... To start with... Finally...

Inicio del discurso	Desarrollo del discurso	Conclusión del discurso
At first sight... To start with...	In relation/regard to... By the way...	In conclusion... Finally...

4. Coloca los signos de puntuación que faltan en el siguiente texto.

> This summer, more than 130 students from all over the world will get together in the city of Dresden. They were all chosen to be in the German Language Olympics in Dresden because they are so good at German.
>
> Ai Nakishima is eighteen years old; she studies at Kyoto University. She has learnt German for four years and has come to the Language Olympics together with two other students from Japan: «There are 132 young people here», she says. «We're sleeping at a school in a village not far from Dresden. Every morning we take the bus to the language school near the city centre. Before lunch we work together on projects for the competition. There are five of us in my team, all from different countries! We're writing a play and we'll perform it in front of an audience of German teachers». She'd love to win the first prize: «It's a two-week holiday in Berlin next year».
>
> Ai Nakishima says that in the afternoons they go on trips and visit the old town, the opera and three museums: «I liked the boat trip on the River Elbe best. It was really great!», she says.
>
> Fuente: Educalab (http://bit.ly/1H7zIBO) (adaptado)

5. ¿Cuáles son las principales características lingüísticas del registro informal?

- Expresiones y vocabulario informal.
- Uso más simbólico o figurativo de la lengua reflejado en la abundancia de expresiones idiomáticas.
- Uso de abreviaturas, acrónimos, símbolos, etc.
- Tendencia a utilizar frases cortas e incompletas.
- Uso del pronombre personal de primera y segunda persona del singular (yo y tú).
- En textos escritos, se utilizan también signos de puntuación extras.

6. Clasifica las siguientes expresiones según faciliten la identificación del contexto espacial o temporal.

Away	Someday	Onwards
Nowadays	Over here	Two days ago
Inside	Tomorrow	Downstairs
Uphill	Meanwhile	Still

Contexto espacial	Contexto temporal
Away Downstairs Inside Onwards Over here Uphill	Meanwhile Nowadays Someday Still Tomorrow Two days ago

Anexo

Verbos irregulares

Infinitive (Infinitivo)	**Past simple** (Pasado simple)	**Past participle** (Pasado perfecto)	**Traducción**
Be	Was/Were	Been	Ser, estar
Become	Became	Become	Convertirse en, hacerse
Begin	Began	Begun	Empezar, comenzar
Bite	Bit	Bitten	Morder
Blow	Blew	Blown	Soplar
Break	Broke	Broken	Romper
Bring	Brought	Brought	Llevar, traer
Build	Built	Built	Construir
Buy	Bought	Bought	Comprar
Can	Could	Been able	Poder
Catch	Caught	Caught	Coger, atrapar, tomar
Choose	Chose	Chosen	Elegir, escoger
Come	Came	Come	Venir
Cost	Cost	Cost	Costar
Cut	Cut	Cut	Cortar
Do	Did	Done	Hacer
Draw	Drew	Drawn	Dibujar
Drink	Drank	Drunk	Beber
Drive	Drove	Driven	Conducir
Eat	Ate	Eaten	Comer
Fall	Fell	Fallen	Caer
Feel	Felt	Felt	Sentir
Fight	Fought	Fought	Pelear, luchar
Find	Found	Found	Encontrar
Fly	Flew	Flown	Volar
Forget	Forgot	Forgotten	Olvidarse
Forgive	Forgave	Forgiven	Perdonar
Freeze	Froze	Frozen	Congelar
Get	Got	Got/Gotten	Recibir, conseguir, llegar
Give	Gave	Given	Dar
Go	Went	Gone	Ir
Grow	Grew	Grown	Crecer
Hang	Hung	Hung	Colgar
Have	Had	Had	Tener
Hide	Hid	Hidden	Esconder
Hit	Hit	Hit	Pegar, golpear
Hold	Held	Held	Sostener
Hurt	Hurt	Hurt	Hacer daño
Keep	Kept	Kept	Guardar, continuar
Know	Knew	Known	Conocer, saber
Lead	Led	Led	Liderar, guiar, conducir
Leave	Left	Left	Irse, dejar
Lend	Lent	Lent	Dejar prestado

Infinitive (Infinitivo)	**Past simple** (Pasado simple)	**Past participle** (Pasado perfecto)	**Traducción**
Let	Let	Let	Permitir, alquilar
Lose	Lost	Lost	Perder
Make	Made	Made	Hacer
Mean	Meant	Meant	Significar, querer decir
Meet	Met	Met	Conocer, reunirse, encontrarse
Pay	Paid	Paid	Pagar
Put	Put	Put	Poner, colocar
Read	Read	Read	Leer
Ride	Rode	Ridden	Montar
Ring	Rang	Rung	Llamar, sonar
Rise	Rose	Risen	Levantarse, alzarse, subir
Run	Ran	Run	Correr
Say	Said	Said	Decir, contar
See	Saw	Seen	Ver
Sell	Sold	Sold	Vender
Send	Sent	Sent	Enviar, remitir
Set	Set	Set	Poner, colocar
Show	Showed	Shown	Mostrar, enseñar
Shut	Shut	Shut	Cerrar
Sing	Sang	Sung	Cantar
Sink	Sank	Sunk	Hundirse
Sit	Sat	Sat	Sentarse
Sleep	Slept	Slept	Dormir
Speak	Spoke	Spoken	Hablar
Spend	Spent	Spent	Gastar dinero, pasar tiempo
Steal	Stole	Stolen	Robar
Swim	Swam	Swum	Nadar
Take	Took	Taken	Tomar, llevar
Teach	Taught	Taught	Enseñar
Tell	Told	Told	Decir, contar
Think	Thought	Thought	Pensar
Throw	Threw	Thrown	Lanzar, tirar, arrojar
Understand	Understood	Understood	Entender, comprender
Wake	Woke	Woken	Despertarse
Wear	Wore	Worn	Llevar puesto
Win	Won	Won	Ganar
Write	Wrote	Written	Escribir

Créditos fotográficos

Unidad didáctica 1

Las imágenes de flickr.com son de los siguientes usuarios: Ruaraidh Gillies (p. 046), Ben Sutherland (p. 071), jeffreyw (p. 074), CGP Grey (p. 077a), Wolfgang Staudt (p. 078a) y Pedro Ribeiro Simões (p. 083d).

Las imágenes de commons.wikimedia.org son de los siguientes usuarios: Lavanda Green (p. 020a), Diliff (pp. 029a y 062a), GeographBot (p. 029b), Artur Andrzej (p. 043), Clausule (p. 047a), Hustvedt (p. 048), Billy Hathorn (p. 056a), KEN (p. 063), DAVID ILIFF (p. 064), David Shankbone (p. 075b), Arriva436 (p. 075d), Postdlf (p. 076), MrTweek (p. 079a) y Superchilum (p. 083c).

La imagen de la p. 083a es de freepik.es.

Unidad didáctica 2

Las imágenes de flickr.com son de los siguientes usuarios: DaveBleasdale (p. 093c), William Murphy (p. 095b), Judy Robinson-Cox (p. 097a), Jospeh SARDIN (p. 097b), Chris Murphy (p. 098a), Kevin Dooley (pp. 098b y 099a), Samantha Jade Royds (p. 103), Rosana Prada (p. 106a), Tony Di Messi (p. 106b), Dani Vázquez (p. 110a), Bruce Tuten (p. 112), Ben Sutherland (p. 113a), Daniel Lobo (p. 113b), M Moraleda (p. 115), Leo Hidalgo (p. 117b), MrYen (p. 120), Paul Downey (p. 121) y Thomas Chung (pp. 124 y 126).

Las imágenes de commons.wikimedia.org son de los siguientes usuarios: M@rkus~commonswiki (p. 109), Gwilherm Al Leoad (p. 110b) y Thermal Soldier (p. 114c).

Unidad didáctica 3

Las imágenes de flickr.com son de los siguientes usuarios: Johan Larsson (p. 128), Chris Dlugosz (p. 131a), Quinn Dombrowski (p. 131b), Andreanna Moya Photography (p. 132a), Michael Mandiberg (p. 132b), Clive Darra (p. 133) y Jeremy hunsinger (p. 134).

Unidad didáctica 4

Las imágenes de flickr.com son de los siguientes usuarios: Paul Stevenson (p. 140), David Wright (p. 143b), Emran Kassim (p. 143c), Qrodo Photos (p. 145b) y Nan Palmero (p. 147a).

La imagen de commons.wikimedia.org es del siguiente usuario: Markreidyhp (p. 145a).

Unidad didáctica 5

Las imágenes de flickr.com son de los siguientes usuarios: George M. Groutas (p. 156b), World Trade Organization (p. 156c), Clarence Ji (p. 158a), Stanley Wood (p. 160a), Bobbie Johnson (p. 160c), Yusuke Kawasaki (p. 161b), R/DV/RS (p. 162a), Jim McDougall (p. 165b) y George Tziralis (p. 170).

Las imágenes de commons.wikimedia.org son de los siguientes usuarios: Goddardspies (p. 157a), Victorgrigas (p. 157b), NotFromUtrecht (p. 158c), Mattbr (p. 159b), Lestalorm (p. 159c), Bryantbob (p. 161a), Carfax2 (p. 162b), Ardfern (p. 163b), J J Ellison (p. 164b) y Akela NDE (p. 168a).

Unidad didáctica 6

Las imágenes de flickr.com son de los siguientes usuarios: Ian Barbour (p. 180), John LeMasney (p. 181), jimthompson (p. 183), Guy Sie (p. 184), Jonathan Rolande (p. 186a), Michael Coghlan (p. 186b), CollegeDegrees360 (p. 188) y Alexandre Dulaunoy (p. 192).

Unidad didáctica 7

Las imágenes de flickr.com son de los siguientes usuarios: Nic McPhee (p. 198), Celestine Chua (p. 201), Buzz Farmers (p. 206), Xuanxu (p. 207), Elliott Brown (p. 208a), BurnAway (p. 208b), Neal Fowler (p. 209), New York City Department of Transportation (p. 211), Rebecca Siegel (p. 213), yoppy (p. 214), Nicolás Guarín (p. 217), Beverly & Pack (p. 218), Gerald R. Ford School of Public Policy, University of Michigan (p. 219a), Southern Arkansas University (p. 219b), Howard Lake (p. 220), Waqas Mustafeez (p. 222a), David Goehring (p. 222b) y Horia Varlan (p. 222c).

El resto de fotografías incluidas en el manual son de morguefile.com, pixabay.com, freeimages.com y del banco de imágenes de la editorial.